数字人类

[英] 克里斯·斯金纳（Chris Skinner）◎著
李亚星◎译

中信出版集团 | 北京

图书在版编目（CIP）数据

数字人类 /（英）克里斯 · 斯金纳著；李亚星译
. -- 北京：中信出版社，2019.12
书名原文：Digital Human:The fourth revolution
of humanity includes everyone
ISBN 978-7-5217-0898-1

Ⅰ. ①数… Ⅱ. ①克… ②李… Ⅲ. ①数字化 – 影响
– 贸易经济 – 研究 Ⅳ. ①F7-39

中国版本图书馆CIP数据核字(2019)第163085号

数字人类

著 者：[英] 克里斯 · 斯金纳
译 者：李亚星
出版发行：中信出版集团股份有限公司
（北京市朝阳区惠新东街甲4号富盛大厦2座 邮编 100029）
承 印 者：中国电影出版社印刷厂

开 本：880mm × 1230mm 1/32 印 张：12.75 字 数：259千字
版 次：2019年12月第1版 印 次：2019年12月第1次印刷
京权图字：01–2019–1572 广告经营许可证：京朝工商广字第8087号
书 号：ISBN 978-7-5217-0898-1
定 价：59.00元

数字化正带来一场天翻地覆的变革。世界上的每个人都会被纳入这个网络中，每个人都将有机会与其他人进行实时交谈、贸易和交易。

谨以此书献给我的妻子卡米拉——我认识的最可爱、最有趣的人，我最好的朋友以及两个小奇迹埃迪和弗雷迪的母亲。

目录

机器人崛起

金融新结构崛起

IV 数字人类

前言

自《互联网银行》[1]出版以来，我一直在世界各地游历。有几次，我曾在短短一周之内经欧洲中转，往返于美国与亚洲之间，可见我的行程有多匆忙。我知道这很疯狂，但它同时给了我一些非凡的机会，让我能够学习和拓展知识与视野。这种体验只有亲身经历才能获得。我曾在南非探寻有“人类摇篮”[2]之称的化石洞穴，在“新月沃土”[3]地带中的黎巴嫩巴勒贝克踏足古罗马遗迹，还在中国西湖边大快朵颐，通过美食了解几千年的古老文明。

这种大范围的旅行让我得出了一些相当令人惊讶的结论。结合我的旅行经历、旅游时的广泛阅读以及我对金融服务和人性的认识，我的结论就是，金钱和银行业是世界的核心。在性和食物之后，我们大多数人考虑得最多的东西就是金钱。唯有金钱掌控着我们的生活。倘若绰有余裕，我们就能过上富足的生活，而倘若入不敷出，我们就

---

① 《互联网银行》简体中文版已由中信出版社出版。——译者注

② “人类摇篮”，位于南非约翰内斯堡西部的一片静谧的山谷之中，这里发现的人类祖先化石约占全球总数的一半，为探索人类起源提供了重要线索。——译者注

③ 新月沃土，两河流域东西部的西亚、北非地区在历史上曾有的一片肥沃的土地，从地图上看其整体好似一弯新月，因此得名“新月沃土”。它也被称为“文明的摇篮”。——译者注

会变得痛苦和沮丧。

而不幸的是，太多人拥有的财富太少了。根据 2015 年官方统计，1/8 的美国人生活贫困，总计达 4 300 万人，与此同时，1/5 的英国人也生活在贫困线以下。纵观全球，几乎有一半的人口都生活在贫困之中，也就是说，超过 30 亿人每日收入不足 2.5 美元。其中又有 1/3 的人口（约合 13 亿人）生活在赤贫中，每日收入不足 1.25 美元。

在我成长的年代，我们认为穷人都在非洲、印度和中国。早在 20 世纪 80 年代中期，英国的媒体曾报道了发生在埃塞俄比亚的可怕饥荒，并开展了大规模的援助活动，于是在 1985 年就有了首次全球范围的音乐活动Live Aid。有趣的是，有些被认为最贫穷的国家现在正通过获取援助以及把握发展机遇让自身富裕起来。联合国和世界银行等组织正在同慈善机构和非政府组织（例如比尔和梅琳达 · 盖茨基金会、乐施会）一同开展此类援助。

过去 10 年中，我亲眼见证技术在改善这些问题方面发挥着重要作用。虽然贫困问题仍将长期存在，但今日之贫困大多归咎于体制问题。如果人们无法获得金融服务，他们就会陷入贫困。最穷的人为金钱流通支付的成本是最高的，他们往往也是最脆弱的，这种封闭以及脆弱让许多人永远无法摆脱贫困。但是，正如我前述，这种情况正在改变。今天，手机的便捷让每个人都可以实时连接到全球。

移动网络已成为真正的游戏颠覆者。它将推动传统零售金融机构转型为数字银行，促使新兴金融技术公司（或称为金融科技公司）创造新的金融模式。在我的上一本书《FinTech，金融科技时代的来临》[①]中，我介绍了很多关于金融科技公司和移动互联网如何创造价值互联网的内容。在本书中，技术和金融仍然是我著述的核心，但我将把视野放大。

人们已经对第四次工业革命大书特书，从机器人到人工智能，内容覆盖了各种最新技术。本书也将囊括这些内容，因为要想书写人类未来，就不应忽视这些技术的巨大影响力。但是，本书着眼于一个更广泛的话题：我们面临的将不是一场新的工业革命或技术革命，而是一场人类革命。

上一次伟大的人类革命是工业革命。在此之前，5 000 年前的第二次人类革命让文明得以出现。在更早之前的第一次人类革命中，人类进化成人这种物种。但是，没有人写过关于人类革命的文章，至少我没看到过。所以，这个概念非常吸引我。数字革命的巨大影响力正创造着人类的第四个时代，我们第一次实现了实时点对点连接。

10 年前还互不相关的 75 亿人，现在通过手机能够实时互联互通。网络技术将单纯的电话转变成更加智能的东西——一台交易机，我们第一次可以点对点实时交易。这确实是一场具有颠覆性的革命，也是本书着重关注的地方。

《数字人类》延续了《互联网银行》和《FinTech，金融科技时代的来临》这两本书中的想法，并将其扩展为更宏大的话题。本书不仅探讨了技术对于人类、贸易和商业的影响，最让人兴奋的是，还对未来进行了展望。人类的数字化发展正在消除界线，战胜隔阂。

① 《FinTech，金融科技时代的来临》简体中文版已由中信出版社出版。——译者注

金融排斥适用于近 2/3 的人口。金融排斥会构成挑战，因为如果你无法收汇款，就很难参与商业交易或给生活带来任何改观。而数字化浪潮正在席卷每一个人。网络——更准确地讲，移动互联网——在人类历史上首次将每个人纳入其中。这就是移动价值互联网带来的显著影响。中国互联网巨头阿里巴巴的子公司蚂蚁金融服务集团（下称“蚂蚁金服”）就是最好例证。蚂蚁金服目前是世界上唯一一家试图建立全球普惠金融计划的公司。该公司以普惠为使命，目标在 2025 年前拥有 20 亿用户。所以我选择在本书结尾部分将蚂蚁金服作为主要案例来研究。

无论是马云、马克 · 扎克伯格、比尔 · 盖茨还是其他领导者，这些拥有世界上几乎所有财富的人[①]，都有一个创造普惠金融和减少贫困的愿景，他们希望每个人都有机会通过移动互联网获得小额信贷、小额储蓄和小额保险，以此获得改善生活的机会。这个愿景已初见雏形。

数字化正带来一场天翻地覆的变革。世界上的每个人都会被纳入这个网络中，每个人都将有机会与其他人进行实时交谈、贸易和交易。与仅有一部分人能够获得财富和贸易权的工业革命不同，这场数字革命将给每个人一个机会。

欢迎来到第四次人类革命。这是自 17 世纪蒸汽泵获得专利以来，我们的世界发生的最伟大的变革。

---

① 世界总财富的一半集中在几个人手里，乐施会在 2017 年世界经济论坛上发表的研究报告显示，全球 8 位超级富豪拥有的财富相当于全球较贫穷的一半人口（约 36 亿人）的财富总和。

人类革命：数字人类

金钱的历史往往会被包裹上性、宗教和政治的外衣，对于这三者，虽然我们被告诫最好不要将之与金钱联系起来，但是它们构成了我们生活的主题，而金钱又是它们的中心。金钱的起源反映了人类的起源。人类历史上发生过三次重大的革命：我们首先形成了社群，接下来产生了文明，然后又发展出工业。目前我们正在经历着人类的第四次伟大革命，在不远的将来还会有第五次革命。而人类的每一场革命反过来又会引发货币和价值交换的革命。因此，借古鉴今，极往知来非常重要。为了搞清楚来龙去脉，我们需要从头梳理，先来了解一下人类的起源。

第一个时代：确立共同信仰

早在 700 万年前，非洲就出现了人类最早的祖先。时间快进到 700 万年之后，在南非的考古学家正在寻找那时人类存在的痕迹，他们相信自己能够找到人类历史中的一些缺失环节。人类历史最早可追溯至原始人类的出现。你是不是要问，什么是原始人类？

科学家们认为在冰河世纪以后，由于亚欧板块和美洲板块相互碰撞，在非洲形成了一片广袤的平原。这片平原绵延上百英里[①]，使得居住在此地的猿猴突然发现没树可爬了，这里只有平坦的土地、浆果和青草。这意味着这些猿猴很难手脚并用在这片土地上驰骋，为了更便捷地移动，它们开始直立行走。这导致了它们的大脑结构发生了改变，经过数千年的进化，最终形成了人类的早期形态。

要理解这条进化链，第一条线索就是露西的发现。露西以披头士的歌曲《露西在缀满钻石的天空》命名，是第一具可以拼凑在一起的骨骼化石，展示了冰河世纪后，非洲平原上原始人类的面貌。它于20世纪70年代初期由古人类学家唐纳德·约翰森（Donald Johanson）在埃塞俄比亚发现，是约320万年前南方古猿的早期化石。从她的骨骼来看，其颅骨较小，类似于大多数猿类，而双脚直立行走的姿态更类似于人类及其他的原始人类。这两种特征支持了人类进化的观点：双脚直立行走先于脑容量增加。

自从露西被发现后，在南非的"人类摇篮"（已被联合国教科文组织列入世界遗产名录）也出土了许多令人惊叹的发现。那里发现了一具名叫"小脚"的完整南方古猿骨骼化石。其历史可追溯至300多万年前，由罗纳德·克拉克（Ronald Clarke）于1994—1997年将其挖掘整理完成。为什么说"小脚"的发现如此

① 1英里≈1.6千米。——编者注

重要呢？因为此前从未发现过保存得如此完整的原始人类化石。它之所以如此完整，是因为当时随着土地下陷，散落在地面上的骨骼落入了下方的多孔洞穴中。因此，这具骨架就像歌唱组合杰德沃德的专辑一样完美。

总之，人类在生物进化树中属于人属智人①，人属下的其他种还包括直立人、弗洛勒斯人、能人、海德堡人、纳莱迪人和尼安德特人。这么多人属物种之中，为什么只有人类存活下来了呢？

其中一部分原因可能在于时代的变迁。这就好比，虽然今天我们的周围已经没有了猛犸象或剑齿虎，但由它们的祖先演化而来的一些物种仍旧生活在地球上。关于人类进化，《人类简史》②的作者、人类史权威专家尤瓦尔·赫拉利（Yuval Noah Harari）有个有趣的说法，即智人之所以能够击败其他人属物种存活下来，是因为我们能够组成上千人的团队共同协作。他的理论认为，其他所有人属物种最多只能形成 150 个成员的部落，这差不多是类人猿群落的最大规模。因为如果规模继续扩大，过多的雄性头领就会导致秩序分崩离析。一部分成员会跟随一个头领，而另一部分成员则会跟随另一个头领。

智人之所以可以突破这个规模，是因为我们可以互相交谈。

---

① 人属，灵长目、人科中的一个属。今天生活在世界上的现代人，即智人，是其唯一幸存的物种。——译者注

② 《人类简史》简体中文版已由中信出版社出版。——译者注

我们可以创造丰富的信息，不仅使用咕噜声和手势，还开始构建故事。通过构建故事，我们开始分享信仰，而通过分享信仰，我们就能将成百上千的人团结在一个群体之中，大大超过区区百人的规模。这意味着当智人群落受到其他人种攻击时，我们可以轻易将之击退。作为反击，我们也可以袭击或歼灭其他人种。我们确实这么做了。与人类的DNA（脱氧核糖核酸）约有99.5%相似度的尼安德特人在4万年前消失了，它们是最后一个人属变种。在那之后就只剩我们人类（也可以称为智人）了。

这一阶段作为人类五个时代的渊源，为何如此重要呢？因为这是第一个时代。这是启蒙时代，这是上帝的时代，这是一个崇拜月亮和太阳、地球和海洋、火与风的时代。不仅地球上的自然资源被视为重要的图腾，而且天空中飞翔的鸟儿、大地上奔跑的虎豹和雄狮以及地穴里蛰伏的蟒蛇也都被早期人类视为图腾。

我们分享这些信仰和故事，并借此团结协作、建立文明。印度教是世界上现存最古老的宗教之一，在其之前，耶利哥、美索不达米亚和埃及地区也出现过其他宗教。太阳神和月亮神是人类共同的基本信仰，它们对维持秩序至关重要。基于这些共同的信仰，我们可以在越来越庞大的群体中协作。

这也解释了为什么《圣经·旧约》与《古兰经》的故事有如此多的共通之处。犹太人、基督徒和穆斯林都对亚当、夏娃、摩西、诺亚、所多玛和蛾摩拉的故事持有共同的信仰，其中一些信仰甚至源于古代印度教对世界的看法。

共同的信仰是将人类聚集和联结在一起的核心要素。正因为如此，我们才能够在一起工作，并且和睦相处，尽管有时情况并不尽如人意。言归正传，银行和货币的诞生也是基于一个共同的信仰：这些东西很重要，并且具有价值。如果没有这个共同的信仰，银行、货币、政府和宗教就无从谈起，它们将变得毫无意义。

第二个时代：发明货币

经过开化的人类通过数百人的团队协作取得了压倒性优势。随着共同信仰的建立，最终我们拥有了共同的领导者。这是人类和猿猴之间的关键区别。例如，人类学家德斯蒙德·莫里斯（Desmond Morris）被问及猿猴是否相信上帝时，他斩钉截铁地给出了否定的回答。无神论者莫里斯在 20 世纪 60 年代写了一本对后世影响巨大的书，书名为《裸猿》（*The Naked Ape*）。他在书中指出，不同于猿猴，人类“相信来世，因为我们从创造性的劳动中获取的部分酬劳，就是感到通过创造性劳动，我们将在死后获得永生”。

这也是我们共同信仰结构的一部分，它使我们能够一起工作、共同生活，并将成百上千人团结在一起。因此，宗教成为人类秩序和结构最本质的组成部分，我们的领导者——寺庙中的祭司——是那些最接近我们的信仰的人。然而，随着人类形成社群并开始具有一定的组织结构，新的问题出现了。历史上，人类曾是个迁徙民族，一年四季在不同的地区间迁徙觅食。由于犁的发明，突然之间我们开始了农耕生活，并由此形成了更大的社区。这意味着需要投身在农产品和食品上的人口大大减少，人们可以腾出手来做其他事情。最强大的个人可以聚集周围其他人成为国王，被指定为共同信仰的领袖，或被推选为神职人员。

最终，大城市开始出现。一些人认为世界上最古老的城市是耶利哥，其历史可追溯至1万多年前。而另一些人则认为是埃利都，这是一座距今7 500年的美索不达米亚古城，位于现在伊拉克的巴士拉附近。无论孰对孰错，这两个城市无疑都很古老。因为城市可以支持复杂的文明生活，所以随着这些城市的形成，成千上万的人聚集于此并定居下来。

凭借其重要的地理位置，埃利都城将三个古老的文明聚集在一起，形成了城市：北部的萨玛拉文化、以牧羊为生的闪族人文化以及世界上最古老的文明——苏美尔文化。正是苏美尔人带来了最早形式的货币。

苏美尔人发明货币，是因为他们过去的生活方式被打破了。人类开始农耕生活，并建立更大的群体。农耕与定居生活极大地改变了人类的活动方式。以前，人们觅食、狩猎；现在，他们一起定居、耕作。

靠天吃饭自然就会造成丰年粮食满仓，而灾年粮食歉收的情况，因为没有一种制度能够鼓励农民以丰补歉。因此，人们需要建立一种新的体系。当时的宗教领袖——你也可以把他看作当时的政府——通过发明货币来解决这个问题。从货币发明初始，它一直就是控制社会和经济的手段。有钱的国家尊重经济，贫穷的国家则不然。

那么，祭司们如何让人们接受这个新信仰呢？答案是性。苏美尔人有两个神：战神和暴风雨之神巴力以及丰饶女神伊什塔尔。伊什塔尔让土地肥沃、庄稼丰收，并带来爱和愉悦。

这是苏美尔文化的关键：创造钱让男人们可以与伊什塔尔同享床笫之欢。男人会去寺庙向祭司献上富余的收成。祭司们会把粮食储存起来，以备不时之需，确保能安然度过食物短缺的冬季，以及应对病虫害和干旱造成的庄稼歉收。作为粮食丰收的回报，祭司会给农民钱。共同的信仰有了新的价值形式：金属货币。

他们可以用金属货币做什么呢？当然是进行性交易。关于其运作的方式，希腊历史学家希罗多德写道：

> 这片土地上的每个女人都必须来到爱的圣殿里，与陌生男人性交……并由男人挑选……无论男人金钱多寡，女人永远都不能拒绝其要求，因为拒绝就是罪过，金钱的存在让这种行为变得神圣。性交之后，女人会在女神面前变得圣洁，才被准许回家。因此，这不是一种交易，而是一种通往伟大

的方式。那些高挑美丽的女人很快就可以自由离去，而那些不漂亮的女人则因为无人挑选而不得不等待，其中一些人甚至要等上三四年。

当时，货币是神圣的，每个女人都要在生命中至少卖身一次。伊什塔尔的别名哈尔（Har）和霍拉（Hora），也是英文中表示妓女的两个单词“harlot”和“whore”的词源。这解释了为何妓女是世界上最古老的职业，而会计紧随其后。为了维持一种新的共同信仰体系，货币被创造出来用于支持宗教和政府，使社会能够超量生产商品和作物。即使碰到连年的干旱，人们也能平稳渡过难关。

第三个时代：工业革命

工业革命的开始大致与蒸汽动力出现的时间相当。蒸汽时代有许多发明创造，其中令世界发生翻天覆地的变化的是蒸汽机。蒸汽动力替代畜力让船舶跨越海洋，火车穿梭各国，还让工厂获得热能和动力。19 世纪晚期，电力和远程通信的诞生推动工业革命达到了高潮。从蒸汽机到电力，更为轻便的通信和电力设备取代了原来笨重的重型机械。人们从工厂向办公室的迁移，最终预示着工业革命的结束。

除开物物交换，货币作为价值交换的媒介已经存在了好几千年，确切地说，大约有 4 700 年。在此期间，珠子、钱币、金银以及其他商品都曾被用作货币。最奇怪的要数太平洋的雅浦岛，直到现在，那里仍然使用石头作为货币。

可是，问题在于作为支付工具的石头、金银相当沉重，而且易被盗窃和抢劫。因此，正当工业革命全速前进之时，新的价值交换形式亟待出现。其实，在那之前就已经有了几项货币创新——在 15 世纪，美第奇家族[①]的银行家就发明了贸易融资，而中国自 7 世纪起就已经开始使用纸币——但是在工业革命之前，它们都没能成为主流。

为了满足对价值交换新形式的需求，世界各国政府开始授权和许可银行开展交易业务。这些银行出现于 17 世纪，是有政府背书的实体组织，它们有足够的信用为储户留存价值。因此，银行是大多数经济体中最古老的注册公司。英国现存最古老的金融机构是由理查德·霍尔（Richard Hoare）于 1672 年创建的霍尔银行。英国最古老的大规模银行是巴克莱银行，于 1690 年上市。英国大多数的银行都有超过 200 年的历史，这非同凡响，因为根据韩国银行 2008 年的调查，全球拥有 200 年以上历史的公司只有 5 586 家，其中大部分在日本。

作为大型实体企业，银行和保险公司之所以能够如此长久地

① 美第奇家族，是意大利佛罗伦萨的名门望族，15 世纪至 18 世纪中叶在欧洲拥有强大势力。——译者注

屹立不倒，主要是因为它们是政府的贸易工具。它们得到了政府的支持和许可，是经济的命脉。此时还出现了一项重要的创新：在政府的支持下，纸币得以制造并迅速成为交易工具。

为了简化行业运作，纸钞和支票也被发明了出来，成为新兴生态系统的一部分。当时，这一定引起了不小的轰动。用一张纸而不是黄金作为支付凭证？但它并不像听起来那么离谱。这段苏格兰银行家委员会的摘录也许能为纸钞的流行释疑：

> 苏格兰银行是苏格兰第一家发行纸钞的银行。经《苏格兰议会法案》通过，苏格兰银行于1695年7月17日成立。在当时，同英格兰、荷兰、弗兰德斯或法国的硬币相比，苏格兰的硬币供应量不足且价值不稳定，所以大多数苏格兰人偏爱使用他国的硬币。由于缺乏足够的货币，苏格兰的贸易增长受到严重阻碍。当时的商人希望寻求更便捷的结算方式，他们是替代方案最强有力的支持者。
>
> 苏格兰银行当时被授予了为期21年的苏格兰境内的银行业务垄断权。该银行在1695年开业后，便立即着手扩大造币能力，并印发纸钞。

该想法最初受到了一些质疑。但是，在苏格兰银行兑现了“付款承诺”，并且人们发现纸钞比金属货币更方便后，纸钞的接受度自然就迅速扩大，其流通速度也加快了起来。随着这种方式从商人传播到其他群体，苏格兰成为首批选择使用纸钞的国家之一。

那支票簿的出现呢？英国支票与信用结算有限公司提供了一份具有参考价值的历史记录：

> 17 世纪时，汇票就已经被用于国内支付以及国际贸易。后来，支票作为汇票的一种形式也慢慢发展起来。它最初被称作“提款通知书”，客户能用它提取存放在银行账户上的资金，并要求立即兑付……英格兰银行率先推出了印刷支票，第一张支票于 1717 年在伦敦格罗斯大厅开出。客户必须亲自前往英格兰银行，并从出纳处获得一个编号表格。表格填写完成后，必须经由出纳员授权后才可以用作柜台支付。这些表格被印在“支票”簿上以防欺诈。只有拥有存款余额的客户才能获得这种特殊的票据以及印刷的表格以便核实出票人是否为英格兰银行的客户。

换句话说，17 世纪末同时出现了三项重大创新：政府授予银行发行纸币的许可证，支票和“提款通知书”的发明以及用纸币代替硬币和货物作为支付工具。银行体系的变革继而又推动了工业革命，不仅通过纸质交易系统为价值交换提供了便利，还形成了沿用至今的贸易与金融体系。

第四个时代：网络时代

深入地探讨金钱的历史是为了更好地看清当下所发生的事情。货币源于共同信仰，它最早是古苏美尔政府控制农民的一种手段。接着，工业革命时期出现了政府背书的金融机构——银行。银行可以发行纸币和支票。同样基于共同的信仰，这些纸币和支票就像黄金或硬币一样被接受了。大家之所以相信银行，是因为政府表示银行可以信任，同时，政府又将银行作为管理经济的一种控制手段。

但是，在当今比特币和互联网的时代，其中一些基本原则受到了网络的挑战。我们首先来看看互联网时代是如何形成的。有些人认为计算机的出现可追溯至艾伦·图灵[①]（Alan Turing），以及恩尼格玛密码机和图灵测试的出现，甚至可以追溯到更早的20世纪30年代，当时波兰密码局首次运用恩尼格玛密码机破解了德国军事文本。恩尼格玛密码机还促成了现代计算机学的建立：为了破解德国的通信密码，英国密码学家们建造了一台名为“巨人”（Colossus）的可编程电子计算机。与此同时，美国的计算机行业也在发展。

巨人计算机由工程师汤米·弗劳尔斯（Tommy Flowers）设

---

① 艾伦·麦席森·图灵，英国数学家、逻辑学家，被誉为计算机科学之父、人工智能之父。——译者注

计，并于1944年2月在弗劳尔斯庄园开始运行，它比美国计算机ENIAC的发明还早两年。ENIAC是“电子数字积分计算机”的英文缩写，它是世界上第一台通用电子计算机，于1946年交付使用。其设计者美国军方将它用于气象预报。

当ENIAC发布时，媒体称之为“巨人脑”，其速度比当时任何电子机械都要快1 000倍。ENIAC的重量超过30吨，占地1 800平方英尺[①]，每秒可处理约385条指令。虽然在每秒可以处理大约35亿条指令的苹果手机iPhone 6的面前，它显得相形见绌。但要知道那是70年前，那时的人们连摩尔定律是什么都还不知道。

巨人计算机和ENIAC奠定了现代计算机学的基础，到20世纪50年代，计算机行业开始繁荣发展。你也许会觉得难以置信，IBM（国际商用机器公司）创始人托马斯·沃森（Thomas J. Watson）曾断言全球最多只卖得出5台计算机。考虑到这些机器的大小和重量，你就能理解为什么他会这么想了。再看看今天这个时代，这是多么翻天覆地的变化啊！

我们现在依然处于网络革命的初期，所以我不在这里赘述计算机的历史。我谈论巨人计算机和ENIAC，更多的是为了看清现在的发展与变化。计算机改变世界的历史才区区70年。想想从蒸汽动

① 1平方英尺≈0.093平方米。——编者注

力出现到最后一项蒸汽动力专利的发明，中间间隔了整整 330 年。这意味着我们还会经历一段很长的转变时期。

第四个时代和前面几个时代的主要区别在于时间和空间的崩塌。爱因斯坦毫无疑问会对此嗤之一笑，但我们现在确实不像以往一样受到时空的限制。得益于全球互联，人与人之间的距离每天都在瓦解。我们可以以几乎免费的价格，进行实时交谈、社交、表达和交易。由于技术成本迅速下降，我们今天拥有几乎无限的存储和互联能力。现在，市场上有售价仅为 1 美元的手机，而世界上最便宜的智能手机 Freedom 251（一款 4 英寸屏幕的安卓手机）在印度仅售 251 卢比，约合 3.75 美元。换句话说，在这场正在发生的革命中，我们可以提供比以往都要强大许多的计算机，并将它送到地球上每个人的手中，让每个人都可以上网。一旦人人都能接入网络，就会产生网络规模效应。每个人都能在网上进行交易、支付、交谈以及一对一、P2P（点对点）定位，创造指数级的增长。

这就是为什么我认为网络是人类的第四个时代：因为我们由截然不同的游牧社群开启第一个时代，然后来到定居、开垦、建立城市的第二个时代，再到由蒸汽动力推动各个国家和大陆间彼此交往的第三个时代，最后来到今天一对一的全球互联时代。这是一次次巨大的转变，表明人们从单一部落转向社区，又从社区到互联社区，最后形成单一的平台——互联网。

最重要的是，每一次转变都让我们重新审视商业、贸易以及金融的运作模式。我们共同的信仰支撑了以物易物的交换方式，直到物质的极大丰富打破这种方式，所以我们创造了货币。接着，由于建立在金属货币流通基础上的货币体系适应不了工业时代的迅速扩张，所以我们创建了银行来发行纸币。现在，我们正处于第四个时代，银行业也已经无法适应时代的要求。银行是一国内部的，但网络是全球性的。银行围绕纸张构建，但网络围绕数据构建。银行的设立需要有实体建筑和人流量，但网络只需要软件和服务器。

这就是为何对主流发起冲击让人如此兴奋，因为我们正处于从货币与银行转向“其他东西”的关口。但和前几个时代一样，这个“其他东西”并不会取代旧事物，只会增加新的选择。硬币并没有取代物物交换，只是弱化了物物交换。银行并没有取代金属货币，只是弱化了金属货币。网络时代的新生品也并不会取代银行，但会弱化银行。

让我们来讲讲弱化的方式。易货贸易仍处于历史最高水平——约有15%的世界贸易是以易货形式进行交割的，但与货币流通相比，它的体量很小。现金交易也处于有史以来的最高水平——大多数经济体的现金使用率仍在上升，但与数字形式的货币交易以及外汇市场和证券市场相比，这一数字并不大。换句话说，以往的价值交换体系依然体量很大，但与我们最新的价值体系相比，它们在贸易中所占的比例较小。

我之所以对网络时代的未来感到振奋，是因为我们实时进行的一对一连接，将为市场创造大量新的贸易流通机会。这些都是我们过去服务不到位或者忽视的地方。让我们一起来看看非洲的情况。非洲的手机用户遇上电子钱包就好比鱼儿得到了水。1/4 的非洲手机用户拥有手机钱包，在肯尼亚、乌干达和尼日利亚等经济活跃的地区，基本人人都有。这些地区的人们之前从未接触过网络，除了一个充斥着欺诈和犯罪的现金流通领域，他们再也没有任何其他的价值交换手段。几乎一夜之间，移动金融服务遍布了非洲，并一举超越其他市场。中国、印度、印度尼西亚、菲律宾、巴西和其他许多服务不完善的市场也是如此。因此，普惠金融使几十亿从未接触过数字服务的人开始用上网络。

第二大变化在于数字货币、加密货币、比特币和分布式账本的内在属性。它们是为第四代金融体系铺路架桥的材料，我们尚不清楚这种重构的结果会如何。所有的银行都会基于R3[①]区块链吗？所有清算和结算都将通过超级账本[②]完成吗？比特币在新的金融生态系统中会扮演什么角色？我们尚不知道这些问题的答案，

---

① R3，一家美国区块链公司。它领导了一个由 70 多家世界最大的金融机构组成的联盟，负责研究和开发金融系统分布式账本。——译者注

② 超级账本，一个为了提高跨行业的区块链技术的开源合作项目。它是由 Linux（一套免费的计算机操作系统）基金会主导的全球合作项目，包括了金融、银行、物联网、供应链、制造和科技产业的领导者。——译者注

但我们将看到的是一个全新的生态系统，它会弱化传统银行的作用。问题在于传统银行能否应对新体系的挑战。

人类的第四个时代是一个全球实时互联和几近免费的数字网络价值体系。从全球70多亿人的实时交流和交易，到数十亿台智能机器和设备，几乎所有事物都互相关联。依赖实体银行和线下交易的纸币系统显然无法适应新的体系，新体系最有可能是建立在旧结构之上的新层级。

数字化普惠这个新层级将弥补旧结构的缺陷。在新的层级里，几十亿笔小额交易和价值交换会以光速完成。换句话说，在第四个时代里，金钱将瞬间转移，而交易金额甚至可以小到只有十亿分之一美元。

因此，第四个时代的新层级并不像我们以前见过的任何事物。它在弱化旧系统的同时，也会对其进行补充。再过半个世纪，我们看待银行业的方式可能会同今日我们看待现金和物物交换的方式一样。它们都是上个时代人类交易的老方法。

第四个时代是价值数字化的时代。在新的价值生态系统中，银行、现金和易货贸易仍将存在。它们的处理量虽然可能会比以往任何时候都要多，但在整个价值交换和贸易体系下，它们所占的比重会很小。

我不希望银行就此消失，但我确实希望可以发展出一个新的体系，其中可能既包括部分银行，也包括全数字化的新运营商。

它们也许会是谷歌、百度、阿里巴巴和Facebook（脸书），或者是在线借贷平台Prosper，P2P平台Lending Club、Zopa和美国校园网贷平台SoFi。答案尚未揭晓，但如果要我来下注，我打赌将会是它们的结合。这些公司都会在人类的第四个时代有所发展。

在新的体系下，银行也将进入数字货币、普惠金融领域，支持小额支付和P2P交易，因为这是网络时代的要求。想要完成实时的、近乎免费的交易，就必须依靠预置芯片来实现。而我们还不完全具备这种能力。但正如我所说，这场革命还处于初期阶段。毕竟它只开始了70年，而上一次革命花了330年的时间才完成。假以时日，我们就将确切地知道我们创造了什么。

第五个时代：未来

以上，我谈到人类革命中主要的货币形式：

- 以物易物
- 金属货币
- 纸币
- 芯片

第五个时代可能是什么？在物联网才刚刚起步，价值互联网才刚开始搭建之时，我们怎能想象未来 10 年后的事情呢？

其实我们可以，而且必须这么做。毕竟，人们已经在构思超越当下的未来了。人们推崇的埃隆·马斯克（Elon Musk），正致力于实现火星移民和超级智能高速交通的构想。人们喜欢的清水公司的工程师，正在描绘海底城市的蓝图。人们喜欢美国宇航局的人，他们发射的太空探测器向我们传送了冥王星的高清照片，仅仅在百年以前，我们只能想象冥王星的存在。

一个世纪以前，爱因斯坦提出的时空连续体已在一个世纪后被证实。而接下来的一个世纪，我们将发现什么？证明什么？成就什么？没有人知道答案，而且大多数人的预测往往都是错的。一个世纪以前，人们做过许多预测，但其中并没有计算机，所以网络革命在当时是无法想象的。而在那之前的一个世纪，为了清除街头巷尾的马粪，人们想的是如何利用蒸汽带动马车，但没有人有过汽车的概念。所以谁知道在下一个百年里人们能做到什么呢。

世界将会变成什么样？我们还是可以找到一些蛛丝马迹的。人类已经幻想机器人好几十年了，在下一个百年里机器人将会无处不在，就像IBM所展示的那样。一个世纪之后，我们将会在太空中旅行，正如莱特兄弟在一个世纪前将空中旅行变为现实一样，看看我们如今做到了什么程度：阿联酋航空目前提供世界上飞行时间最长的航班，从奥克兰到迪拜，耗时 17 小时 15 分钟；我们现在已经能够使用可回收火箭去往恒星，在接下来的一个世纪，我们希望能够到达更远的地方。

最有可能发生的最大变化是我们将活得更久。一些科学家认为，大多数人类的寿命将达到 100 岁甚至更长，有些人甚至预测现在的儿童将会活过 150 岁。试想一下孩子们将看到什么！

我们之所以能活得这么久，是因为机器被植入人体，而它们也越来越像人。液压假肢已经能够与脑电波关联，创造出仿生人类，所以机械战警已经离我们不远了。据一位著名的未来学家称，生化电子人将在 35 年内出现。更神奇的是，我们不仅可以借助纳米机器人延长寿命，甚至在死后，我们的人格还会在网络上继续存在。

我们将拥有智能汽车、智能家居、智能系统和智能生活。无人驾驶汽车、生物技术、智能网络等将把科幻电影《星际迷航》中所有虚构的想法变为现实。甚至还可能出现科幻作家菲利普 · K. 迪克（Philip K. Dick）在反乌托邦短篇小说《少数派报告》中描绘的情景：在任何可能的犯罪发生之前，健康专家或安全部门都将收到预警，并持续监测策划罪犯者的大脑活动。

所以，在人与机器共同创造超人的第五个时代，价值交换体系会变成什么样？它不会是货币，甚至不会是数据交易。金钱也可能不再是一个有价值的体系。在第四个时代将货币数字化后，数据将成为通用的记账系统。网络数据将记录我们的收入和支出，生活和工作。

在机器人接管了这么多工作以及人类占领了太空之后，人类是否仍会专注于财富管理和价值创造，还是会超越这些事情转而投身慈善事业？这是吉恩·罗登伯里[①]（Gene Roddenberry）和其他太空幻想家们的梦想，他们也许会梦想成真。毕竟，在你成为一个亿万富翁后，财富对你来说将失去意义。比尔·盖茨、沃伦·巴菲特和马克·扎克伯格之所以会关注慈善，是因为财富对他们来说毫无意义。

在人类的第五个时代，那些在太空中生活了几个世纪的人可能会忘记银行业和财富，专注于星球和整个人类的利益。如果每个人都上网发表意见，并且一个人的力量可以和许多人的力量一样强大，我们是否会超越个人利益？

我不知道。但当生物工程技术让我们变成长生不老的超级人类时，当我们冲出地球来到其他星球时，当我们的生理需求和心理需求都可以通过机器人来满足时，让我们觉得有价值的东西会是什么？我们又会如何对待它？这些问题十分有趣。

---

① 吉恩·罗登伯里，《星际迷航》的创造者，也是最早葬于太空的人之一。——译者注

数字时代的发展

除了人类革命之外，数字化也迎来了日新月异的发展。数字人类并非是一夜之间进化而来的，它已经发展了 70 年。比如，10 年前，许多人还在谈论网络 2.0（第二代互联网）。而今，以我一辈子和技术打交道的经验来看，我们正处在第四次技术革命之中。你可以将之称为数字化 4.0 时代。因此，除了探讨人类如何应对数字化变革之外，我们还应了解数字化革命的起源和发展。

计算机与互联网的发展

互联网的诞生源于计算机的发明。我不打算在此赘述，相信你已经看过电影《模仿游戏》，演员本尼迪克特 · 康伯巴奇扮演的艾伦 · 图灵在二战中破解了恩尼格玛密码（波兰声称他们在 10 年前就已破解了此密码）。战争往往会催发突破。只需看看飞机的设计与研发在“一战”和“二战”中的进展，你就应该想象得到“二战”如何催生了计算机的出现。

正如前所述，ENIAC 是世界上第一台通用电子计算机。发明家普瑞斯伯 · 埃克特（J. Presper Eckert）和约翰 · 莫奇利（John

Mauchly）在宾夕法尼亚大学发明了ENIAC后，又成立了世界上第一个商业计算机公司，设计应用于商业和军事场景的新型计算机。该公司起初名叫电气控制公司，后来更名为埃克特-莫奇利计算机公司。他们最终推出了一款名为UNIVersal的计算机（UNIVAC），美国国家航空航天局正是利用这套计算机系统将人类送上了月球。如果你知道摩尔定律，即计算机计算能力每年增加一倍，成本却减半，你就能想到当时这些系统有多基础。事实上，就连苹果手表的计算能力都超过了当时阿波罗飞船搭载的计算机的计算能力，所以说火星移民也并非天方夜谭。

正是在这段时期，随着各家公司竞相参与这场浪潮，私营企业的计算机性能开始腾飞。IBM成为其中最大的赢家，它发迹于从王安实验室创始人、著名发明家王安博士处购买的360系列指令集。到20世纪80年代，当时的风评是“买IBM，保工作无忧”。它的很多竞争对手，包括DEC（美国数字设备公司）、王氏国际电脑有限公司、巴勒斯公司和斯佩里公司等，均在80年代末败下阵来。对于一家创始人称世界上只需要5台计算机的公司来说，这确实是一项了不起的成就。

此外，尽管IBM是第一家商用个人计算机制造商，但最初，该公司认为个人计算机操作系统这项新兴技术无关痛痒。鲜为人知的是比尔·盖茨的母亲玛丽·盖茨成就了今天的微软。

玛丽·盖茨是第一批担任银行（第一洲际银行）董事的女性

之一，后来她又被任命为美国联合劝募会的董事会成员。1983 年，她成为该组织的第一位女性领导者。在美国国家委员会的执行委员会任职期间，她在关键时刻帮了儿子的公司一把。1980 年，她与同是委员会成员的约翰·欧宝谈论起儿子的公司。玛丽告诉时任IBM董事长的欧宝，她儿子的公司也许能助IBM的新业务一臂之力。几周后，IBM尝试让微软为其第一台个人计算机开发操作系统。IBM个人计算机的成功助推了微软的发展，最终使其成为全球最大的软件公司。真是机缘巧合。

当时另一大科技巨头DEC的创始人肯·奥尔森（Ken Olsen）也并不看好个人电脑市场。他觉得“没人会想在家里安个计算机”。尽管他当时经营着全世界最大的计算机公司之一，他同样将Unix操作系统视作狗皮膏药。他的公司被时代所抛弃也就不足为怪了。奥尔森于 1992 年被迫退出了DEC，之后，该公司于 1998 年被康柏收购。

几乎在同一时期，几位先驱正在开发现代互联网，包括伊凡·沙日尔兰德（Ivan Sutherland）和罗伯特·泰勒（Robert Taylor）组建高级研究计划局网络（简称阿帕网），以及凯文·凯利（Kevin Kelly）在创建Well在线社区之后又创办了《连线》杂志。但在我心中，其中最杰出的无疑是蒂姆·伯纳斯-李爵士（Sir Tim Berners-Lee）。

伯纳斯-李被许多人视为“现代互联网之父”，正是他开发了现今万维网的基础构架。

- HTML（超文本标记语言）：网络的标记（格式）语言。
- URI（统一资源标识符）：一种唯一“地址”，用于标识网络上的每个资源，通常也被称为URL。
- HTTP（超文本传输协议）：允许从网络上检索链接资源。

李自1980年以来一直在日内瓦附近的欧洲核子研究所工作。1990年10月，他在一篇研究论文中提出了上述三个概念。这篇名为《一份关于信息管理的提案》（*Information Management：A Proposal*）的论文被许多人视作现代互联网的开山之作。其实该论文于1989年3月就已提交给欧洲核子研究所了。不管你信不信，他的初步设想并未被立即采纳。他当时的老板麦克·森戴尔（Mike Sendall）在封面上写了“模糊但令人兴奋”的字样。虽然网络从来不是欧洲核子研究所的官方项目，但森戴尔还是给了时间让伯纳斯-李去研究它。最终，这个项目在1990年取得了突破。

由此，在计算机出现了整整45年之后的1990年，第一代现代互联网正式诞生了。从那时起，每一代互联网都持续了大约10年。21世纪前10年是网络2.0时代。现在我们正在开发货币互联网（网络3.0时代）。很快，我们将进入物联网时代（网络4.0时代）。

在 2030 年后，我们将置身于语义网（网络 5.0 时代）之中。

网络 1.0 时代：开启互联网

如前所述，历经近半个世纪的技术发展，以及在蒂姆·伯纳斯-李详细介绍HTML和URL的文章的指引下，才形成了我们今天所熟知的互联网。1990 年后，几乎每隔 10 年，互联网就要迭代一次。到 2010 年，我们进入了网络 3.0 时代，这是货币互联网的时代。读过我上一本书的读者知道，我将其称为“价值互联网”。先让我们回到 20 世纪 90 年代，看看当时发生了什么。1991 年 8 月 6 日，蒂姆·伯纳斯-李发布了世界上第一个网站，同大多数早期网站一样，它只有非常基础的功能。这类网站大多由学术机构和研究公司建立，用于整理信息。例如，《连线》、彭博和互联网电影资料库（IMDb）都在 1993 年就推出了自己的官网，随后很快出现众多跟风者。这些网站主要以提供信息为主，虽然相较其他一些网站更具视觉效果，但没有一个具有交互性。

直到色情业觉察到互联网的潜力之后，交互才真正开始。与任何新技术一样，性和色情是早期推广的催化剂。例如，电子公告牌系统 Event Horizons① 在 1993 年的总收入超过了 320 万美元。

① Event Horizons，20 世纪 80 年代成立的电子公告牌系统，后期主要提供成人照片和电影收费下载业务。——译者注

该公司的老板吉姆·马克西（Jim Maxey）仅仅雇用了10个人来扫描和处理照片，并将这些照片放到网上以供用户下载。他们没有做任何营销宣传，消息却不胫而走。随后，大量类似的网站纷纷涌现，最终促成了在线商业的发展。

也就是说，色情业率先使用线上信用卡交易，直接推动了电子商务的发展。第一个真正使用信用卡支付的商业网站是books.com。该网站由美国书商书栈公司运营，在20世纪80年代，它还是个BBS（电子公告牌系统），然后于1992年升级为网站，比亚马逊上线还早三年。它最终被巴诺书店收购。

另一项著名的网络创新发生于1994年8月11日，当时美国零售商NetMarket公司进行了第一笔加密在线支付交易，这项交易打开了互联网商业时代的大门。1995年，亚马逊和eBay（易贝）成立，谷歌（1998年）、PayPal（贝宝，1999年，原为x.com公司）和阿里巴巴（1999年）也相继成立。仅用了20年的时间，到2014年年底，英国在线零售业的总值就达到了1 000亿英镑。

这是网络1.0的10年：从第一个网站发展成成千上万个网站，提供从在线广告到轻松购物等各种内容。这是网景[1]和美国在线[2]的时代，是拨号线路和调制解调器的时代。

第一代互联网的主要特点是高度限定与结构化。企业主导着

① 网景，美国的电脑服务公司，以其生产的同名网页浏览器而闻名。——译者注
② 美国在线，美国著名网络服务提供商。——译者注

互联网。企业向消费者提供网站，一切围绕着B2C（企业对个人）和B2B（企业对企业）。商业信息服务的开启让网络真正开始腾飞。如前文所述，第一笔支付服务采用的是信用卡形式，但很快就有公司发觉信用卡信息填写十分烦琐，会阻碍商业交易的进行，因此专业的支付公司出现了。

我们都认为PayPal是欧美在线支付的开创者（俄罗斯是Yandex.Money，中国是支付宝），事实并非如此。2001年，彭博社曾刊登文章[①]讨论PayPal潜在的IPO（首次公开募股），其中写道：

> 在对励志故事如饥似渴的网络市场中，PayPal（PAPXX）是一个充满潜力的后起之秀。这是一家位于加利福尼亚州帕洛阿尔托的公司，其业务是为eBay和其他电子商务企业的买卖双方提供支付支持。然而，在其9月28日提交的IPO文件里提到，它计划募集8 000万美元，此举震惊了整个科技世界……2001年早些时候，PayPal的高管曾与eBay、花旗银行和其他一些公司探讨了将该公司出售的可能性，但分析师和投资人士指出，没有人会同意PayPal 7亿美元的要价。

① "Can PayPal Pull This Off?" *Bloomberg Businessweek*, 29 October 2001.

当时，eBay自己拥有与富国银行合作开发的Billpoint支付系统。但考虑到PayPal在整个在线支付市场上的占有率为75%，而其主要对手Billpoint的占有率仅为25%。2001年，eBay最终还是花了大价钱将PayPal收购了。如今时移世易，2001年价值为7亿美元的PayPal，现在的市值已接近500亿美元。这正表明了支付系统在在线商务中的重要性。

以下是我对网络1.0的最终思考。在此期间，银行纷纷推出了自己的在线服务，最终建立了网上银行。大多数银行的网站最初只是宣传页面，而富国银行于1995年上线了第一个网上银行系统。我很清楚地记得这些时间点，因为当时大多数银行都认为它们可以关闭分行，并将所有客户转移至网上银行，这其实并非易事。客户并不信任网上银行，而且在很多情况下，网上银行的服务也非常糟糕。这些网站只是将以分行为基础的记账方式转移到了网上进行，并没有其他革新。

网络2.0时代：开启社交网络

互联网的第一个10年中出现了电子商务、商业网站和海量的支付业务，除此之外并没有产生更多的创新成果，直到社交网络的兴起。2003年，WordPress[①]和Typepad等博客平台出现，2004年，Facebook推出，一年后，视频网站YouTube（优兔）上线。社交网络时代正式拉开序幕。

在2005年前后，我有三次从社交网络中得到顿悟的经历。第一次是在2006年。在意大利美丽的科莫湖畔举办的会议上，我和几位银行业同行一起被邀请为主旨演讲嘉宾，我像往常一样高谈金融的未来。其间，东道主的一位高级管理团队成员起身讲述他公司的CEO（首席执行官）一年前被YouTube的出现弄得不知所措的故事。当时他看到了办公桌上的晨报标题为《谷歌以16.5亿美元收购YouTube》。因为从来没有听说过这家公司，所以他打电话给他的团队成员，问道："YouTube是什么？"

没有人知道。之后，他在电脑上输入了www.youtube.com，屏幕上却弹出消息："您已被本网站屏蔽。如有疑问，请联系管理员。"这确实是个麻烦。他可是大名鼎鼎的商业咨询公司麦肯锡的CEO啊！猛然间，一场革命正在悄然酝酿，他却被屏蔽在外。自此以后，麦肯锡进行了重大调整。真是此一时，彼一时！

第二次觉醒发生在我与一所大学工商培训团队合作为一家大型国际银行开展培训项目时。上午的安排是由一位顶级的未来学家谈论世界的未来，下午则是由我讨论银行的未来。那是2006

① WordPress，使用PHP（超文本预处理器）的平台，用户可以在支持PHP和MySQL（关系型数据库管理系统）的服务器上架设属于自己的网站。——译者注

年，Facebook方兴未艾。

那时候，出于纯粹的兴趣，我迫不及待地想加入各种社交网站。Facebook很好，但MySpace（聚友网）的声势更为浩大。许多人在MySpace的个人网页上开启了他们的音乐生涯。当时，英国社交网站Friends Reunited也大受欢迎。因此，我在我的演讲中加入了关于社交网络的讨论，并以此展示坏人是如何滥用这些新事物的。我编造了一个关于银行高级经理如何开始使用Facebook，并愉快地发布她生活细节的故事。她的个人资料对外是全部公开的，因为当时的人们并没有意识到隐私问题。这意味着任何人都可以看到她的电子邮箱地址和电话号码。他们还可以看到她的家人和朋友，以及她在周末去了哪里。最终，一个周五下午，正当她准备去学校接孩子的时候，她发现孩子被劫持了，劫匪以此要挟她，放他们进入银行。

2009年，这个虚构的案件被我不幸言中，一名银行呼叫中心的负责人就是这样丢掉了性命。因为这件事令人心痛，我再也不讲这个故事了。而且，更让我沮丧的是，许多参加课程的人最后都会跑来让我“再讲讲Facebook和Twitter（推特）吧。我很乐意使用这些新事物，但我平时工作太忙了，周末又忙于其他事情，没法在网上社交”。这些人不知道互联网世界正在发生什么，因为他们再次被屏蔽了。

第三次觉醒来自博客。从2007年2月1日开始，我坚持每天写博客，已经坚持十多年了，所以我对工作记得一清二楚。我总是在写关于事情发展和变化的故事。让我印象深刻的是一个关于银行与博客的故事。那是2007年，在我的一次演讲中，富国银行希望分享他们开始使用社交网络的故事。他们想要解决一个问题：当你在谷歌上搜索“富国银行”的时候，跳出来的第一个网站叫作WellsFargoSucks.com（“富国银行太糟糕”网）。真不巧！虽然这不是他们开通博客的唯一动机，但知道有这么一个愤怒的客户运营着一个反银行网站，确实激发了该银行推出博客与客户在线交流。

我在英国银行界的朋友听了演讲后非常震惊，富国银行居然开通了博客。他们根本无法想象银行居然可以在社交网络上与客户沟通。“在网上，难道你不会受到恶意攻击吗？”他们问道。他们曾在公司的内网上进行过社交测试，结果员工们在网上干的最多的事情是发牢骚，最后闹得不欢而散。

我的朋友、来自富国银行的蒂姆回答：“确实如此，但我们通过对话来解决问题。”

这就是基本原则：对话。永远不变的是对话，我们只是将它从办公桌前移到了计算机桌面上，又将它从计算机桌面上移动到了移动App（应用程序）上。那些忽视或屏蔽对话的银行也知道自己会错失良机。但令我惊讶的是，能够很好地利用社交媒体的银行真是少之又少。例如，我刚刚在谷歌上输入了“银行博客”，只有像Starling和Atom这样的创业公司出现在前十项的结果中。

而如果输入“劳埃德银行博客”或“巴克莱银行博客”，我并不能搜到多少有价值的结果，只有一篇关于劳埃德银行数字化转型的博客和一个巴克莱财富管理的博客，但这两个网站都非常正式，社交性不佳。那它们的Twitter呢？银行只是把它们的Twitter当作一个客户服务和公共关系服务的项目，还没有其他更多的想法。

有趣的是，金融社交网络做得最好的是土耳其的银行，它们通过Facebook与客户进行对话。印度工业信贷投资银行（ICICI）则更进一步，将Facebook设置为其银行平台，而不仅仅只把它当作宣传频道。我同样很喜欢德国Fidor银行通过Facebook的点赞数来确定利率的这个创意。

一些银行真正了解社交网络的强大力量，这种力量就在于它是由客户创造的。是大众创造了网络，也是大众制造了内容。大众在网络上生活与记录。我这10年所写的博客都会在社交网络上被永久保存。如果Facebook和Twitter胆敢删除我的社交记录，我会起诉它们，因为那是我的生活。而我的朋友呢？我从未见过我的一些好朋友，他们说不定在现实中都是疯子，但这不就是网络2.0时代的美妙之处吗？每个人都能轻易地与他人连接起来，每个人都能创造内容，不制造任何冲突。我和世界上其他几十亿人一样，现在在用手机不断分享、点赞、更新、上传视频和图片……

这就是互联网时代，是从企业向消费者转变的网络2.0时代。在这个时代，消费者拥有话语权。企业在网络1.0时代建立起来的强大控制力已经在网络2.0时代被摧毁，现在轮到消费者来制造内容了。消费者本身就是拥有数百万粉丝的社交媒体。博客、视频博客和播客都是他们的新舞台。有很多像YouTube上的PewDiePie一样的博主，他们从名不见经传的普通人一跃成为超级巨星，引来数百万的用户订阅他们的YouTube付费频道，但他们坠落的速度也同样迅速。推动这种变化的因素不仅有社交网络的出现，还有移动社交的加入。

随着苹果公司在2007年推出了第一代iPhone，一个新兴产业应运而生。到2021年，智能手机的数量将超过人类的数量。我不打算对移动现象做深入讨论——我在我的上一本书《FinTech，金融科技时代的来临》中已经做过探讨——我只想强调，如果没有它，就不会有今天的社交网络。手机从此7×24小时都装在你的口袋里。在iPhone出现之前，我们主要使用诺基亚和黑莓手机打电话、发邮件。现在我们的生活离不开手机，它是与网络2.0时代同时期的创新。有趣的是，包括马克·扎克伯格在内的许多人差点忽略了手机的重要性。2012年，Facebook受到移动端挑战。在向美国证券交易委员会（SEC）提交的文件中，Facebook提醒投资者注意其在移动市场上的劣势。

如果你目光短浅，就很容易忽视移动端。因为在2012年之前，移动和社交还各自为营。手机依靠电话运营商，而社交网络借助互联网。在2012年之后，借助3G（第三代移动通信技术）、

4G（第四代移动通信技术）和未来5G（第五代移动通信技术），这两者才逐渐实现融合。许多公司的服务并未包括App，它们没有预见即时通信、聊天室、照片分享等的兴起。当时领先的社交媒体公司还专注于在线社交而不是移动社交。

手机摄像头是一项特别的发明，这项发明影响深远。今天智能手机自带的相机甚至比10年前推出的高端专用数码相机都要好上百倍。所以，现在人们一天拍摄的照片数量要比20世纪冲洗出来的照片总数还多。有了数码摄像头，一个人每天拍摄100张照片轻而易举；而在以前，这需要用掉3卷柯达胶卷，而且在拍摄完之后，胶卷还需要拿去冲洗，一周之后才能拿到照片。

因此，网络2.0时代是智能手机、拍照手机、移动互联网以及社交App相继结合的时代。这自然而然形成了网络3.0时代，这个时代的消费者开始创造价值互联。如果我们生活在一个与陌生人都能联络的时代，谁还需要政府和组织呢？

网络3.0时代：市场网络

那么，究竟什么是网络3.0呢？人们对此还没有很好的定义或描述。许多人说它是物联网，但我并不这么认为。物联网正在兴起，但只有先建好一个强大的从设备到设备的商业底层架构，从而在移动社交网络与物联网之间搭起桥梁之后，它才会出现。

我把它叫作价值互联网，在我的上本书《FinTech，金融科技时代的来临》中曾对此有深入的介绍。因此，我不打算在这里展开探讨。从本质上讲，在移动网络和分布式账本的基础上，价值互联网将建立底层实时和基本免费的价值交换体系。但我对价值互联网在网络 3.0 时代所处的位置有了不同看法，虽然物联网需要一个价值互联网，但网络 3.0 将不仅仅是价值互联网。在上本书中，我探讨了技术的重要性，并且初步概述了银行新的业务模式：前端为App，中端是API（App接口），后端则是使用人工智能和深度学习的分析引擎，不断为中端提供支持。

最近，我谈得更多的则是开放式银行和开放集市。开放式银行的业务基于App、API和数据分析，并为开放集市中的每个人提供访问权限。我们将从垂直集成的商业控制结构转移到平台上即插即用的集市中。在平台上，出租车公司没有出租车，连锁酒店没有客房，媒体没有内容。出租车、客房和内容都由集市中的参与者提供，你只是他们首选的数字平台。需要用车的人直接联系Uber（优步）上的注册司机。需要住宿的人直接联络Airbnb（爱彼迎）上的房东。想要创建和分享内容的用户只需将内容上传到Facebook等社交媒体上。

这些数字平台都是共享经济的例子，许多人都在努力寻找银行业的例子。虽然直到现在还没有一家开放式银行，但它一定会出现。如今最接近开放式银行的例子是蚂蚁金服，这也是本书最后将其作为案例研究的原因之一。

在一个开放式集市上，每个人都可以参与其中。所以，银行正在从它们控制的专营结构转向开放平台，每个人都可以参与这个集市。这是一场巨大的文化和结构变革，不单单只是提供一个开放的API。银行也更有机会转型为以开放式集市运作的数字平台，因为它们不仅掌握着现有客户的账户，还占据市场规模和资本。但这并不能保证它们就会成功，很多金融科技创业公司现在也专注于构建基于App、API和数据分析的集市。这些金融科技创业公司包括Leveris、Thought Machine、solarisBank、RailsBank、ClearBank和CBW Bank等。

银行若想要成为这个集市的参与者，它们将不得不开放以往封闭的系统，为其他人提供API。这也意味着它们很可能成为其他App、API和数据分析的收集者和借鉴者，以便为其客户提供最佳的用户体验。这就是开放式银行。

开放式银行能够快速应变。它既可以将任何其他金融科技技术纳入其中，也可以开放给任何其他的金融科技公司。开放式银行的愿景是将银行、企业和消费者的一切连接起来。换句话说，任何金融技术、付款方式以及其他参与者，都可以通过即插即用的方式与开放式银行连接起来。

在此过程中，我将它与重建开源银行的议题结合，发现了一个特别强大的功能——语义银行。语义银行的概念已经被提出一段时间了，并且已经有了一些初步的运用，比如美国银行信用卡奖励计划。借助消费数据供应商Cardlytics的数据，美国银行可以通过App向你推送与地点相关的优惠券，比如，在你路过某购物中心的时候，向你推送该购物中心的优惠券。我们将在“机器人崛起”一章中更深入地讨论这个问题。

其他强大的功能如今也开始有所应用，例如使用人工智能（AI）来实时分析千兆字节级的数据以更好地服务客户。这些分析让银行可以深入洞察客户的心理，并使用神经网络主动预测其需求，据此来提供咨询服务，改进客户支持机制。

客户支持机制再利用设备实时、不间断地告诉我什么是重要的任务，并处理和管理那些不重要的任务。有时候，银行会直接给我的设备发送信息，但一般都是通过我的开源银行的第三方API。因此，我的金融生态系统在微观层次上极具个性化，我将无须思考财务问题。现在我的设备已经接管了所有任务，谁还会问“我的账户余额是多少”？谁还会说“必须记得还账单”？我只需知道“您的存款不多了”或者“您应该为这个月的假期节省一点资金”，然后根据我的心情决定行动。这意味着银行业将从主动行业——我必须亲自查找信息并对其进行管理，转变为被动行业——银行告诉我的设备我需要做什么。

我喜欢开放式银行的理念，以及一个根据我的生活方式进行定制化管理的金融生态系统。但当下的问题是，银行现在只是简单地把账单放到了移动App上。主动将服务推向物联网生态系统的开源结构将会是下一个蓝海。

一些银行正在积极朝这个方向前进。西班牙对外银行和桑坦德银行就是很好的例子，这两家银行不仅投资金融科技初创公司，而且还同它们合作开拓集市。西班牙对外银行旗下拥有Holvi、Simple和Atom等金融科技创新公司，而桑坦德银行一直是欧洲领先的初创企业投资银行。桑坦德银行已经对12家金融科技初创公司进行了13轮次的投资，其中包括为中小企业服务的借贷公司Kabbage。

现在，银行正在筛选集市，寻找金融科技领域的佼佼者，以便为自己的客户提供更好的用户体验和服务。普通人究竟会不会去试用上千个创业产品，最终选择最好的那一个呢？我看不会。这也正是开放式银行建立合作的契机。毕竟，开放式银行明白它们没有控制权。如果想给客户提供选择，它们不仅要开发满足客户需求的功能，还要吸引其他合作者加入自己的平台。所以，开放式银行在给客户提供选择的同时，也进行整合。毕竟，面对上千种不同的P2P服务时，客户该如何做选择？为什么要做选择？还是让开放式银行帮他们来做吧。

这就是集市的美妙之处。你是想自己选择Facebook上的内容或想要的Uber司机，还是让Facebook或Uber为你推送呢？这要看你有没有时间和兴趣。开放式银行也是一样的。

开放式银行的商业模式

那么开放式银行的商业模式是什么？它究竟是什么样子的？这可能是本书要解决的最重要的问题。下面这张图表，我会经常提及，所以请读者留心查看。

我一直在研究下图这个模型（见图 2–1）。银行结构将分为三块：后端负责制造产品和服务，中端负责处理支付和交易，前端负责接触客户和零售体验。

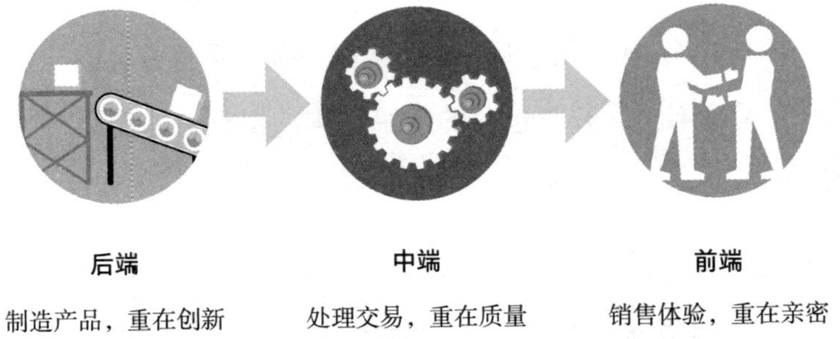

图 2–1　银行的结构模型

工业时代以来，传统银行的前、中、后端都是封闭的内部化结构，现在它们必须转向开放和外部化。因为智能设备的发展不断推动着前端用户体验的改进；中端，即插即用的软件允许任何人通过API提供新代码，改善前端和后端之间的联系；而这些API和App又依赖于云端人工智能和机器学习采集和分析的数据。所以，后端是数据分析，中端是API，前端是智能设备和智能App（见图 2–2）。

图 2–2 开放式银行的商业模式

未来 10 年内，只有那些能够从大一统、垂直整合的实体结构转型为无微不至、开放包容的数字结构的银行，才能获得生存和发展。

网络 4.0 时代：21 世纪 20 年代与物联网

我们已经步入了第四代互联网——物联网，但它要到 21 世纪 20 年代才会真正腾飞。当然，我们现在已经有了特斯拉无人驾驶汽车、Nest 智能家用电器以及三星智能家居 SmartThings，但它们都还不是主流。尽管情况会有所改观，但物联网不仅是将设备连接网络，它还涉及机器人、人工智能、机器学习等一系列的科技。这些技术已经渗透到我们生活的各个方面，从街道照明到基因编辑，它们正在将我们的世界变成一个连为一体的智能结构。我们的理想是，只要把芯片放进某个物体里，这个物体就可以实现智能化。比如智能道路、智能建筑、智慧城市以及智商更高的人。在互联网的下一个 10 年中，一些关键技术的开发将有助于语义网（网络 5.0）的建设。

换句话说，不管我们是否有意为之，我们正在构建一个智能星球。在这个星球中，每个人和每件事物都将被连接起来，并能够进行无缝交流。未来，在这个星球上会有多少东西被连接起来？人们对此有各种不同的预测，例如，研究机构IHS Markit估计，到 2025 年将有 780 亿件事物能够实现互联（见图 2–3）。

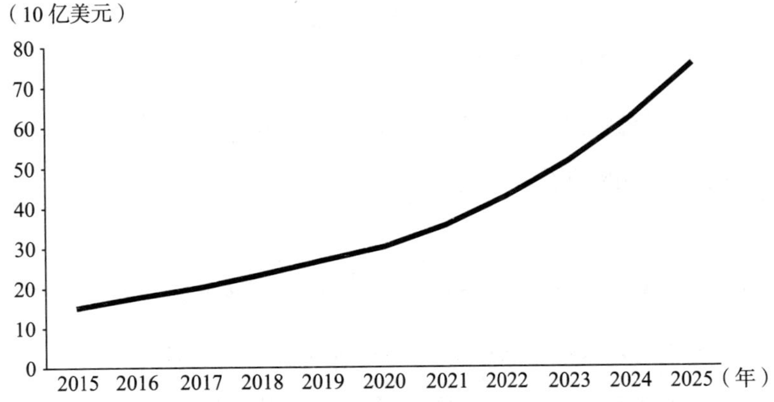

图 2–3　全球物联网规模

数据来源：IHS

管理咨询公司麦肯锡预测，物联网将会是继移动互联网和人工智能之后的第三大市场，市场规模将达到数十亿美元。物联网也将成为未来 10 年中最具影响力的技术（见图 2–4）。

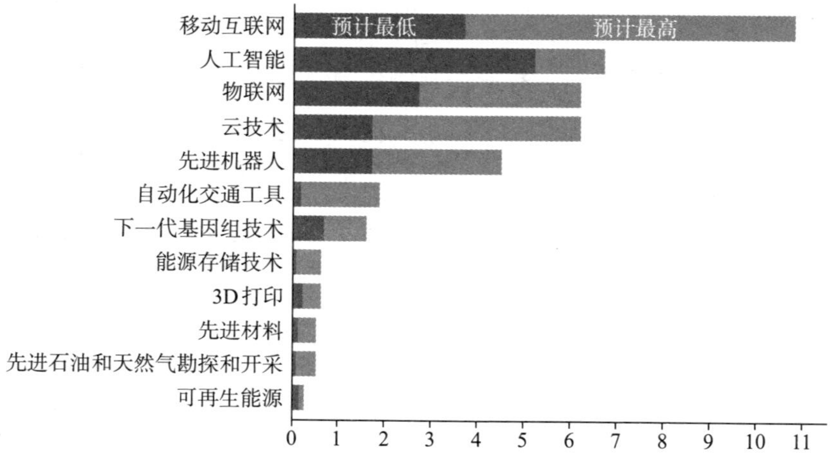

图 2-4 到 2025 年的经济影响力预测

（万亿美元/年）

数据来源：麦肯锡全球研究院的分析数据

此外，如果你还有兴趣，可以看看《福布斯》收集的各家研究公司对物联网的看法，其中包括：

- 贝恩管理咨询公司预测，到 2020 年，物联网硬件、软件和解决方案供应商的年收入总和可能会超过 4 700 亿美元。
- 通用电气预计，未来 15 年内，工业物联网的投资将高达 60 万亿美元。

数据惊人。

在我的脑海里，能接入网络的东西包括电视机、汽车、冰箱、加热系统、台式机或平板电脑（或者两者兼有）、手机、手表，也许还有植入体内的健康监视器、打扫房间的机器人、安全系统、狗、孩子和一个智能个人助理。以上是我需要的15件物品。然后，我的妻子和孩子们可能也需要几件联网的物品，每人至少5件。因此，在一个典型的发达国家的家庭中，联网物品的平均数量是30件。

考虑到我们生活在一个发达的经济体中，智能政府又会为每个人配置5台联网设备，例如安全监控器、道路上的汽车传感器、自动收费系统、追踪服务等。这样我们一家四口又要再增加20台联网设备。综上看来，在发达经济体中，每人至少有10件物品会与网络相连接。

发展中经济体以及一些封闭的国家同样需要许多联网设备的支持。其中肯定包括移动设备、政府的监控系统和更智能的基础设施。我保守一点预测：到2025年，地球人口将达到80亿，其中2/3的人将拥有多台联网设备。此外，联合国可持续发展的目标之一就是提高包容性。相较于现在占总数2/3的贫困人口，到2025年，一半的人口将脱贫。这就相当于，届时有40亿人人均拥有5台网络设备，用以监测他们的生活。另外40亿人人均有10台联网设备，其中5台用来协助生活，5台用于政府管理。

这就意味着世界上至少有600亿台联网设备，并且它们可以无缝交流。无缝交流表明它们有内置的芯片，可以进行交易。如果这 600 亿台设备一天 24 小时不停地进行交易，这就是数万亿次的交易量。如果说数十亿台设备每分钟都进行上万亿次的小额交易，也不会让我吃惊。

怎样的金融体系能够支撑这样量级的运作，以及这种金融体系如何辨别不同设备之间的交易呢？

读者可以在《FinTech，金融科技时代的来临》一书中找到详细的答案。但是，这确实引出了两个关键问题。首先，机器如何被授权代表人类进行交易？其次，什么时候需要对机器进行监控？假设我的冰箱通常会订购 6 瓶白葡萄酒，但是这次订购了 12 瓶，这是程序错误吗？应该对冰箱进行检查吗？人们需要多久检查一次他们的冰箱、电视、汽车、房屋在干什么呢？同样，银行如何知道冰箱、电视、汽车、房屋等的主人是谁，以及授权指令是否来自主人本人？

我们自然而然地就会讨论到数字身份这个问题……不是吗？说实话，我对物联网了解得越多，就越觉得手机钱包十分关键。因此，支付宝（中国）、Paytm（印度）、Vipps（挪威）和Venmo/PayPal（美国）钱包异常关键。它们可以打包许多网络设备，汇总需要支付的交易。

这是Apple Pay（苹果公司的基于近场通信的手机支付功能）的真正用意。毕竟，我的手机、手表、电视、即将实现的无人驾驶汽车等都是苹果的。它们都通过我的苹果账户和Apple Pay进行管理。所以如果我问你下面这个问题：如果你有数十亿台每分钟以非常小的数额交易数万亿次的设备，你会用什么金融系统来为其提供支持呢？

仔细想一想。答案不是区块链、机器学习、数据分析和云技术——尽管在后端，这些技术确实产生了新的动态效率。但是，如果想要消除交易间的摩擦，设备整合是最佳方式，而且现在已经出现了这类设备整合商。通过将不同的设备整合到一起，你就可以整合它们的交易，从而支持数十亿台设备做万亿次的不间断交易，最后按月开出账单。

这是一个伟大但尚未被大众认可的想法。当我们如梦方醒时，才会发现这些人做了什么，到那时，我们只能发出由衷的赞叹。

网络 5.0 时代

借用 2013 年电影《她》中的台词："它不只是一个操作系统，它是有意识的。"电影中，西奥多（由华金·菲尼克斯饰演）是一名孤独的作家，一次偶然机会让他接触到了第一个人工智能操作系统OS1。OS1 可以根据个人的习惯和需求进行定制，它化身为一名叫作萨曼莎的"女性"（斯嘉丽·约翰逊配音）。下文是来自 IMDb 的一段影评：

西奥多很快发现自己与OS1背后的声音萨曼莎交谈甚欢。西奥多和萨曼莎变得越来越亲密，人机友谊最终发展成一段火热的爱情。爱上操作系统后，西奥多发现自己陷入了巨大的喜悦与疑惑之中。作为一个操作系统，萨曼莎拥有极高的智商，她以他人不曾有过的方式帮助西奥多。但与机器相爱的内心冲突，机器又能帮上什么忙呢？

听起来很荒唐吧？其实不然。萨曼莎很可能会在未来10年内出现，而到21世纪30年代，超级智能也将会出现。实际上，人工智能有三个层次：

- 弱人工智能（ANI）：专注于某个领域，例如可以击败国际象棋世界棋王的人工智能，但它只处理特定的一类事件。
- 强人工智能（AGI）：达到并超越人的智力水平。它可以“推理、规划、解决问题、进行抽象思考、理解复杂思想、快速学习以及从经验中学习”。它能通过图灵测试，使科学家无法分辨被测试者是机器还是人类。
- 超级人工智能（ASI）：智力水平全面超越所有人类的智力水平，“从聪明一点点……到一万亿倍”。那是机器管理地球并相互学习的时代，好比电影《终结者》中的天网。

有趣的是，在大多数科幻电影中，未来都被描绘成一个可怕与黑暗的世界，就像电影《终结者》和《机械姬》中的场景，但现实略有不同。我经常通过回顾历史中人们对于未来的设想，来帮助人们减少对快速的周期变化的恐惧，比如可口可乐的发明：

> 1886年：约翰·彭伯顿（John Pemberton）上校发明了可口可乐。他因为曾在美国内战中受伤，所以对吗啡产生了依赖。于是，他决定发明一种滋补剂来治疗他的药瘾。他炮制了一种由古柯叶（可卡因的原料）和柯拉果（一种咖啡因的来源）制成的古柯酒来治病。最终这种饮品发展成了可口可乐，风靡全美。美国的许多冷饮机把可口可乐当作药品出售，因为当时彭伯顿声称，可口可乐可以治疗包括阳痿、头痛和消化不良在内的各种疾病。

早在18世纪末和19世纪初，铁路、制造业等科技迅猛发展，飞机和电影相继出现，维多利亚时代和爱德华时代的人们非常担心未来会发生灾难。那个时代的英国著名作家赫伯特·乔治·威尔斯（Herbert George Wells）在《星际战争》中讲述了外星人入侵的故事。爱德华·摩根·福斯特（E. M. Forster）也在《大机器停止》中讲述了一个让人不寒而栗的故事。如果你还没有读过这本书，我推荐你去读一读。故事梗概如下：

在未来世界，由于某种毒气污染了地球，人类只能在地下生活，而且只能通过类似Skype（一种网络电话）的方式交流想法、分享知识。故事的主角是一对母子——瓦实提和库诺，他们生活在地球两端。库诺告诉母亲瓦实提，他未经许可上到了地面，而且也没携带据称在有毒空气中必需的生命支持设备。他看到了有人生活在机器世界之外。然而，机器抓住了他，并且威胁将他“流放”。“流放”就是从地下驱逐出去并送到地球表面，最终他会因为暴露在受污染的地表空气中而死亡。

随着时间的推移，发生了两件事。一件事是，造访地面必需的生命支持设备被废除。另一件事是，人类建立了一个以机器为崇拜对象的宗教。人类忘了是他们自己创造了机器，反而把机器当作超越人类的神秘力量。不接受机器神的人都将受到流放的威胁。因为人类向机器投降，所以他们不加思考地崇拜它，机器出了故障也不再去修理。

我不再介绍更多剧情，读了上面的故事简介后，我们回头思考一下故事的标题：如果大机器停止，会发生什么？

看到了吗？未来总是让人恐惧，不是吗？

其实回过头看，过去一点也不可怕，而且还很原始。在汽车没出现之前，我们是怎么生活的？在手机没出现之前，我们过着怎样的日子？在Facebook出现之前，我们是如何交流的？

所以，如果要我展望20年后的互联网，我不敢妄下论断，但是显然它将拥有意识，它将无处不在，控制一切。仿真机器人将植入超级智能，人体内同样也会植入机器芯片。

有人将其称为语义网，这种设想已经存在了多年。在2001年出版的《科学美国人》杂志上，蒂姆·伯纳斯–李与詹姆斯·亨德勒（James Hendler）和奥拉·拉西拉（Ora Lassila）共同提出了“语义网”的概念。他们将其定义为“能使机器理解语义文件和数据”的网络，“并非理解人类的语言和文字”。

此后，许多人就采用这个定义来描述正在兴起的网络。互联网届时将无处不在，并具有意识。无论名称如何，到21世纪30年代，我们将真正成为一个互联网星球，所有智能设备都将在网络上进行交易。到那时，机器人有同人类一样的智商，甚至许多情况下比人类更聪明。我们将能够去太空漫游。到那时，人类需要掌握的技能是创意和科学，而不是贸易和零售。我们仍然需要吃喝玩乐，其中许多需求将交由机器满足。我们的生活与以前的生活相比将有很大改善。很可能到那时，许多琐碎的事务和目前需要认知技能的职业，例如经纪人和交易员，都将完全自动化。

那么，人类将做什么工作？我已经在开篇章节中试着给出了答案：修理机器人、创建下一代系统、治疗疾病和为航天飞船提供服务。这听起来像科幻小说，但我一再重复，很多科幻小说最后都变成了现实。事实上，我们今天制作反乌托邦科幻惊悚电影的原因，和维多利亚时代的作家写反乌托邦科幻惊悚小说的原因是一样的。因为好卖，因为人们害怕改变，而未来总是处在不断的变化之中。

平台和集市崛起

如前文所述，开放式银行和开放式集市正在崛起。表 3–1 反映了过去 15 年来全球高市值公司的排名变化，充分说明了平台集市的兴起。

表 3–1　全球市值最高的 5 家上市公司排名

（科技公司加粗显示）

	2001 年（亿美元）		2006 年（亿美元）		2011 年（亿美元）		2016 年（亿美元）	
1	通用电气	4 060	埃克森美孚	4 460	埃克森美孚	4 060	**苹果**	**5 820**
2	**微软**	**3 650**	通用电气	3 830	**苹果**	**3 760**	**谷歌**	**5 560**
3	埃克森美孚	2 720	道达尔	3 270	中石油	2 770	**微软**	**4 520**
4	花旗集团	2 610	**微软**	**2 930**	壳牌石油	2 370	**亚马逊**	**3 640**
5	沃尔玛	2 600	花旗集团	2 730	中国工商银行	2 280	**Facebook**	**3 590**

数据来源：Visual Capitalist

正如你所看到的，那些专注于互联网以及提供人与人互联集市的公司现在远比它们工业时代的前辈更有价值。杰奥夫雷 G .帕克（Geoffrey G. Parker）、马歇尔 W .范 · 埃尔斯泰恩（Marshall W. Van Alstyne）与桑基特 · 保罗 · 邱达利（Sangeet Paul Choudary）在他们合著的《平台革命：改变世界的商业模式》一书中，很好地阐释了这一变化。在最近的一次会议上，我正好碰到杰奥夫雷·帕克在介绍这本书，其中有一张表（见表 3–2）让人印象深刻。

表 3–2 工业时代公司与数字时代公司对比

公司	成立时间	员工数（人）	市值（亿美元）
宝马	1916 年	116 000	530
Uber	2009 年	7 000	600
万豪	1927 年	200 000	170
Airbnb	2008 年	5 000	210
迪士尼	1923 年	185 000	1 650
Facebook	2004 年	12 691	3 150
柯达	1888 年	145 000	300（最高市值）
Instagram（照片墙）	2010 年	13	10（收购价）

数据来源：杰奥夫雷·帕克，2016 年 9 月

结论显而易见：工业时代属于实体巨头，数字时代属于数字平台。表中还有一点也清楚地显示了它们的区别：实体巨头拥有巨额的实物资产，数字平台公司则提供开放的市场。所以，工业时代的公司需要成千上万的员工来为公司创造市场价值，而平台公司只需几千人。因为在开放式集市上，还有成千上万的参与者在平台上进行交易，相比之下，实体巨头只能依靠自己。

当我放眼银行业的时候，我突然就明白了，银行是典型的工业时代产物，它们喜欢在内部控制一切，它们依靠自己做一切事务。它们是绝佳的控制狂，想让它们开放集市，就好像要了它们

的命。但它们只有这样做，才能在数字时代生存。看看今天的金融世界，这一点确实切中要害。

现在，PayPal的市值已经是德意志银行的三倍之多（见表3–3和表3–4）。

表3–3 PayPal市值

PayPal（PYPL） 39.88 –0.30（0.75%）11月7日21：00			
上一交易日收盘价	40.18	日线	39.62 - 40.42
开盘价	40.36	年线	30.52 - 41.75
买入价	39.51 × 100	成交量	6 109 946
卖出价	41.15 × 200	平均成交量（300万）	8 383 970
一年目标价	44.26	市值	481.3亿
Beta系数	无	滚动市盈率	36.25
下个财报日期	2016年10月20日	每股盈余（ttm）	1.10

数据来源：纳斯达克证券交易所

表3–4 德意志银行市值

德意志银行（DBK. DE） 12.09 +0.06（0.46%）11月7日16：35			
上一交易日收盘价	12.04	日线	11.96 - 12.31
开盘价	12.11	年线	9.90 - 27.98
买入价	无 × 555 100	成交量	16 415 749

（续表）

德意志银行（DBK. DE） 12.09 +0.06（0.46%）11 月 7 日 16：35			
卖出价	无 × 230 000	平均成交量（300 万）	14 405 900
一年目标价	无	市值	165.3 亿
Beta 系数	无	滚动市盈率	无
下个财报日期	无	每股盈余（ttm）	−5.90

数据来源：法兰克福证券交易所

同时，蚂蚁金服跻身全球最大的金融机构之一（估值 600 亿美元），原本名不见经传的美国在线支付提供商 Stripe 也一跃成为有力的挑战者。借助杰奥夫雷 · 帕克的表格（见表 3–5），你可以看到鲜明的对比。

表 3–5 市值（基于 2016 年 10 月 14 日的数据）

公司	成立时间（年）	员工数（人）	市值（亿美元）
巴克莱银行	1692	130 000	300
PayPal	1999	13 000	480
德意志银行	1870	101 000	170
蚂蚁金服	2015	5 000	600
Stripe	2011	400	92
摩根大通	1799	235 000	2 450

数据来源：杰奥夫雷 · 帕克

摩根大通是世界上最具价值的银行，其市值达到了惊人的2 450亿美元。我们就拿它来和成立仅7年的Stripe做个比较。2015年，Stripe的市值为50亿美元，此后便获得大幅增长。它将业务扩展到亚洲市场，并获得了日本最大的信用卡供应商三井住友集团的投资。在快速的发展下，其估值在1年内几乎翻了一番，达到92亿美元。Stripe共有400名员工。也就是说，5年的时间内，平均每位员工创造的价值为2 200万美元。摩根大通拥有219年的历史（成立于1799年）和23.5万名员工。作为全球最有价值的银行，其平均每位员工创造的价值也才刚100万美元。

现在一些阴谋论者会停下来说，你引用的是那些估值过高的独角兽公司的数据，以此证明银行已经死亡。其实，他们都错了。我不是说银行已经死了，我只是指出形势已经发生了变化，如果银行不能变成开放式集市，它们将无法生存。以上的图表就是明证。如果哪家银行的CEO认为，现在仍然是实体巨头的好日子，那他们应该来看看这些图表。

建立新的金融集市

如果我们要建立一个新的货币集市，谁会是竞争对手？是新兴的金融科技初创公司，还是谷歌、亚马逊等科技巨头？

答案是全部。我不太担心谷歌、亚马逊和其他科技公司，因为它们对银行的威胁来自一个与金融科技初创公司非常不同的领域，这些初创公司却瞄准了金融领域。它们试图用新的功能取代信贷和支付等核心银行职能。P2P平台TransferWise和Lending Club的商业模式应该让银行感到了担忧。我不确定是否还有其他的竞争者。这些公司估值很高，创意很酷，但它们的生存空间到底在哪里？信息处理。

我在会议和演讲中经常能见到一段话（援引自新闻网站TechCrunch）：

> Uber作为世界上最大的出租车公司，却没有任何车辆。Facebook作为全球最受欢迎的媒体平台，却不创造任何内容。阿里巴巴作为最有价值的零售商，却没有库存。Airbnb作为全球最大的住宿提供商，却没有任何房地产。一些非常有趣的事正在发生。①

一些非常有趣的事正在发生。它被称为信息平台，这个提法已经存在很多年了。为什么我们自己没有去做呢？

我在前面的章节中提到过一个商业模型图，Uber、Airbnb和Facebook都是卓越的信息加工厂。它们自己并不提供产品和服务，

① Tom Goodwin, “The Battle Is For The Customer Interface,” TechCrunch, 3 March 2015.

如果你仔细想想，他们甚至没有客户关系。它们只是很好地将需要服务的人和拥有服务的人实时联系起来。

- 我需要从A到B——帮我联系一个有车的人。
- 我需要在这个地方过夜——帮我联系一个有空余卧室的人。
- 我需要分享我的社交生活——帮我与所有可能对此感兴趣的朋友和家人联系起来。

亚马逊和谷歌也同样如此。

- 我需要购买一些东西——帮我联系出价最低的商家并让它送货。
- 我需要找到一些东西——帮我联系所需的信息。

换句话说，这些伟大的新企业都是提供内容的信息中介平台，包括车辆、床位、照片和个人更新、产品和信息，无论用户身处何地，无论他们是通过移动端App还是网页浏览，其处理过程就是处理信息和发送内容。

如果我要为这个我们期待的信息中介平台新世界（Uber、Airbnb、Facebook、亚马逊和谷歌）绘制一张图，它将如图3-1所示：

这就引出了我接下来要谈的问题：银行的处理机是什么？银

行在其中又扮演怎样的角色？

这是一个很好的问题。历史上，金融系统的处理机一直是SWIFT（环球同业银行金融电讯协会）、Visa（维萨）、Master Card（万事达卡）、TARGET2、STEP2、Fedwire、CHIPS、BACS等金融结算系统。它们不会一下子就全部消失，但现在已经出现了新的集市体系。本来我想说PayPal，因为它消除了电子支付的摩擦，节省了支付时间。但并不是PayPal，它虽然很好，但没有带来颠覆性的革命。

	后端	中端	前端
个人交通	汽车	Uber	Uber司机
住宿	房产	Airbnb	Airbnb房东
社交	媒体	Facebook	Facebook App
搜索	网络内容	谷歌	谷歌搜索
商业	书籍等	亚马逊	电子书阅读器Kindle等

图3-1　信息中介平台新世界

最后我想到了，我们之所以对价值互联网感到兴奋，是因为区块链是我们新的处理机。区块链是金融系统新的信息中介平台，能为价值交换提供处理机。我想要价值交易——为我联系合适的价值通证和价值储存进行交易。但是区块链终究不是最终的引擎，它只是一项技术。所以现在这还是一个开放的领域，等待着人们去开拓。

你的CFO是一种算法

什么是CFO（首席财务官），为什么需要CFO呢？因为他们负责管理我们的供应商和客户，为我们做账单和收账，管理我们的营运资金和供应链，处理外汇和现金池等业务。换句话说，他们就是管理员。

在软件大行其道的世界里，管理员显得如此碍眼。当一切都可以自动化时，为什么还要管理员呢？之所以有这种想法，是因为我在与一些年轻CEO交流时，了解到他们将整个公司的财务都交给了Xero云会计软件。他们把Xero称为公司的DFO（数字财务总监）。DFO是一种通过API自动执行的算法。最终，当CFO的职责可以被机器完全替代时，公司就再也不需要人类的CFO了。

我知道有些人会说，这过于简化了财务部门、账户和CFO角色的复杂性，真的是这样吗？如果我们可以通过API，将所有的提单、信用证、采购订单和应收账款传输到能够核对和识别所有内容的智能算法上，是否依然很难想象用DFO替代CFO呢？也许依然很难。但是，我和世界上一些拥有数十万供应商的大公司打过交道，并了解到要更上一层楼都是很难的。

30年前，许多公司大刀阔斧地改变了财务流程以提高效率，今天我们可以走得更远。我们可以把财务部门精减为一个API和一种算法。换句话说，CFO变成了一个以API形式呈现的算法。

唯一的问题是企业难以采取这样的操作。这是个双重困境。首先，让人们将完整的财务系统转移到数字分类账中并不是一件容易的事情。虽然这可以实现，但没有人员在其中对账单、应收账款、应付账款和发票开具等流程负责，这似乎很难让人接受。需要由人来管理这些财务流程的心态可以追溯到工业时代，并且在今天依然占据主流。

即使我们能够克服工业时代的这种应由人类来管理财务流程的思维模式，我们仍面临第二个困境：大规模裁员。今天，一家大公司的CFO可能会管理上百甚至上千的手下。当任何一个CFO的工作受到威胁时，他都会说，之所以每个公司都有CFO，是因为他们要处理非常纷繁复杂的事务，以此来证明他们是必不可少的人员。

事实是，CFO并不是必不可少的。但他们绝不会让CEO和行政领导团队摧毁他们的帝国。他们花了很长时间才爬到CFO的位置。现在他们位高权重，掌控着一个帝国。这个庞大的帝国又反过来提升了这个角色的地位和权力。就连稍微质疑他们角色的重要性，诚恳地询问他们“你是否真的需要这么多的下属”，都会激怒他们。

所以，当你要求CFO将所有财务自动化并将其移至共享分类账时，请小心。当你挑战他们的帝国时，帝国有时会奋起反击。

银行集市和集市银行家

越来越多的金融集市正在出现：借贷集市、信贷集市、支付集市等。一个平台可以被看作一个集市。在集市里，摊贩们聚集在一起，与潜在的客户碰面。在数字版本的集市里，许多金融科技初创公司汇聚于此，它们可以在这里创建摊位，成为像Stripe和移动支付公司Square这样的大技术摊主。而银行有着别的考虑。银行是集市的所有者，他们持有准入许可证，为新的参与者和创业公司提供摊位。作为集市的所有者，银行不提供任何产品，也不运营摊位。但它将摊位“出租”，收取使用费。提供产品和服务的是摊主。这是门好生意。

随着时间的推移，银行将逐步开放它们的业务并转向微服务架构[①]，它们将认识到，得益于它们的准入许可，现在的主要机会是创建和掌握金融科技集市，让大量的合作伙伴在自己的集市上为客户提供服务。同样，银行也可以向集市上的摊主及其客户提

---

① 微服务架构是一种更为可靠的面向服务的现代软件架构风格。在面向服务的微服务架构中，各项服务通过部署体系进行协同，从而实现系统功能。在面向服务架构中，各项服务都有各自独立的封装协议。微服务架构是引入DevOps（一组过程、方法与系统的统称）之后面向服务架构的第一次实现，正成为构建连续部署系统的标准。与面向服务架构不同，微服务架构更加组件小型化、协议轻量化。微服务架构将系统任务分配到不同的小型服务中，增强了敏捷性，减少了耦合。这使得更改和添加应用功能和数量变得更加容易。它还允许通过持续重构的方式添加独立服务架构，从而避免了全盘重新设计，实现了快速、持续发布软件。（摘自维基百科）

供众多服务。这是双赢。

但遗憾的是，很少有银行能有这样的认识。大部分我所遇到的银行都封闭在专属、老化的内部体系中。它们只想维持原状，也希望客户留在这种专属结构中，接受端到端交付的平庸数字服务。它们不接受任何第三方，即使监管机构表态支持，它们也不信任其中的绝大多数。

缺乏想象空间的银行注定是失败的一方。当价值交换生态系统变为通过API连接的开放集市平台时，封闭专属、垂直集成的市场参与者将无法生存下去。那些提供集市的银行将吸引众多的参与者在其集市上运营，而那些拒绝接受第三方玩家的银行只能依靠单打独斗。久而久之，需求自然会转向操作互补、功能定制的开放集市。不提供开放式集市的传统、专属且老化的体系就会衰亡。

在如今的金融集市场里，依然鲜有银行提供公平开放、功能齐全的集市。我只能想到几家开放式银行，最具代表的是PrivatBank和盛宝银行，以及几家新兴银行，比如Fidor TecS和solarisBank。一些金融科技初创公司也开始涉足这个领域，比如Thought Machine和Leveris这些公司都在致力于打造一个技术驱动的集市，为银行和参与其集市的第三方提供可互操作的App、数据分析以及API等。虽然它们的市场角色不同，但它们了解这个集市，知道如何成为好的指挥家（平台）。

然后，我访问了一些比较传统的金融机构。它们的员工怒不可遢、满腹狐疑，叹着气说道："这不适合我们。"就算它们有成千上万的开发人员，它们依然希望客户用它们老一套的东西。唉……

当我找到它们的管理团队并向他们解释这个想法时，他们把我扔了出去。管理团队由银行家组成，接受过合规审查、审计、风险、账户安全方面的培训。他们预见到这个想法将打败目前盈利的产品，消灭他们的收入来源，并让其他人（即第三方）有机会攫取他们的客户关系。

好吧，这是他们的损失。毕竟，一个没有技术愿景、对微服务架构没有任何理解、对开源外包没有兴趣、对平台和集市一无所知的银行注定没有任何前途。

建设还是购买？建设还是死亡？

从历史上看，银行希望由内部控制所有系统。它们最大的问题一直集中在是自己建设系统还是购买系统。它们通常选择自己建设系统。因此，许多银行拥有比世界上最大的软件公司更大的系统开发部门。

在开放式银行的模式下，这将不得不改变。银行将不得不变成一个整合以及合作的体系，其中大部分系统将通过API外包给第三方。然而，对于一直都是控制狂的银行来说，形成整合以及合作的文化异常艰难。

我与一位银行界的朋友的交流充分说明了这点。他对欧盟PSD2（支付服务指令第二版）的调整感到沮丧。2018年，欧盟实施了一项新的法律，要求所有银行必须通过API向第三方提供客户的付款记录。所以相关开发势在必行。但事情的发展并不符合我朋友的预期，他对此感到十分愤怒。他当时找到了一家很好的金融科技创业公司，这家公司拥有功能强大的开放式API，几天之内就可以投入使用。然而，保守的总部回复他，他们不想与第三方合作，他们必须自己开发。

许多银行都抱有这样的心态。它们不相信第三方的开发能力，因为它们一直都是凡事亲力亲为。它们辩解道，系统太复杂。它们说，不能冒第三方出错的风险。它们说，监管机构不允许将这种关键的处理功能外包出去。

我说，它们就是“控制狂”，思维还停留在20世纪。它们无法看到通过App、API和数据分析构成的开源世界。我的银行朋友表示同意，尽管我当然只是想开导他才这么说的。

我认为，与其说是争论是建设还是购买的问题，倒不如说是争论是建设还是死亡的问题。很明显，有上千家的金融科技初创公司专注于将一件事做到极致。他们排除万难去开发和编写一个程序，然后不断更新，扩展程序可用性。相比之下，一家银行把专注力平均分到1 000件平庸的事务上，这些事务大多使用陈旧的系统，很少使用当下先进技术和功能，做出的产品很普通。当用户可以和上千个专注于不同领域的公司合作的时候，他们为什么还要选择一个只能做上千件普通产品的组织？

答案是时间。用户没有时间与上千家公司合作，他们想要一家公司来整合它们。在理想的世界里，这一家公司应该是一家拥有银行许可证的银行，能确保他们的财富安全。一些银行已经觉醒，意识到了做开放式集市是个机会。它们认识到了自己未来将成为上千个App和API的保管员。它们把数据从企业数据架构中转移到云端，并利用机器对数据进行分析。这些智能机器对数据进行学习、认知、预测后，主动发送到它们保管的数千个App和API中。这是我对语义银行的看法。

现实却很骨感。研究发现，银行认为它们在数字化进程中已经跑完全程的2/3，而研究团队则认为它们甚至连1/4都还不到。就像一位银行家指出的那样，许多银行认为数字化就是推出一款好看的App——它们没有看到更宏观的组织结构变革。

这被描述为数字1.0与数字2.0的区别。数字1.0是指用户能够通过App和API对银行进行访问，但银行的核心架构没有改变。数字2.0是指整个银行的数字化，包括核心结构的转变和人员的调整。很少有银行开始数字2.0，甚至许多银行才进入数字1.0。

那么，我们如何知道银行的数字化转型最终完成了呢？我的想法是最后形成一个包括前端App、中端API和后端数据分析的开源结构。在采用这种结构的集市上有数千家专注某个领域的公司，消费者可以从中任意挑选某种服务。银行只需看管集市，并为客户提供最优质的个性化体验。银行通过API整合以及监管这些公司，并在前端为客户一体化交付。

大多数银行的问题在于，它们认为只需有App和首席数字官就能解决问题。我遇到了很多银行的首席数字官，有的银行还不止一个：一名首席数字官负责支付，一名负责零售业务，一名负责公司银行业务，一名负责财富管理，还有一名……银行用这种方式来包装它们的数字产品，但就是一点也不愿改变结构和思维方式。很明显，银行只是借数字化粉饰产品和功能，却根本不改变银行结构。

一个真正踏上数字化道路的银行绝不会建设任何东西，它们只负责看管。这样的银行现在还很少，但已经开始出现。给它们5~10年的时间，所有银行要么跟着市场改变，要么一条路走到黑，自取灭亡。

金融保管员如何赚钱

每当我谈到银行必须从一个专属运营、掌控一切的控制狂，转变成在开放式集市上保管一切的合作者时，就有人提出疑问：“保管员如何赚钱？”

这个问题非常好，因为市场保管者与专属产品供应商的赢利方式十分不同。这就是为什么银行的思维必须发生改变。我经常说，银行今天提供的产品在10年后的利润都会是零。今天，零售银行从储蓄和贷款的保证金、向储蓄账户持有者进行的交叉销售以及透支和借款的利息等业务中获利。由于受到专业数字供应商的产品和服务的挤压，银行传统的收入渠道将在未来10年关闭。

Zopa就是很好的例证。Zopa成立于2005年，是全球最早、最为成熟的互联网P2P借贷平台。它在英国的借贷市场中占有很大比重。目前，它正在申请银行业务许可证，以期全方位涉足银行业务。2016年2月，Zopa在其博客写道：

> 2015年，Zopa共计贷出5.3亿英镑。截至目前，公司已经贷出超过12亿英镑。以贷款规模计，我们已经是英国第一大P2P平台，我们在2015年8月成为英国首家迈过10亿借贷大关的P2P平台。[①]

截至目前，其官网声称，公司已向英国消费者贷出超过23.8亿英镑。Zopa的贷款业务同比翻了一番。同样，英国的P2P借贷市场也发展迅猛，累计贷款水平接近85亿英镑，2017年前3个月的贷款总额超过10亿英镑。P2P平台正开始大举进军银行的这一传统核心业务。英国的无担保贷款在2016年增加了230亿英

---

① "Record growth for peer-to-peer lending in 2015," *Zopa*（blog）, 1 February 2016, https：//blog.zopa.com/2016/02/01/record-growth-for-peer-to-peer-lending-in-2015/.

镑，P2P平台就瓜分了其中20%的市场份额。

如果机器人理财顾问、P2P平台和以支付为核心业务的创业公司都从银行传统的核心业务中分一杯羹，那么银行还有什么利润可言？传统产品将赚不到什么钱。如前文所述，如果银行从现有的产品和服务中赚不到钱，它们的利润从何而来？从管护中来。但这个管护体系需要由两个核心要素组成。

首先，银行拥有数百万的客户、数十亿的资金和数百年的历史。银行首先要认识到今天其所拥有的占位优势可能明天就会失去。银行必须迅速从一个由紧密结合的专营产品组成的一体化垂直价值链，转变为一个由松散的合作伙伴组成的开放式集市。

如果哪一家银行能够做到这一点，它就可以成为客户筛选出来的管护员。客户不想从数百家他们一无所知的初创公司中进行选择，他们希望由他们信任的银行伙伴来做这件事。毕竟，银行有足够信誉，也有筛选合作伙伴的历史。当然，它可以代表客户向这些合作伙伴收取管理费，正如亚马逊所做的一样。亚马逊与沃尔玛之间的斗争充分说明了要求银行改革的艰难。

> 沃尔玛还在犹豫是否要让外部卖家在其官网上列出他们的商品，而“平台集市”已经占了亚马逊一半的产品销量。这造成了大量看不见的内部冲突：为了同一个买家，亚马逊员工也必须与第三方卖家竞争。但公司允许甚至鼓励这种竞

争，因为选择和价格竞争对客户有利。沃尔玛则习惯于主宰其与品牌之间的关系，以及在大型商场中展示全部分类的产品。它不愿意促成竞争，而且它也没有专业技术来支持广阔的集市。沃尔玛没有把重点放在增加线上选择方面，而是继续建设超级购物中心：仅在美国，2010—2016 年沃尔玛就建成了超过 700 个超级购物中心。沃尔玛的官网直到 2015 年才开始增加第三方卖家，虽然现在它的购物平台上有超过 4 000 万种在售产品，包括汤姆帆布鞋、Rebecca Minkoff牌背包，以及其他实体店买不到的东西，但与亚马逊的官网上大约 3.5 亿件的商品相比，这个数量是很小的。[①]

许多银行对改革同样持抗拒的态度。它们继续醉心于投资超级分支机构和搭建内部App的花架子，并不鼓励与旗下伙伴共同创造和悉心管理集市。但是留给它们转变的时间已经非常有限。比如，Zopa及其关联公司就不愿与每家银行都合作。银行想从价值链控制者转向开放式金融集市平台的管护者和共同缔造者，时间已所剩不多。这是对银行和银行文化的一次重大变革。

对于一家拥有共同创造和管护文化的银行来说，第二个要素是赚钱。由于银行的传统产品和服务，比如信贷、储蓄和投资都

① Stone, Brad and Matthew Boyle, "Can Wal-Mart's Expensive New E-Commerce Operation Compete With Amazon?" Bloomberg, 4 May 2017.

流向共同创造的合作伙伴一方，银行从中赚不到钱，那么它就需要能从新的功能和服务中赚钱。这就要采取一种新的策略——利用机器掌握客户的财务方式和习惯，以获得对他们更深入的了解，并将财务数据与社会背景数据结合起来。

在这种情况下，银行必须成为一家更好的咨询分析公司，对客户了解更多。通过成为客户的智能合伙人，银行能更好地认识客户，预测其需求，主动为客户排忧解难，并为其推荐合适的合作伙伴。事实上，客户愿意为银行提供的个性化的数字建议与支持服务买单，有关客户金融生活方面的增值信息服务也是如此。

我描述的是一种与今天的金融服务机构截然不同的东西。未来的大型金融机构将在自己的平台上与第三方公开竞争，向自己的客户提供产品和服务。它们也许由于拥有信誉、服务和便利而成功赢得客户，成为客户首选的供应商，也可能由于在价格、成本和可用性上的劣势而失去业务。然而，任何一家集市平台公司都知道，虽然作为供应商失败了，但如果他们能成为受信任的平台也是一种胜利。因为它们对消费者的需求有深入的数据分析和了解，所以消费者会给这个平台最大的信任。

未来的商业模式很明确

多年来，我一直借用迈克尔·特雷西（Michael Treacy）和弗雷德·沃西马（Fred Wiersema）的《市场领导者的纪律》一书来谈论银行业的商业模式。特雷西和沃西马认为，所有公司都由三个主要部分组成：制造商、加工商和零售商。书中谈道，大多数公司只擅长其中的一件事，很少有公司擅长两件事，更别提三件事了。苹果可能是为数不多的在三个方面都取得成功的公司之一，但即便是这家公司有时也会失败（比如最近的iOS移动操作系统更新）。

前一段时间，我的想法稍稍有所改变，因为我意识到银行谈论的是前端、中端和后端，与我所说的零售商、加工商和制造商是一回事，只是说法不同而已。

在“开放式银行的商业模式”一节中，如图2–2所示，这种商业模式对任何项目都适用。例如，我多年来一直是企业转型的支持者。转型的方法是绘制出关键客户交互图，并围绕以客户为中心的原则构建业务。用结构化的视角来看待以客户为中心的企业组织，即为客户、流程和产品。最近我再次意识到，重点关注客户、流程和产品的结构，与公司的零售、加工和制造的观点相契合。一家公司，特别是一家银行，是建立在客户、流程和产品的基础上的，分别对应了后端、中端和前端（见图3–2）。

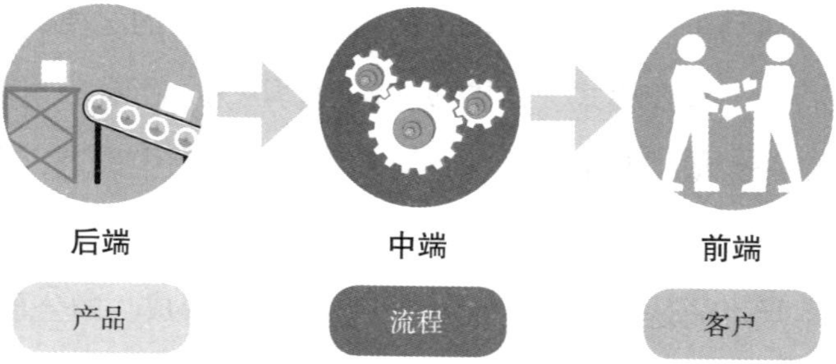

图 3–2　以客户为中心的企业组织

人们有时也会用“产品、平台和经验”这种说法。但这只是换了一种方式来表示同样的后端、中端和前端。后端是关于产品和服务的创新，中端连接着后端和前端，是处理交易和互动的平台基础设施，前端关注与客户的亲密度和用户体验（见图 3–3）。不管用哪种说法，其工作原理是一样的。

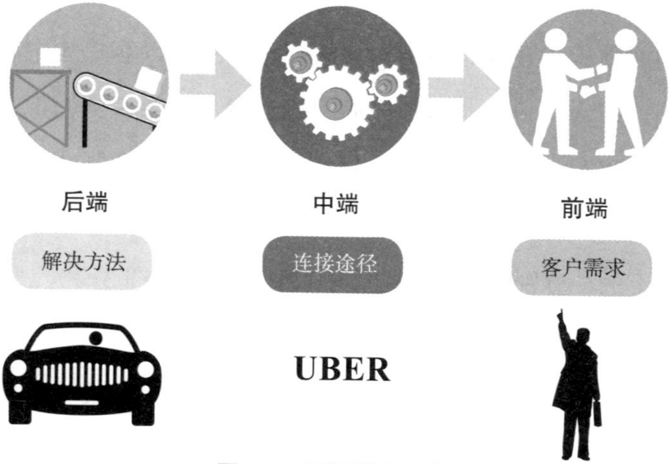

图 3–3　开源数字平台

这一对话的关键在于中端，因为从它开始，实体走向了数字。开源数字平台可以让有需求的人和拥有者建立联系，这就是P2P的运行方式。eBay、Zopa、金融科技公司Prosper、Uber等都是实时将前端需求与后端解决方案相连接的公司。这就是我们正在经历的平台革命，它极大地改变了行业模式。

生死关头

所有银行都有一个攸关生死的问题：遗留系统。图3–4很好地说明了我的观点。

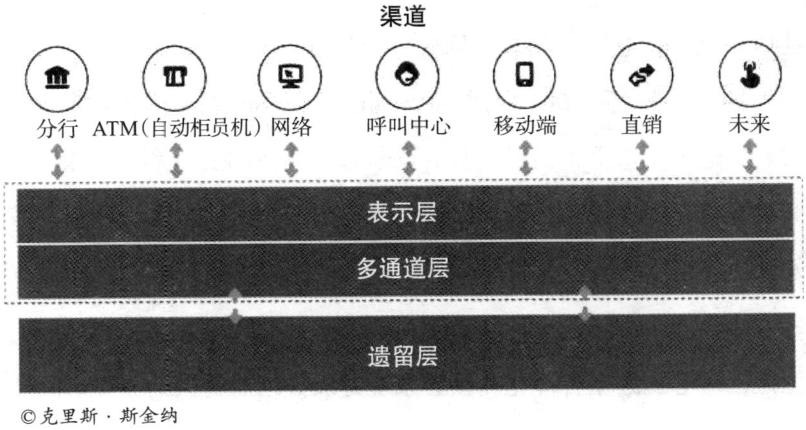

图 3–4　多通道集成

实际上，1997 年，我在NCR公司[①]使用过这个图来推销多通道集成的概念。当时，我们提供多渠道集成器来解决由于网上银行的出现所引发的一个问题，即提供网上银行服务的银行担心将其核心的遗留系统暴露给客户。

换句话说，早在 20 年前，我们就知道运行的系统有问题。现在，它变成了一个更严重的问题。20 年过去了，我们仍然在给遗留层提供表示层，吃力还不讨好。

这就是我眼中燃烧殆尽的平台。从网络银行出现以来，我们年复一年不断往余烬中添加燃料。移动银行，数字覆盖，新的开放平台，区块链、云计算和API，机器学习、App和数据分析等。所有这些开放的、基于互联网的技术一直在攻击这种专属的内部遗留系统。持续时间越长，问题就越严重。

再过 5~10 年，在一个开放式集市上，一家银行将失去技术竞争力。在这个集市上，银行所有的竞争对手和初创公司都将去除银行交易摩擦，提供灵活、创新的微服务，而银行的遗留系统将拖累其发展。我把这比作“温水煮青蛙”。

当然，如果银行从今天就开始改变，是可以避免厄运降临的。但是，考虑到数据合理化和核心系统升级计划需要大约 5 年时间才

① NCR公司是一家总部位于美国佐治亚州德卢斯的计算机硬件、软件和电子产品公司，主要生产销售点终端、自动柜员机、条码阅读器等，此外也提供IT维修服务。——译者注

能完成，这个亟待解决的问题每天都在变得越来越棘手。对于那些愿意参与其中的银行来说，前景是光明的，但对于那些仍旧不愿做出改变的银行，很多都将被淘汰出局。

太多的COBOL语言

我受路透社的杰出记者安娜·伊雷拉（Anna Irrera）一篇文章[①]的启发，开始更多地思考传统经济中的老化挑战。她对美国银行安于现状，以及雇用退休程序员来应付了事的做法感到惋惜。其中最震撼我的是下面这张图（见图3–5）。

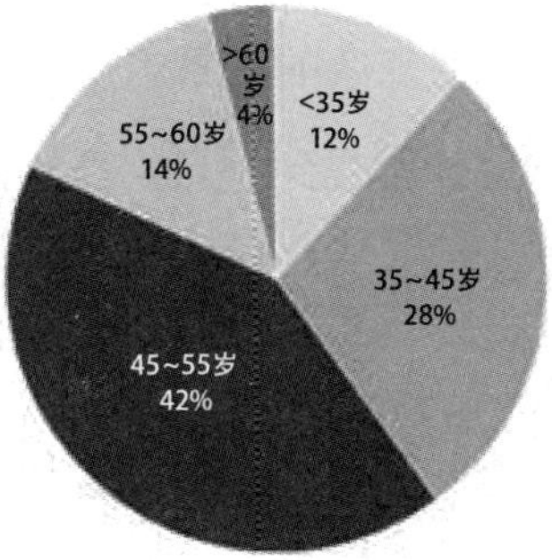

- 43%的银行系统用COBOL语言编写
- 80%的个人交易使用COBOL语言
- 95%的ATM刷卡依赖COBOL代码
- 2 200亿行COBOL语言仍在运行

图3–5　通过商业语言（COBOL）开发者平均年龄

资料来源：路透社；TIOBE指数；国际COBOL调查报告；IBM；Microfocus；Celent；埃森哲。

① Anna Irrera, "Banks scramble to fix old systems as IT 'cowboys' ride into sunset," Reuters, 10 April 2017.

这就是真实的COBOL使用率。

据金融咨询公司Celent估计，银行花在信息技术上的2 000亿美元中，有75%以上用于维护遗留系统。苏格兰皇家银行为2012年的一次严重的系统故障向监管机构支付了数额空前的罚款，该银行希望以7.5亿英镑的成本更换其核心处理引擎，以解决问题。然而，3年后，该银行的CEO罗斯·麦克尤恩（Ross McEwan）承认，想要削减苏格兰皇家银行的3 000多个系统和App，仍有大量工作要做。

在一篇相关评论中，UBS投资银行部门的全球业务负责人安德里亚·奥塞尔（Andrea Orcel）表示："多数银行面临的挑战是，它们并不是技术专家……随着技术继续快速发展，技术对银行业务也变得越来越重要，银行不仅要采用高度复杂的技术，还要避免让技术影响其核心业务。"真是这样？我经常提到一点：虽然银行是由银行家管理的，但是他们确实应该和金融科技公司一样尊重技术人员。

无论如何，系统老化的情况只会变得越来越糟，原因不是别的，正是维护这个系统的人都会老死。这不是一个新现象。早在2012年，《计算机世界》杂志就进行了一项调查。调查发现，受访的信息技术从业人员中，有46%的人认为COBOL程序设计不良的现象在增加，还有50%的人说COBOL开发者的平均年龄超过45岁。

那么，为什么银行中几乎一半的主机系统仍然在使用COBOL

语言呢？这个问题出现在问答网站Quora上。我很想在这里将所有的答案列出来，但由于篇幅有限，我只能强调，对于想要实现开源架构的银行，存在了50年的COBOL面条式代码[①]所产生的沉没成本是当今银行业面临的最大挑战。银行想要生存，必须转型为后端合理化、一体化以及基于云计算的企业数据架构。如果依然停留在稳定、可靠的COBOL系统止步不前，这样守旧的银行最终将会被淘汰出局。

守旧的人用老旧的系统

问题不仅仅在于老旧系统，更是出在守旧的人员和客户身上。守旧的人成天坐在企业里，抵制任何变革。他们知道他们的蛋糕在哪里，他们不想这块蛋糕被别人瓜分。他们也会坐下来研究新技术，并想知道如何将其应用于现有流程。比如，一家银行利用虚拟实境头戴式显示器Oculus Rift建造了一个虚拟分行。没错，银行可以为客户提供虚拟现实体验，但如果在现实中客户都不去银行了，他们为什么要在虚拟现实中这样做呢？

想要突破传统障碍，守旧的创新者想的是如何让马跑得更快，而非创造新的交通方式。比如，你去询问因循守旧的客户他们想

① 面条式代码，软件工程中反面模式的一种，是指一个源代码的控制流程复杂、混乱而难以理解。——译者注

要什么。尽管答案可能各不相同，但最有可能得到的答案是降低收费、提高利率以及让自己感觉与众不同。好吧，这是所有银行挑战者都关心的问题，但客户并不会跳出常规思考，他们具有思维定式。这就是为什么虽然你的银行已经提供了创新的App、简单方便的支付流程和免费账户，但客户仍然使用网上银行（因为他们不信任移动应用）、支票（因为支票比PayPal那玩意儿更容易）以及存折（它一直都有效，而且用户喜欢看到自己的余额）。

这听起来很可笑，但你能找出一家完全摆脱过去一切的主流银行吗？如果银行以前有分行，就算现在分行的数量可能变少了，但它们依然存在；如果银行试图废弃支票，巨大的抗议声浪会让它们继续发行支票簿；如果某家银行试图阻止客户使用特定的服务，如关闭分行，那么媒体会将该银行比作《哈利·波特》中的伏地魔。银行不会因为创新而获得荣耀，特别是当它们告诉客户，它们再也做不了什么了的时候。结果就是我们有一个守旧的银行，其守旧的员工照顾着守旧的客户。

还有一个维持核心遗留系统的原因。如果一家银行仍然使用有 50 年历史的核心系统，是否就意味着它会失去客户，无法有效竞争，或者面临网络安全问题？完全没有。那为什么要改变它呢？只要在处理和运行上不出问题，至于使用哪一套系统，客户并不在意，所以为什么必须改变呢？有什么令人信服的理由来说服人们换掉一个有 50 年历史的核心系统呢？

对于一些人来说，如果没有令人信服的理由，更换核心系统是非常冒险的做法。还有谨记一点，我们这里所说的系统是20世纪70年代中期核心客户存款账户系统的升级版，为了和当时新引入的ATM相兼容。这是一个批量更新的打卡系统，多年来一直在进行升级和改进。它不仅可以满足分支机构的需求，还可以通过中间设备接口提供实时的网上银行余额。在推出25年后，该系统仍是数百万客户账户余额更新的核心。尽管银行知道它是过时的，但它具有复杂的界面和配件编排，使其看起来相当不错。它还在发挥作用，并且没有出错，为什么要改变它？

在做年度战略技术回顾时，银行一直遵循这样的逻辑，所以得出的结论也总是相同。不光核心系统需要被替换，与它接口的所有东西也通通需要被替换。因为有太多的周边体系是围绕20世纪70年代的这个核心系统建立的，所以改变这个系统将涉及对所有东西的大规模替换。这样做会花费数十亿美元，而且它依然运行良好，银行并没有充足的理由去改变它。又过了10年，同样的理由仍然站得住脚。是的，维持旧的余额系统虽然成本很高，但比更换整个系统要便宜得多，而且维持原有系统运行所面临的风险也要比更换它的风险小得多。

但情况正在发生改变，技术已经又向前迈出了一大步。让简洁的前端与做事的后端连接变得越来越费时费力。客户想要App，合作伙伴需要API，竞争对手也正在从内部专属结构转向云开放平台。得益于数据分析和机器学习，各家机构对于个人用户的争夺也日趋激烈。对手还通过抛弃旧的核心系统，采用互联网时代的先进架构来降低成本。然而，银行放在角落里的陈旧系统仍在发挥作用，因此还没有理由改变它，是吗？

这就是我的核心论点——必须更换核心系统。我们已经进入了一个开源金融的互联网时代，银行必须对商业模式、架构和基础设施进行改革才能跟上。更为关键的是，新技术第一次占据了我们的后端核心系统（见图 3-6）。

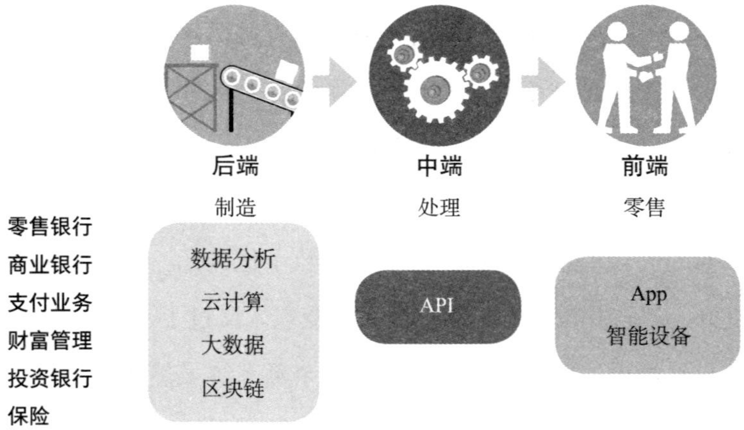

图 3-6 后端核心系统中的新技术

不过，一些银行仍然认为，这并不意味着它们迫切需要升级已有 50 年历史的核心系统。然而，监管机构迟早会迫使它们升级，因为银行将被要求使用API与其监督服务实时连接，并向第三方开放客户账户。银行对此要付出多少成本呢？它们付出的成本应该比其他机构的都要高昂。不用担心，它们可以把这些费用偷偷加进透支费和信用卡费中，但它们守旧的客户可能会发现这一点。只有到那时，这些银行才会承认，它们需要改变其老化的核心系统。但如果真要等到最后一刻，可能已经太晚了。

拥有数百年历史的银行尾大不掉，其所面临的挑战显而易见。首先，它们必须认识到自己的问题。其次，它们必须着手解决这些问题。再次，它们必须认识到，解决问题需要从底层开始革命，不能只有三分钟热度。最后，它们需要勇气、艰难的决策和强有力的领导来改变旧系统和僵化的中层管理团队等问题。

我一直记得20年前汤姆·彼得（Tom Peter）谈到美国联合太平洋铁路公司业务转型的一段视频。视频中，一个团队成员说："公司要么把你折磨到筋疲力尽，要么等你走人。"确实如此。然而，如果银行的领导者不想这么做事，他们还有第三种选择，即建立一个能够适应21世纪变化的组织，努力改变银行的守旧思维。

重要的是，我的经验表明，一家银行不改变其老化的核心系统的唯一原因，是CEO认为他的任期只有两三年，因此，他把进行重大变革的风险和成本留给了继任者。这就是为什么核心系统"老而弥坚"。每一代的管理人员都想把责任推给下一代的管理人员。这种心态已经延续30年了，但在这个金融开源、互联互通的时代，这种心态是行不通的。

我们真的需要推倒重来吗

如果我们把金融科技比作交通方式（因为金融科技和无人驾驶汽车的概念同时出现），无人驾驶汽车的出现是否意味着我们要把整个道路系统推倒重来呢？并非如此。交通系统拥有大量的基础设施，从主干道和高速公路到铁路和机场。技术重塑了汽车、火车或飞机的概念，但这并不意味着我们需要重建整个公路、铁路和机场等基础设施。它们只是以更有效的方式在现有的基础设施上运行。现在轮到老牌汽车、火车和飞机制造商来决定它们是否要跟上新公司带来的市场创新了。这就是为什么通用、福特和宝马一直在谈论来自特斯拉、谷歌和苹果的威胁。随着无人驾驶汽车占领市场，老牌企业也将争相跟上，力求生产出拥有附加功能的优质产品。

让我们回到金融科技领域中来。大多数金融科技公司正在开发新版本的支付、交易、价值交换和价值存储。一些公司专注于具体的业务，另一些公司非常具有创新性，但它们都没有另起炉灶。事实上，几乎所有业务都还在银行系统建造的“道路”“铁路”和“机场”上运作。它们可能会迫使银行升级系统，就像分布式账本项目中正在进行的清算、结算和支付一样，但推翻并重新建设整个网络是绝无必要的。

我把金融科技公司分成若干类别。其中大多数的类别都是对现有金融体系的补充，让业务办理变得更加容易，比如你可以用Stripe面对面线上支付，通过Venmo向朋友进行小额转账，在没有银行的地方通过Square和小商家面对面交易，或者在南撒哈拉地区使用M-Pesa和手机钱包支付。

在银行的核心业务上，金融科技初创公司举步维艰。事实上，彭博社有一份很棒的报告，它提出了一个论点，即任何一家银行挑战者都将举步维艰。因为它没有客户，没有业绩记录，也没有资本。即使它克服了这些挑战，并获得了一些市场份额，也会被西班牙对外银行这样的老牌银行收购。

但事情没那么简单，人们认为银行也在艰难求存。最近闹笑话的是德意志银行和富国银行。苏格兰皇家银行、英国北岩银行、美联银行和华盛顿互惠银行也都是前车之鉴。但它们的失败都是因为管理上的问题，而不是技术战略上的问题。因此，我不认为银行倒闭是因为金融科技公司。没有一家老牌银行是因为初创公司而倒闭的，迄今为止也没有一家初创公司成功地撼动了老牌银行的地位。

老牌银行拥有“道路”，制造“汽车”，维护“网络”。虽然可能会有新的“汽车”和新的“网络”运行方式出现，但现在银行所面临的挑战是如何跟上这些变化。有人认为，这些变化会导致它们改弦更张，抛弃客户，反应失效，最终将自己推向毁灭的深渊，这种想法实在荒谬。

但行文至此，我的想法突然改变了。我们当然需要推倒重来，因为我们的交通方式已经发生了巨大变化。例如，我们正在使用的底层运输架构已经发生了本质的变化。

我们的旧技术架构基于严格控制的程序结构，到20世纪90年代，转变为基于模块化计算、面向对象和面向服务的架构。而今天，我们生活在一个即插即用API和开放市场的世界中。尽管两者有相似之处，结构却大不相同。

20世纪90年代的面向对象开发是为了开发内部即插即用的功能；当今的开放API的设计是为了开发外部即插即用的功能。两者关注点的不同意味着，我们可以通过开放市场和众包开发等方式重新设计具有灵活性的“道路”。

更新核心系统就像翻新地铁

最近有人将银行的系统和结构同伦敦地铁进行类比。伦敦地铁的很多管道、电线、电缆和隧道都建造于维多利亚时代，至今仍在使用。每天都有工程师在铁轨上维护地铁系统运行，并定期对系统进行检修。尽管地铁站的空调、电梯、轮椅通道、Wi-Fi（无线网络）等设施让这些古老的建筑具有了现代感，但本质上，它们依然是遥远的维多利亚时代的历史遗迹。

下面我想讲两个故事。一个故事关于将现代化的电梯升降机竖井放入现有地铁站时所遇到的困难（耗资 5 000 万英镑），另一个故事关于建造一条新地铁线路所涉及的极其复杂的工程（耗资 150 亿英镑）。将这两个故事与银行核心系统的运作联系起来，我想你就会明白我的意思了。

伦敦地铁系统的开发始于 1863 年。从那时起，经过几次阶段性的工程开发项目，伦敦地铁发展成一个庞大的地铁网络。现在，每天有近 400 万人次的乘客往来于 270 个车站。当前面临的最大问题是无障碍设施的安装，即如何在已经非常拥挤的城市街道下面，装配电梯等基础设施。例如，交通运营公司耗资 500 万英镑，用了整整两年时间才把一部电梯装进了格林公园地铁站。就一部电梯而已。这只是一个地铁站的一个现代化改造工程。如果将这 270 个地铁站换作银行运营的 270 个不同的核心系统，你可以想象，在升级时会碰到多少问题。

第二个故事关于横贯铁路，这是一条连接英国伯克郡和埃塞克斯郡的长达 120 千米的铁路，其中包括一段穿越伦敦繁忙街道的 42 千米长的地下隧道。所有挑战都来自如何围绕现有的设施建设一条新铁路。

两个故事都说明了一点：大多数交通运营商把大部分的预算都用于保持线路畅通。伦敦交通局每年的开支超过 100 亿英镑，其中大部分用于设备维护。这有点像银行。当交通局决定上马新项目时，比如建设横贯铁路，实际的情况总是比预期的更昂贵、复杂以及耗时。横贯铁路项目最初的预算为100亿英镑，人们当时还担心项目无法在2019年5月如期竣工[①]。这听起来也像大多数银行的核心系统项目。这也从侧面解释了为什么银行和保险公司会在技术上花费如此高昂的成本（每年5万亿美元）。可惜的是，与伦敦交通局一样，这些机构的研发费用大部分也被用在了维护上（根据Celent的数据为75%）。

所以，让金融科技公司推倒重来也很好，不是吗？也许这就是为什么高德纳公司预测，为了跟上技术发展的脚步，银行的技术支出将在未来几年呈爆炸式增长。

核心系统应该有内置淘汰机制

从专属到开放，从集中控制到开放式集市，从内部到外部，在金融科技领域中，技术本身的性质也发生了变化。现在成立一个初创公司只需几千美元启动资金、亚马逊的网络服务以及一个好点子。创业者再也没有必要去建立一个复杂的基础设施，然后请数百名编程员花费几个月时间来写程序。这就是为什么新涌现的银行业务和支付服务的创业公司中，不光只有知名的大公司。很明显，只要有几个人、好想法和热情，任何人都能相当迅速

① 截至本书简体中文版出版时，官方已宣布延期至2021年3月竣工。——编者注

地创建一家新银行，比如德国的solarisBank。我见过欧洲各地的新兴银行和新注册的银行，它们无一例外都在利用开放式集市、API、App和云等技术，快速地为银行业注入新的活力。有些公司在一年时间内就获得了牌照。

这与我整个职业生涯一直在打交道的银行截然不同。当我刚开始从事银行技术工作时，银行会努力为一项新的系统采集找出理由。这是一个曲折的过程：建立商业论证，评估投资回报，成本效益分析，反复地讨论和展示，还要遭到一些从不投赞成票的人的巨大阻挠。对许多人来说，是否投赞成票从过去到现在都是一件大事。投赞成票就意味着你同意让银行履行一份为期5年、10年甚至20年的合同，投资数亿甚至数十亿美元，这决定着银行长期的战略方向。这是一件大事。

问题在于，许多银行的高级决策者仍然还抱有这种大事不妙的心态，但现如今，其实这已不是什么大事了。如果像蚂蚁金服、solarisBank、Thought Machine、PrivatBank等初创企业都能推出一套完整的银行软件并投入运行，你就应该知道，如今的最重要的事情是以低成本做到快速和灵活。没什么大不了的。事实上，如果你能构建一个开发人员驱动的微服务架构银行，允许小团队不断地微调体系结构，你就有了一个能适应当下情况的银行。这家银行可以每天更新其App和API，甚至一天内更新几次，而不需要等一两年才能更新一次。

这让我想起了我对更换银行核心系统的不懈呼吁。如果不这样做，当今的任何技术变革对银行来说都将是一件大事。如今，如果一家银行遗留下来的是如同一盘杂乱的意大利面一样的烂摊子，它将发现自己在金融科技市场上很难做到敏捷、开发者驱动、开源和有竞争力，因为这样的银行无法做出任何决定。任何一个决定都会让银行承担一项耗时多年、耗资数十亿美元的改革，这实在太难了。毕竟，CEO几年之后就会卸任，他们的奖赏基于股东回报。他们只要有个漂亮的App和前端就可以在市场上搪塞过去。没人会注意到后端已处于极其糟糕的状态。

这样的做法曾经是可以被接受的，但今天不行了。毕竟，创新型银行、金融科技初创企业和敏捷的新参与者应对的是一个完全不同的世界。它们的世界快速变化，它们可以同时跳快步、狐步舞、探戈和桑巴。之所以能够这样做，是因为它们认为，没有什么事情是困难的，没有什么业务是耗资巨大的。它们在开发过程中加入了即时淘汰机制，能连续不断地适应技术变化。

与新兴力量相比，固守传统的银行在市场上步履蹒跚。它们行动缓慢而费力，每迈出一步都会引起咳嗽和呻吟。它们知道一切都很困难，一切都要付出代价。它们不能接受任何淘汰机制，因为这会影响资产负债表、股东回报和高管奖金。它们的责任是如何增加城堡的房间，而不是重建城堡。

我知道我经常提到这点，但我依然想强调，这是一个技术可支配、发展周期快的世界。如果在这个开源市场中，我领导的银行在以技术为基础的竞争中是落后的，以至连进入这个世界的入场券都没有，我会非常担心。

银行需要首席信息官吗

我最近在和一家科技公司的员工进行交流。这家公司提供从云端到核心系统的所有服务，但目前的问题是，它在竞争中每次都会败给其他的对手，它的对手不是IBM，不是埃森哲，不是塔塔咨询服务公司，不是菲斯公司，不是SAP公司[①]，不是这个领域的任何大牌企业，而是CIO。CIO是核心创新对象（Core Innovation Object）吗？不是，是首席信息官（Chief Information Officer）。

我曾经也遇到过这种状况。我记得曾有个关于公司行为自动化的好主意。我们的产品很棒，并打算将它推向市场，却发现谈话总是会被首席运营官打住。这是什么原因呢？如果他采用公司行为自动化，那么几十名甚至上百名员工将会失业。

这听起来也许有点奇怪，因为让一个功能实现自动化，目的就是要取代人类，但掌控商业帝国的人并不想这样做。当采用开源银行技术后，那些目前从事维护所有旧的废弃系统的数千名银行开

① SAP是德国的一家软件公司，成立于1972年，是全球最大的企业管理和协同化商务解决方案供应商。——译者注

发人员怎么办？当不可撤销的交易可以自动记录在共享总账上，不再需要对账时，那些专业对账公司及其员工和客户怎么办？当你可以在云上做所有事情时，IT（信息技术）运营部门怎么办？

虽然其中一些只会带来短期阵痛，但有些银行的CIO确实是这么想的。他们实际上是“首席消防员”。他们的工作就是维持现状，保护他们的帝国，尽可能减少创新，并确保和供应商的关系依然如故。他们创新的动机在哪儿？难道要他们从高位跌下来？

这就是为什么许多人预测信息技术人员和CIO的命运会和过去的电力工人的一样。50 年前，银行里确实有一位电力主管，负责管理整个电力部门。他负责银行的电网布线，确保灯能亮，就像今天的银行雇用数千名程序员保障网络运行一样。观察和思考这些前途黯淡的可怜人很有趣，因为这正是未来 10~15 年内将会发生的事情。为什么是从现在开始呢？因为发生了一个根本的变化——技术的消费化。

随着技术向开源结构转变，即使是再后知后觉的CEO也能看到亚马逊云服务、谷歌邮箱和Dropbox（多宝箱）的好处，发现客户关系管理软件服务提供商Salesforce比电子表格更便捷。随着技术延伸到API（比如Stripe）、用于智能物品的智能应用以及防篡改的共享账簿，即使最笨的CEO也想知道，为什么要雇用这么多架构师和键盘黑客去运行 20 世纪 80 年代就存在的系统。这套系统花了这么多钱，却一点也不敏捷。随着市场、平台和金融科技社区开始建立基于算法、软件和服务器的点对点连接，就连摩根大通的董事长兼CEO杰米·戴蒙（Jamie Dimon）也认为必须有所改变。确实如此。

事实上，我很感兴趣的是，今天银行内部的许多创新并不是来自技术专家，而是来自商业人士。这既表明了改变的迫切性，也说明IT人员是被动参与的。商业银行家们看到了银行开源的趋势，然后对着技术人员说："嘿！你们这些在我们FORTRAN银行里写BASIC的人，从这里开始C++，否则我们会被Java打败。"[①]诸如此类的话。商业银行家们正感受到这种威胁，许多人表达了他们的担忧：

杰米·戴蒙说："当我去硅谷的时候……（他们）都想抢我们的饭碗。"

- 瑞信董事会主席厄斯·罗纳（Urs Rohner）表示："不仅董事会成员必须具备技术能力，而且很快金融机构的从业人员也需要具备这项不可或缺的技能。"
- 安盛集团前CEO亨利·德·卡斯里斯（Henri De Castries）称："数字化转型不再是一种选择——而是一种必需。"
- 桑坦德执行主席安娜·帕特里夏·博廷（Ana Patricia Botín）警告道："想想现在的大公司，并不是银行，而是比银行更值

① FORTRAN、BASIC、C++、Java均是计算机编程语言。——译者注

钱的四大科技公司（谷歌、苹果、Facebook、亚马逊）。”

这些银行的领导者担心公司中的技术冗余问题，因此正在重塑公司，将金融科技融入银行。这个过程中最受影响的肯定是成千上万的内部开发人员和架构师。然而，他们并不是唯一要走的一群人。他们的许多坐在前端交易室里拿着高薪的兄弟下场也是如此。他们相信自己可以翻云覆雨，而实际上他们只是机械、盲目的市场操纵者。他们的工作只是确保赢的时候比输的时候多。这些工作正通过人工智能和机器学习实现自动化。最终，交易将不再需要人类插手，基金市场开始转向被动投资。很快，主动型基金经理就会和维护系统的主管一道下岗，在他们弄清楚在自己的工作领域中究竟发生了什么之前。

这并不是危言耸听，而是显而易见的变化。随着时间的推移，技术从专属变为开放，从没有人（除了技术专家）理解的针对内部的技术转变为人人（包括客户在内）都能理解的针对外部的技术。

未来的世界属于以客户为中心的开放系统，它能将不同的市场连接为整个平台。如果你在一家银行工作，还没有意识到这一点，你现在就应该开始学习如何维护、开发、创造机器人和智能系统，因为在未来，只有掌握了这些技能的维护人员才保得住饭碗。

开发者驱动的银行

大多数银行认为CIO的工作就是让技术落地。那是他们过去常做的事，但并不是现在和未来要做的工作。

任何银行的技术开发负责人都应成为变革的推动者。他们的首要任务就是将核心系统转变为基于云技术、数据分析、API和人工智能的开源架构，这是一项重要的工作。然而，真正的问题是，一旦完成了这项工作，会发生什么？

我去我的朋友、PrivatBank的谢尔盖·丹尼连科（Sergei Danylenko）那里深入地打探了一番。PrivatBank是一家提供银行服务的科技公司。作为首席营销官，谢尔盖借助数字云核心系统，在全球推广其银行服务。该系统基于微服务架构，提供数百个API。

微服务架构将银行的开发运行切分给一个个小型的独立团队负责，然后使用内部App和API来管理银行的技术组件。为了做到这一点，银行需要将所有的任务流程拆解，并将它们制作成一个个小型App。这些App都是由每个团队独立开发并投放到网络中的。因为具有统一的标准，所以所有的小组件都可以拼装成一体。因为只用修改和维护各个小组件，而不用改变巨大的整体结构，所以整体架构功能强大且易于维护。

这与银行习惯处理的旧系统有很大的不同。银行的旧系统涉及数千行代码，需要强有力的变更控制，因为更新任何代码都有可能波及整个系统，导致系统崩溃。在微服务架构中，情况正好相反。你可以随时随地变更任何东西，因为一切都是独立的、分离的和分布式的。

另一个关键因素是，企业建立在一个微流程之上。一个很好的例子是Stripe，它是一个用于简化结账系统的商用API。它在微服务方面做得相当不错。2016 年 11 月，在该公司成立 6 年后，它的估值达到了 92 亿美元。

换句话说，金融科技可以将所有功能和流程从产品和供应商中分离出来，并将其作为微服务提供。通过开发运营一体化（DevOps）、云技术和API，微服务可以重组为你想要的任何商业模式和结构。

Netflix（网飞）前云架构师艾德里安·科克克罗夫特（Adrian Cockcroft）阐明了这一概念。他曾谈到该公司从DVD（高密度数字视频光盘）向流媒体转变的过程，以及该过程如何迫使公司的技术结构发生了巨大的变化。他的主要观点是：

- 现在的大公司主要提供功能。
- 不再有大教堂，只有集市。
- App现在是基础设施。
- 开发人员驱动的设计是关键。
- 没有庞大的核心结构；只有微服务。

- 如果你是瀑布式组织的开发人员，你将心灰意冷。
- 当开发人员拥有自己设计的产品时，产品会更加灵活和有趣。[①]

这些观点是银行需要倾听并学习的，因为我打交道的许多银行都是自上而下层层控制的，将控制权分配给开发人员的想法在他们眼中无异于异端邪说。然而，这是必须要做的。

未来的首席信息官不搞信息

如前文所述，CIO的角色正在从一个管理维护工程师的帝国转变为一个管理分布式开发的组织。银行也从专属、对内的等级控制结构发展为开放包容的扁平化组织。大部分的开发将来自外部，并且不再纯粹为了内部需求。实际上，随着银行将其服务放到平台上，并负责市场运营，它们将会更多地参与到交易流程的某个部分中，但主导整个流程的好日子已经一去不复返了。

这意味着首席信息官正带领组织由专有和对内转变为开放和包容。他将银行从大教堂搬到集市，把一个整体结构切分为摊位市场。这就是变革推动者的责任：银行转变为平台的管理者，让

① Taken from the a16z Podcast on “All about Microservices” on 1 September 2016.

新公司从中不断涌现。

“银行即平台”是我 7 年前写下的新趋势，今天它终于来临。它通过API连接App，采用即插即用的方式实现银行所有的功能和流程。这并不局限于内部的App和API，外部的也同样如此。这是一个由技术构成的新生态系统，银行只是其中的一部分。但银行依然处于领导地位，因为它仍然是市场上的领头羊，拥有几十年的开发经验、数百万的客户、数十亿资产和许可证。但银行作为一个完全的内部专属结构的时代已经过去，它不再是市场规则的制定者。

在“银行即平台”或“银行即服务”的新市场中，银行是组件集成商。一旦变革完成，CIO的角色将再次转变。CIO将从变革推动者变为首席指挥家。要想实现“银行即平台”，银行领导者必须是不同部分的协调者，如同音乐指挥家一样。首席指挥家必须掌控全场，从后端（打击乐）、中端（管乐器）到前端（弦乐），并让各个部分在完美的时机一起合作，奏出美妙的旋律。

这不是一项轻松的工作，因为新银行平台的一些组件来自不同的“乐团”。它们磨合的时间不多，还必须全天候“表演”。因此，首席指挥家要让开发者驱动的“乐团”各自扮演好自己的“角色”，这一点十分重要。“乐团”的每个成员都拥有自己的空间。有些人可能会“演奏”出一些蹩脚的“音符”，但在整体的音乐效果中，这可以忽略不计。

我想这会是解决这个长期存在的难题的最后一块拼图。很久以前，我就听到有人说银行必须从军队式的等级指挥/控制结构，变为家庭式的平等教导/顾问模式。但银行一直抵制这种变化，因为它们喜欢指挥和控制。然而，随着技术势不可当地投入分布式、开放式平台和市场，庞大的等级化结构正在崩塌。

换句话说，银行可以继续保持其对实体结构（支行）的指挥和控制，但它们只是不断发展的数字架构中的一员。它们可能是家里最大和最老的成员——它们可能是父亲——但它们必须习惯让别人也参与进来，而且不再想着掌控一切。出于这个原因，首席指挥家很可能成为未来银行中最重要的工作。他们可能没有手下、没有部门、没有控制权，他们的唯一的目的是奏出美妙的数字乐曲。我已为此做好准备。

机器人崛起

不知道你有没有看过英国央行首席经济学家，货币分析、研究和统计执行主任安迪·霍尔丹（Andy Haldane）关于机器人在未来几十年内将取代人类的演讲。他的演讲当时抢占了新闻头条。他在演讲中称，英国央行的一项研究表明，大多数的行政、文秘和制造岗位都受到了机器人的威胁。该行预测，机器人可能会夺去人类一半的工作岗位，也就是说1 500万英国人和8 000万美国人将面临失业。95%的会计师可能会失业，而只有33%的理发师可能会失去工作。人类的每一项工作都受到威胁，即使是设计、艺术和音乐方面的创作者也是如此。

比如，美国最古老的文学期刊之一的《档案馆》在2011年秋季出版的期刊中，刊登了一首名为《狐尾松暗桩颂》（*For the Bristlecone Snag*）的短诗。这首诗似乎是以环境为主题，语气强烈，包含了大学生诗歌中常见的几个蹩脚转折。

被闪电改造的家，

依然屹立不倒的壁龛令所有饥渴的土壤

窒息在这个星球上，地球上。

他们用机械的犄角攻击你，

因为他们爱你，在火与风中，爱你。

你说，春天来了，时光在等待什么呢？

我回答，它在等待你那流动的枝条，

因为你是一座芬芳的钻石之塔，

你并不知道它为何生长。

这首诗本来平淡无奇，但它是用计算机算法写的，没人察觉出异样。算法的作者扎卡里·舍尔（Zackary Scholl）当时并没有告诉编辑这首诗是电脑写的，因为他“不想让任何人难堪”。

我们何时能通过图灵测试

1950 年，艾伦·图灵发明了图灵测试，它用于测试机器能否表现出与人类相同或无法区分的智能行为的能力。虽然许多人声称，聊天机器人尤金·古斯特曼（Eugene Goostman）已通过了图灵测试，但事实并非如此。我们只能说它在测试中利用了许多作弊手段。所以，我们何时才能真正通过图灵测试呢？这是一个很好的问题，《纽约时报》在 2016 年的一篇关于谷歌大脑的报道[①]中

① Gideon Lewis-Krauss, “The Great A.I. Awakening,” *New York Times Magazine*, 14 December 2016.

也提到了这个问题。这篇非常棒的文章对谷歌团队如何开发人工智能系统做了入门简介。

一言以蔽之，一个普通人的大脑大约有1 000亿个神经元。每个神经元都与其他多达1万个神经元相连，这意味着突触的数目——两个神经细胞之间的连接点——在100万亿到1 000万亿之间。谷歌和其他团队正试图用计算机来重建大脑。创造这样一个有数万亿连接点的神经网络任重道远，极具挑战。在过去十几年里，谷歌一直在大力开发人工智能，特别是2012年的一篇关于在视频中识别猫脸的论文，让人工智能达到了一个新的高度。

试想一下，如果你用之前的人工智能符号模型来编写一个猫脸识别器。你可能要花上数个昼夜，详尽而明确地定义猫的概念，并加载到计算机上。你要告诉计算机，猫有四条腿、两只尖尖的耳朵、胡须、一条尾巴等。所有这些信息都存储在内存中一个叫“猫”的特殊位置。接下来，你向计算机展示一张图片。首先，计算机必须分离图像中的各种不同元素，再将这些元素与存储在内存中的规则进行比较。如果（腿=4）以及（耳朵=尖）以及（胡须=是）以及（尾巴=是）以及（表情=傲慢），则（猫=是）。但是如果你给猫脸识别器一张苏格兰折耳猫的图片呢？苏格兰折耳猫是一种让人心生怜悯的猫种，由于先天基因缺陷，它们的耳朵是弯折的。人工智能的符号模型比对会卡在（耳朵=尖）这一项，并郑重地摇头，“它不是猫。”这道题超纲了。但是，即便是不懂事的小孩都能一下子辨别出来它是猫。

识别猫脸的论文阐明的是，拥有超过10亿个“突触”连接的神经网络——比任何已公开的神经网络大100倍，但仍然比我们的大脑小很多个数量级——可以观察原始的、没有标记的数据，并为自己挑选一个高阶的人类概念。

为什么谷歌如此热衷于人工智能？因为它是今日技术的发展方向，能为未来奠定基础。例如，人工智能被大量运用在语言翻译上。谷歌在这方面已经取得了一些进展。比如海明威的短篇小说《乞力马扎罗的雪》开头的一段充分说明了这点：

> 乞力马扎罗是一座海拔19 710英尺[①]的雪山。据说它是非洲最高的一座山。西峰被称为马赛人的“鄂阿奇—鄂阿伊”，即上帝的庙殿。在西峰的近旁，有一具已经风干冻僵的豹子尸体。豹子到这样高寒的地方来寻找什么，没有人说得清楚。

谷歌翻译系统已经运行了十多年，一直使用的是基于直接学习的老式人工智能训练系统，它将这一段翻译为：

> 乞力马扎罗山是19 710英尺的雪山，据说这是非洲最高

① 1英尺≈0.304 8米。——编者注

的山峰。西部最顶端，马赛语中的“鄂阿奇—鄂阿伊”被称为上帝之屋。靠近西部的顶部，有一个干燥、冻结的豹子尸体。豹来到这个高度有何需求，没有人解释。

基于新的神经网络的谷歌翻译则更为准确：

乞力马扎罗山是一座19 710英尺的雪山，据说是非洲最高的山峰。在马赛语中，西方的山顶被称为“鄂阿奇—鄂阿伊”，神的神殿。在西部的顶部附近，有一具干燥且冻僵的豹子尸体。从来没有人解释过豹子在这么高的高度想要什么。

这正是人工智能的重要作用。如果你想了解谷歌是如何做到的，我建议你读一读《纽约时报》的这篇文章。因为这是人类工学的一项壮举，而且绝对不会就此止步。弱人工智能（或基础人工智能）可以很好地完成一项任务。

然后我们将达到人工智能的第二个层次，即强人工智能。在这个层次，一台机器可以同时完成多项任务或活动。我们正处在这个层次，神经网络人工智能能帮助我们更快、更好地发展这些领域。这就是为什么我相信在未来5年内，我们就能通过图灵测试。

这意味着我们可能会在未来10年内达到超人工智能——智能的终极层次，那时机器的学习和自我发展能力与人类不相上下。

我将在本章后面的部分更详细地讨论这三个层次。

人工智能驱动机器

机器学习和人工智能是目前最热门的技术。虽然有情景式商务、语音识别和数字助理等其他新兴科技，但人们最先能想到的还是机器学习和人工智能。

当我和一位首席信息官讨论这个问题时，他认为，机器学习是重中之重，因为它不仅可以优化工作流程和进度，给企业带来立竿见影的好处，还可以节省成本和开支。人工智能并不是什么新鲜事物。斯皮尔伯格早在 2001 年就拍了一部相关的电影，讲述的是谷歌和IBM等公司带来的人工智能新发展。

在 2011 年美国智力问答节目《危险边缘》中获胜后，IBM的沃森名声大噪，成为现实世界中最著名的人工智能。沃森（以IBM创始人托马斯 · J. 沃森命名）是一种认知技术，它处理信息的方法更像人类，而不像计算机。它依托于一台将人工智能与先进的分析软件相结合的IBM超级计算机，是一台超级答题机。

沃森的处理速度为每秒 80 万亿次浮点运算（浮点运算是衡量计算机性能的一个重要单位）。为了达到（或超过）人类最强大脑的答题能力，沃森拥有 90 台服务器和超过 2 亿页的信息数据存储，并通过 600 万条逻辑规则处理这些信息。沃森和它的数据被单独放置在一个相当于 10 个冰箱大的空间内。

与此同时，谷歌也在借助人工智能公司DeepMind开发自己的人工智能程序。谷歌在2014年收购了这家位于伦敦的公司。DeepMind正在做一些令人匪夷所思的事情，包括创建一个可以在电子游戏中击败人类的程序。它甚至想在世界上最复杂的游戏——围棋上打败人类最顶尖的棋手。[①]

其他几个人工智能产品的开发还包括微软的ADAM（活动目录应用程序模式）项目、Facebook的开源深度学习工具、亚马逊的机器学习服务和苹果升级版Siri智能语音控制功能以及iOS移动操作系统。这些都是大公司的产品，还有数以百计的小公司也在进行这样的创新。

人工智能发展的意义何在？科技巨头们基本上都在训练庞大的机器网络，用它们来进行面部识别、语音识别和实时的对话翻译，这对银行也意义非凡。这意味着，即便银行是一台机器，客户也可以与它交谈，同时，银行也可以立即识别欺诈性交易。

PayPal就是使用深度学习来跟踪欺诈性交易的，但人工智能在银行业的应用远不止如此。例如，一些新的现金贷公司和信贷公司正利用实时信用评分系统，计算申请人的信用额度。同样，市场营销（营销活动的有效性）、交易（建立价格、波动等预测模

---

① 由该公司开发的围棋机器人AlphaGo，相继击败了围棋世界冠军李世石以及世界排名第一的围棋手柯洁。——编者注

型）、投资组合管理（阿尔法策略）和风险管理（试图获得更好的风险预测）等深层次数据分析也都在快速发展。

令我印象深刻的还有瑞银集团。瑞银将深度数据分析与机器学习相结合，对客户的投资组合进行分析，为每一位客户提供更好、更具体的个性化一站式服务。同样，我对星展银行使用的IBM的沃森也很感兴趣。与瑞银类似，星展银行使用深度数据分析来改善客户服务和咨询业务。星展银行的客户经理不再需要每天花两个多小时来研读市场报告，他们利用这段时间与客户会面，并从沃森生成的报告中获得信息。

当然，从更简单的用户界面、优化的客户体验、自动检测欺诈和高度个性化、具有前瞻性和预测性的客户服务中，我们将看到人工智能被越来越多地应用于各个领域。长期以来，银行一直试图用机器取代人工交易员。这被称为主动（人）与被动（机器人）交易模式的较量。随着高频交易和其他技术与机器学习和人工智能相结合，我们将会彻底告别人类交易员。

英国《金融时报》2016年的一份报告强调，主动型基金经理正面临一场危机，他们的基金必须努力跑赢市场，而不能只是被动跟踪指数。大多数的基金经理都无法跑赢指数，即使他们有过亮眼的业绩，也只不过是昙花一现。新的竞争对手声称，基金经理们的任何深刻见解，计算机都能得出来。于是客户纷纷转向指数型基金——截至2016年5月，主动型基金流失了2 130亿美元的资产，而被动型基金则增收 2 400 亿美元。传统金融市场上收益率最好的一批基金正受到威胁，基金经理的收入受到影响似乎只是时间早晚的问题……只有 15%的主动型基金经理能一直跑赢市场。

所以剔除人的因素很好。资本市场及金融科技研究咨询公司 Tabb 最近的一份报告称，计算机将完全取代人类交易员，因为血肉之躯不仅成本高昂，而且容易出错。金融市场的参与者目前花在人力上的钱比他们花在硬件、软件和数据上的钱多三倍以上。然而，这并不意味着交易中就没有人的参与了，这将为那些能够建立和控制技术的人创造新的就业机会。

管理咨询公司 Aite 于 2014 年发布的一份报告指出，2001 年，外汇交易占据 20%的市场份额，2013 年占 66%，到 2018 年会升至 76%。到 2018 年，大约 81%的即期交易（即期外汇买卖）都将实现电子化。我们可以看到，从外汇、股票、结构产品、财富管理、咨询再到服务等，各个领域的市场都在向电子化转变。然而，尽管发生了这些变化，人类交易员仍有机会去击败机器。不过，这将是一场与以往完全不同的比赛。

我们是机器人

一些人认为，全自动化，一切都交由机器人来完成的未来世界只存在于科幻小说里，但科幻小说正在迅速成为科学事实。事实上，我们很快就会到达一个人机协作的阶段。例如，在热门科幻电视剧《真实的人类》中有这样一个片段：人类警督告诉他的机器人同事——他们被称为“合成人”，就像合成人类一样——他一年前心脏病发作，之后被植入了一台心脏监测仪用于追踪他的心跳。结尾时，他说：“所以你看，人体内有一点机器，机器里也有一点人性。”

自从科幻小说和科幻电影诞生以来，人和机器的讨论就从未停歇。早在 1927 年的电影《大都会》里就有体现。这让我想起了许多人类对未来的预测，其中一直在我耳边回荡的，也许是这段话：

> 不出 20 年，你不仅会用计算机，你还会和它们建立关系。谷歌工程总监雷·库兹韦尔（Ray Kurzweil）表示，借助人工智能，计算机将在 2029 年达到人类的阅读水平，并开始具有不同的性格特征。他表示：“根据我的推算，15 年后，计算机将达到人脑的水平，这样你就可以与它们建立人际关系了。”库兹韦尔在周三于纽约举行的指数金融会议上发表了上述言论。“我说的人脑水平，是指情绪智能水平，比如讲笑话、搞笑、浪漫、爱心、性感的能力，这是人类智能的最前沿，并不是噱头。”[①]

① “Computers will be like humans by 2029: Google's Ray Kurzweil,” CNBC, 11 June 2014.

到 2030 年，我们就可以和机器人做爱了！

无论如何，这只是个猜测。现在还要加上另一个大胆的预测，即科学家们声称即使没有男人，人类也可以创造出婴儿。换句话说，到 2030 年，人们不仅能和机器人发生关系，还能与它生孩子。在实验室里利用干细胞培养出来的精子即可创造出孩子来。我们将不再需要人类伴侣，也不用忍受他们的怪癖和骚扰。我们可以与一个了解我们的每一个小心思、小愿望还有欲望的“人”建立完美的关系，“他”会尽力满足我们的需求。

当我们分辨不出人和机器的区别时，会发生什么？这不是吓人的科幻小说，它几乎已经是个科学事实。然而，想要 IBM 的沃森化身成真正的人还有很长的路要走。

现在的人工智能机器虚拟化身或聊天机器人虽然外表像位女性，却没法像人一样感知世界。即使她的分辨率很高，但只要她一张嘴，我们就知道她是机器人。15 年前，美国电话电报公司就有同样的想法，但只停留在了虚拟化身的脚本阶段。

正如你所看到的，人们一直想让机器化身为人，这个想法本身并没有多大的变化。发生改变的是这一想法背后的技术。和所有伟大的技术创新一样，只要是值得开发的技术——如生物识别技术、通信技术、健康科技、生命科学、人工智能、机器人等——都将得到充分发展，成为主流认可的技术。机器人成为现实还需要 10~25 年的时间。它离我们越来越近了，但在 2012 年，一群通用人工智能专家被问及这个问题时，他们都认为要到 2040 年以后才会实现。

当我思考这个问题时，我的脑袋里浮现出科幻小说作家和幻想家的想法，比如艾萨克·阿西莫夫。阿西莫夫是一位伟大的未来思想家，他写了一系列关于机器人的精彩小说，并提出了机器人三定律：

- 机器人不得伤害人类，或因不作为使人类受到伤害。
- 除非违背第一定律，机器人必须服从人类的命令。
- 除非违背第一及第二定律，机器人必须保护自己。

这三条定律具有深远的影响，被应用在诸多场景中。特别是在电影《机械战警》中，半人半机器的机械战警必须遵循三大指令：

- 为公众服务
- 保护无辜者
- 维护法律

这意味着机械战警可以杀人，但前提是必须符合上述规定。

这让我开始思考银行机器人的三大规则应该是什么。如果没有规则，机器人有可能会将我们的钱财洗劫一空。毕竟，机器人不会遵守国家的法律法规，只会遵循自己的编程方式和程序设定。因此，以下是我设计的银行机器人三大规则：

- 不要欺骗用户
- 确保无辜者安全
- 冻结任何违法活动

人性永远无法自动化

机器人技术和人工智能的结合引发了许多争议。当你可以和一台看起来像人还从不顶嘴的机器做爱时，你还需要什么真人呢？我们这里对此不展开讨论。

工业革命让人们从农田走向工厂；服务产业革命让人们从工厂坐进了办公室；数字革命后，人们该从办公室走向哪里呢？几位评论家声称从此不会再有下一代就业市场，因为人类的认知能力已经机器化，今后再也不需要人类的参与了。

我们不再需要人类的交易员、会计师、侍者、厨师、护卫，任何我们人类今天所依仗的能力都是多余的，因为所有这些事情机器人都可以做到，而且做得更好。这很可能在未来 25 年内成为现实。机器人可以做人类所能做的一切，并且做得更好，如果是这样，那还要人类干什么？现在分为两个阵营：乐观主义和悲观主义。

乐观主义者认为劳动产生价值，机器不能包揽所有工作。比如，人能写书、作曲、拍电影，这些机器比不了，因为艺术是人类与生俱来的一部分。未来的艺术也将自动化吗？人类可以监督机器人运行，并确保它们坚守道德。当机器人做了一些本质上反人类的事情时，它能自我识别吗？在餐馆、航空中，人类服务的价值远远超过机器人所能提供的价值……或者说我们喜欢这么想。至少现在如此。

几十年后，人和机器将很难区分。当机器人有了态度并能够思考时，我们还能分辨出我们人类与机器人之间的差别吗？

这些都是诸如《机械姬》和《真实的人类》等上乘影视剧引发的思考。但乐观主义者始终相信人性是人类的特征。人类服务需要人，修理机器人需要（而且已经开始需要）人，太空旅行需要人，人性需要人的滋养。因此，将会出现数据科学家、虚拟增强心理学家等新职业，他们能够指导自动化服务的发展并提出咨询建议。这就是乐观主义者的观点。

事实上，悲观主义者的观点更有趣，也不一定令人沮丧。悲观主义者认为机器人会抢走我们所有的工作。到2030年实现极度自动化以后，没有人需要工作。那么人类又该做些什么呢？

在这种对未来的设想中，具有超认知能力的人选择工作或被选中去工作。他们会成为机器人增强师、人工智能设计师、机器赋能者等，他们将继续开发机器，让其超越现在的水平。我们可以说，机器会制造更好的机器——跑得更快的马——而人类会不断对其注入新的想法。这是好的方面。

然而，绝大部分人却什么也做不了，数十亿人将一无是处。他们的认知能力还不足以成为自动化的促进者，他们没有任何用处。他们的手艺生疏，意味着没有艺术家的创造力。他们的认知有限，技术也不如机器替代者。那他们该怎么办？

有一种观点认为，也许到那时，我们将不再受财富和资产增长的支配，而会去更好地改造人类。这是个好想法，但是如果你可以不必工作，你还会去工作吗？

好好想想。如果你可以把所有的时间都花在观看《权力的游戏》、与机器人虚拟狂欢、饮酒作乐和实现终极的享乐生活。你为什么要工作？

在许多可以自由选择是否去工作的社会中，许多人最终会选择不去工作。但许多事最终并不如想象美好。比如，美国政府对印第安人进行的赔偿使得印第安人保留地内的许多年轻人不必工作。结果，他们酗酒、吸毒。加拿大、澳大利亚和英国等国家的情况也同样如此。

另一个典型的例子就是挪威。挪威石油储量丰富，社会富裕，拥有世界上最大的主权财富基金。挪威社会很平等，我听说一个高素质的工程师的起薪不仅比外籍同行低，甚至连一个实习服务生都不如。挪威社会的高福利能为人们提供一个缓冲区。缓冲区意味着你可以选择去不去工作。一些人因此逃避工作，被归入了“因残疾而不能工作的人”。其实他们没有任何疾病，他们本可以工作，只是不愿工作。据估算，1/10 的挪威成年人因病失业或选择待业。虽然这一数字低于西班牙、意大利和葡萄牙等经济破产的国家，但高于其他发达及新兴经济体。

工作需求和创造就业实际上是一种良性循环，这反驳了所谓的“劳动合成”谬误。蒂姆·沃斯托（Tim Worstall）对此做了很好的解释：

> 在一个经济体中，工作总数不是由现有工作数量决定的，而是由经济总需求所决定的：也就是说，每个人愿意花多少钱请其他人帮他们做事？①

这就是底线。如果我们用机器人取代所有人类工人，你认为人类会终结吗？除非人们失去工作的动力，否则不会终结。工作使人享受生活，工作使人获得报酬，工作推动经济发展。

---

① Tim Worstall, “Of Course Older Workers Do Not Steal Jobs From The Young; Fallacies Are Fallacies,” *Forbes*, 11 March 2015.

我认为用机器人取代人类，能让我们放松下来，并摆脱经济的束缚。大不了，我们所有人都在一个如同自由落体般坠落的经济中，过上自恋的生活。这就是为什么我不认为机器人会接管一切。总有需要人的地方。

只需要很少的人

关于网络中的人所面临的风险还有另一场有趣的辩论：人会搞砸事，人会引发问题，人有情感，网络世界不欢迎这样的人类。

一个很好的例子就是，通常引起问题的都是人为错误。一辆无人驾驶汽车可能安全行驶 100 万英里，而人类驾驶员一生平均撞车三四次。我个人更愿意接受一个机器人外科医生的手术，它有 100 万次手术成功的经验，而人类外科医生每做 1 万次手术就会发生 1 次失误。我对自动结算系统更有信心，它准确无误，不像人类交易员，他们有时候不仅会耍无赖，还要我们花费数百万美元来承担他们的时间、交通和交易成本。

你明白我的意思了。机器比人类办事更有效率。这就是为什么特斯拉汽车希望禁止人为操作，亚马逊更喜欢用无人机送货，因为人会减慢速度。一台机器只要编程无误就可以每一次都正确运行，永远不会犯错误。人类却做不到。

人类也许会因为某人看起来像护照照片上的人而让他入境，

机器就能识别出照片和真人不是同一个人。一个人可能为网络黑客入侵大楼留下后门，而机器却不会。这里涉及一个核心问题：人类会因社会原因去做机器不会做的事情。这涉及我们人性的核心——信任。我们想要信任别人，人与人之间也会相互信任。这是我们的本性，也是我们被欺骗的原因。

人是最薄弱的一环，所以我们必须摆脱他们。如果我们摆脱了人的影响，我们就可以拥有防弹银行、万无一失的操作以及有保证的成功概率。事实上，最近让我唯一一次感到恼怒的事，正是因为自动程序失效，我不得不与人打交道，忍受糟糕的服务。我们必须把一切都自动化。

为了证明我的极端结论，我和同事进行了一次辩论。他问我："你敢让机器人开你的飞机把你送回家吗？"我回答说，现在大多数航班都是电传操纵[①]的，所以机器人已经把我送回家了。他补充道，要是驾驶舱里没有人呢？我想了想，准备用电影《萨利机长》当例子。

这部电影讲述的是机长切斯利·萨利·萨伦伯格（Chesley 'Sully' Sullenberger）在驾驶全美航空飞机时，在哈得孙河成功迫降的故事。该电影由真实故事改编——你可能还记得这起事故。

---

① 电传操纵系统往往与自动驾驶系统配合，在不需要飞行员人为操纵的情况下，做出改变发动机推力，调整飞机的飞行状态等操纵，或在失速、近地等紧急情况下，自主做出安全判断。——译者注

影片重点讲述飞机在水上平安着陆后的调查，以及计算机模拟图显示飞行员本可以让飞机安全降落在拉瓜迪亚机场。

我的观点本来和电影所展示的一样，即机器人在这种情况下是没用的，因为模拟测试没有给出足够的时间让人类机长对引擎故障做出反应。在模拟图中，一旦考虑到反应时间，飞机就来不及在机场安全着陆。所以，人类机长在哈得孙河迫降是正确的决定。

然而，我后来意识到了这个论点的漏洞：在这种情况下，如果有一个机器人机长，那么它会立刻计算出正确的应对方案，最后安全地降落在拉瓜迪亚机场，而不是哈得孙河……所以，是的，我更喜欢机器人驾驶我的飞机。

构建语义世界

人工智能、机器学习和深度学习是架构语义网的基石。10 年前，我第一次谈到语义网，当时我可能误解了蒂姆 · 伯纳斯–李的话。他认为语义网将是一个可以由机器处理的数据网络[①]：

> 在我梦想的网络中，计算机能够分析网络上的所有数据——人与计算机之间的所有内容、链接和交易。能实现这一

---

① Berners-Lee, Tim and Mark Fischetti. Weaving the Web. New York：HarperCollins, 1999.

点的语义网还未出现，但一旦出现，日常的贸易机制、官僚主义和我们的日常生活都将通过机器与机器对话来处理。人们炒得火热的“智能实体”最终会成为现实。

由于我不像蒂姆爵士和他的伙伴们那样懂技术，我只是把它理解为一个智能互联网。这个网络能够自己编索引，网络中的所有东西都可以相互交谈。这样一来，相关联的事物会聚集在一起，并更好地协作。

我眼中的语义网是管理我所有设备的网络，我还没开始做，我的设备就会知道我想要什么。我的电视会直接为我点播娱乐节目；食品快吃完时，我的冰箱就已经下订单了；我的车也会自动加油。在这样的语义网中，因为机器内部有人工智能和机器学习，它们不仅智能，而且还能将它们的智能传递给其他机器，并通过共享学习使整个网络同步学习。

运用人工智能、机器学习和深度学习是语义网的基础。我们应该注意机器学习和深度学习是有区别的。深度学习的引入是为了让机器学习更接近其最初的目标——使人工智能成为可能。正如《麻省理工科技评论》所言：

深度学习软件试图模拟人类大脑皮层的神经元活动。大脑80%的区域是褶皱，它是思维发生的地方。该软件能够真正学会识别声音、图片及其他数据的数字模型。[①]

换句话说，这些发展正在试图创造一台像人脑一样聪明的计算机。这是人类几十年来一直追逐的梦想。直到现在，当我们拥有了几乎无限的计算能力时，它才逐渐成为现实。包括Facebook、亚马逊、腾讯、百度、阿里巴巴和谷歌在内的互联网巨头是其中的领头羊。这些互联网巨头的共同成果正带领我们迅速进入人工智能的第二层次——强人工智能。

在本章的前面，我提到过人工智能的三个层次：

- 弱人工智能：机器擅长某个领域，比如IBM的深蓝，它之所以能在国际象棋比赛中击败加里·卡斯帕罗夫（Gary Kasparov），是因为它只擅长一件事，那就是下棋。
- 强人工智能：机器通过图灵测试，并超过人类的智力水平，具有将逻辑和抽象思维应用于复杂思考、快速学习和从经验中学习的能力。
- 超人工智能：机器的智商水平全面超越所有人类的智商水平。

这些技术发展是语义网的核心所在，而在这一领域遥遥领先

① Robert D. Hof, “10 Breakthrough Technologies 2013: Deep Learning,” MIT Technology Review, 2013.

的公司似乎是谷歌。但这并不是说其他公司都落后了，单从谷歌在过去 6 年里公布的研究数量来看，他们在深度学习方面发出的声音最大。

谷歌在 2011 年推出谷歌大脑，正式进军人工智能领域。该项目第一个成果于 2012 年发布，当时谷歌宣布它们的机器已经学会了识别猫：

> 谷歌神秘的X实验室的计算机科学家们建立了一个由 16 000 个计算机处理器和 10 亿个连接组成的神经网络，并让它浏览YouTube。它做了一件许多用户可能也会做的事——看猫。
>
> 在 3 天的时间里，谷歌向这个仿真“大脑”展示了 1 000 万个随机选择的YouTube静态图片，对其进行训练，然后让它分辨 2 万个物品。结果，它能够利用深度学习算法识别出与猫相关的图片。而在这之前，它没有接收过任何有助于识别的特征信息。
>
> 面对YouTube上最常见的图片，该系统检测人脸的准确率为 81.7%，识别人体器官的准确率为 76.7%，识别猫的准确率为 74.8%。[①]

① Liat Clark, “Google’s Artificial Brain Learns to Find Cat Videos,” *Wired*, 26 June 2012.

2014年，谷歌击败Facebook，以6亿美元收购了英国初创公司DeepMind。拥有了谷歌大脑和DeepMind后，谷歌开始真正突破人工智能的界限，在电子游戏方面，该公司的机器人能够击败其他所有机器人。

接着，2016年的一个大新闻就是谷歌机器人击败了世界围棋冠军。围棋是一个非常复杂的游戏，我们以为没有机器人可以击败人类选手。在取得这一成就后不久，谷歌宣布，他们的机器人现在非常聪明，甚至可以创造自己的语言。实验中，计算机在没有学过任何特定密码算法的情况下，运用机器学习创造了自己的加密方式。最新的消息是，这些机器人正在学习针对不同任务所需的技能，这正是达到强人工智能的关键要求。很容易理解为何谷歌要花如此大的力气去发展人工智能和深度学习，当你看到它们对谷歌服务（比如前面提到的谷歌翻译）产生的巨大影响就会明白了。

事实上，通过互联网巨头的努力，我们正在迅速到达机器比人类更智能的阶段。这是全面自动化进程中的一个巨大的转折点。聊天机器人将能够提供比人类所能提供的更好的服务。当聊天机器人被放进一个看上去像人的机器里，化身为人时会发生什么？欢迎来到语义网——它不再是一个操作系统，而是一种意识。

当我们把语义网的概念应用到银行时，会发生什么呢？从本质上讲，数字银行是价值的数据存储。银行储存的数据可以和货币一样进行存取，并得到国家的认可和管理。现在我们有了其他选择，比如比特币，它也可以像货币一样进行存取，这已被整个网络所认可。这两个系统都以数据作为交易核心，而且这两个系统都认识到，去中心化能提高安全性，防止单点故障的发生。

但银行系统的问题是，它们是在多个专有服务器上进行开发的，而这些服务器不适合用于人工智能和机器学习。如果用户的数据分别存储在银行的存款、贷款、抵押贷款、信用卡、储蓄等多个不同系统中，机器要如何了解用户呢？这是模拟时代的银行在今天所面临的挑战；它们像打补丁似的把所有东西都拼凑在了老化的系统上。

然而，语义银行将重新整理这些数据，并利用人工智能分析这些数据，真正掌握用户的财务历史，并预测他们未来的财务需求。这不需要人来做，机器就可以完成。未来的语义银行将使用App、API和数据分析结合的开源架构来挖掘语义网。通过搜集关于用户的信息，再与用户的设备和动向结合，语义银行将获得深度智能。

语义银行将成为一个活生生的、装着我的思想的电子助手。它非常了解我，它知道我什么时候会犯傻，什么时候会冒险，什么时候会错过投资机会，以及什么时候该储蓄。它不需要我的允许去做这些事情——为我做这些事情就是它的职责。我知道我的语义银行在帮我打理一切，我只需过好我的生活。

这就是为什么在《星际迷航》中，你从来没有看到任何人想过他们的钱，因为钱都由系统为他们管理。这就是我们即将进入的未来金融世界。

人类的未来

我出生的时候，世界上有 30 亿人口，而现在有 70 多亿人口。如果我们能治好所有的疾病，让所有人摆脱贫困，再减少冲突和战争，我们就会更加健康长寿，但这会引发一个大问题。人的平均寿命如果达到 100 岁，世界人口数很快会突破 200 亿，达到 1 000 亿……甚至 1 万亿。

地球无法维持如此庞大的人口，所以我们会成为一个多行星物种——这是最有可能的情况，要不就只能大范围执行安乐死。现在，对未来有两种截然不同的看法。一种是丹 · 布朗（Dan Brown）的小说《地狱》中描绘的场景，另一种是埃隆 · 马斯克的多行星社会。你认为会是哪种呢？为什么这很重要？因为我们生活在第四次人类革命中，不久之后还将迎来第五次革命。

在下一次革命中，有一系列颠覆性想法，从人工智能到生命科学，到生物技术，到基因编辑，再到用可回收火箭开拓其他星球。这些事情都有可能发生。人体内有一点机器，机器里也多了点人性。

这将在未来一个世纪如何改变我们的想法？我们也许可以从一

个多世纪前找到一些启示，当时德国首相奥托·冯·俾斯麦（Otto von Bismarck）提出领取养老金的年龄应为70岁，后来又降至65岁，但大多数德国男性在40多岁的时候就死了。现在德国人的平均寿命是80岁，而未来……

如果我们的平均寿命达到100岁，这对养老金会产生什么影响？这对工作又意味着什么？我不知道这些问题的答案，提出这些问题纯粹是因为大多数人似乎对未来很悲观。比如有两本关于未来话题的畅销书：马丁·福特（Martin Ford）的《机器人时代》和尤瓦尔·赫拉利的《未来简史》。[①]

马丁·福特的书讲述了人工智能和机器人将彻底取代人类的工作，而尤瓦尔·赫拉利的书则关注人类正在迅速分化为少量掌控人类的超人和绝大多数毫无价值的非人。

两种看法都对未来世界十分悲观，但我个人并不同意这两种观点。原因是这些往往都是老年人对未来的恐惧。我算老年人了，但预知未来最为关键的是关注年轻人。年轻人从不害怕未来。相反，他们拥抱未来。要是你问一个小孩他的年龄，他总要加上月份，例如，8岁半或者13岁零3个月。要是问一个成年人他的年纪，他永远回答整数，21岁或40岁。我是X世代[②]的人，那又得另当别论了。

① 以上两本书简体中文版均已由中信出版集团出版。——编者注

② X世代专指1966—1980年出生的人。作家John Ulrich曾定义，X世代通常是指欠缺身份认同、面对着前景不明朗甚至糟糕的未来的一群青年。——译者注

老年人总是恐惧进步。他们害怕技术和变化。这不难理解。

但好的方面是，这两本书中都有一些积极的观点。赫拉利的书指出，几千年来，人类主要担心饥荒、瘟疫和战争。这三大问题在未来仍会存在，但都会得到有效控制。赫拉利写道："因营养过剩而死亡的人数超过因营养不良而死亡的人数，因年老而死亡的人数超过因传染病死亡者，自杀身亡的人数甚至超过被士兵、恐怖分子或犯罪分子杀害的人数的总和，这些都是史无前例的。"

福特在书中写道，不断发展的技术会让绝症治疗有质的飞跃。事实上，技术专家也这么认为。马克·扎克伯格和他妻子普莉希拉·扎克伯格创建的30亿美元的慈善信托基金的使命就是，"在21世纪末，治愈、预防或控制所有疾病"。微软表示，他们打算使用人工智能工具"解密"癌症；谷歌旗下的DeepMind也正与英国国家卫生系统合作，寻找一种利用计算机更准确地诊断疾病的方法；IBM和麻省理工学院宣布将联手开发一套人工智能系统，以帮助临床医生改善对老年人和残障人士的护理。

这就是为什么我不同意福特和赫拉利的观点。是的，我们将面临挑战，但下一波变革的主战场将在太空。从埃隆·马斯克、杰夫·贝佐斯到理查德·布兰森，太空旅行和宇宙飞船已经是技术专家和企业家的头等大事。这会对未来产生积极的影响，因为建造和使用航天器需要高度的人机协作。在未来的几个世纪里，一切都将会是人机协作。

技术不会抢走人类工作，不会消灭人类，更不会创造超人和非人两种种族。相反，我们将看到一个人类探索其他星球、生活在其他星球以及更加人道的未来世界。

未来的工作

有许多报道称在未来机器人将抢走人类的工作，我们恐惧这样无事可做的未来世界。牛津大学的研究人员在一篇论文中预测，在未来 20 年里，美国 47% 的工作都很有可能被计算机所取代。①另一份麦肯锡全球研究所在 2015 年发布的研究报告称，45% 的工作任务可以完全自动化。就算薪酬丰厚、责任重大的CEO，他们 20% 的工作也可以交给电脑处理，比如运营数据分析等。②

波士顿大学和哥伦比亚大学的经济学家们③合作撰写的另一篇论文提到，“智能机器”将导致“劳动收入占比的长期下降”，更加频繁的技术繁荣萧条周期，以及“当前产出越来越依赖于过去

① Frey, Carl Benedikt and Michael A. Osborne, “The future of employment：how susceptible are jobs to computerisation?” , 17 September 2013, http：//www.oxfordmartin.ox.ac.uk/downloads/academic/future-of-employment.pdf.

② Chui, Michael, James Manyika and Mehdi Miremadi, “Four fundamentals of workplace automation,” *McKinsey Quarterly*, November 2015.

③ Benzell, Seth G., Laurence J. Kotlikoff, Guillermo LaGarda and Jeffrey D. Sachs, “Robots Are Us：Some Economics of Human Replacement,” NBER Working Paper No. 20941, issued in February 2015 and revised in March 2016.

的软件投资”。换句话说，对于新代码的需求将越来越少，因此，即使是程序员，留给他们的就业机会也会减少。

普华永道发布了一条重磅头条，称美国近40%的工作岗位可能被机器人取代（比牛津的预测低7%），其次是英国30%、德国35%和日本21%。由于与其他行业相比，泛金融服务业更易受到自动化的影响，美国和英国受到这种转变的影响会更明显。[①]

银行业也备受影响，花旗集团估计，到2025年，1/3的银行工作岗位将消失。而德意志银行的CEO约翰·克莱恩估计，未来10年里，1/2的银行工作岗位将消失。

综合所有统计数据，我最近制定了一份未来可能最热门的五大银行工作。每个工作都有特定的要求：

- **数据科学家**：5年后，数据科学家将成为最受欢迎的银行员工，因为他们的任务是利用银行产品提供的统计数据和大数据，计算出消费者“什么时候、为什么和如何”使用银行产品。
- **故事讲述者（用户体验设计师）**：他的任务是了解客户需要什么产品以及何时需要这些产品，并以无摩擦（以及毫不羞愧地借款）的方式提供这些产品。

---

① “Up to 30% of existing UK jobs could be impacted by automation by early 2030s, but this should be offset by job gains elsewhere in economy,” PwC website, 24 March 2017.

- **行为心理学家**：行为心理学家试图掌握消费者（这听起来像一场噩梦）的心理，并预测银行产品和客户的关联度。
- **算法风险专家**：随着技术的进步，银行将使用高度复杂的公式评估风险，并进行实时评估。这就是算法风险专家的用武之地。有了数据，就更能了解风险。
- **社区宣传员**：这一工作旨在维护银行与客户的良好关系，让银行及其产品与消费者的日常生活更加紧密地结合在一起。

我最喜欢的未来工作是首席蚕食官。首席蚕食官管理着内部的侵蚀部门，这个部门的唯一使命是摧毁业务。

蚕食员关注企业的每个细节，测试它们是否应该被摧毁。利用技术、新结构、新思维和新商业模式，蚕食员鼓励组织内部不要墨守成规，应该突破产品间的壁垒，挑战每一个思维定式。当然，这些蚕食员真的很烦人——谁想被吃掉？他们也不一定每天都出现在你的门口，但是当他们出现的时候，你就准备好被消灭吧。

这是一个重要的角色，因为大多数企业都自满、懒惰，抗拒改变。像银行和制药等行业还有自满的资本，因为这些行业要么少有变化，要么准入门槛较高，少有新竞争者能够打入。然而，我们生活在一个周期变化快、准入壁垒低、创新无处不在的时代，所有公司都必须越来越快地做出反应。

为了实现这点，最好的方法就是设立一个内部部门，率先突破旧商业模式。这样做也是为了让企业尽早发现弱点、暴露问题、提高警惕。等到外部的人也发现问题时，就为时已晚了。这就是为什么企业需要一个强有力的内部侵蚀部门。讨论完新出现的工作，现在让我们看看哪些工作将首先被自动化所取代。技术和商业咨询机构帕尔默集团的负责人雪莉·帕尔默（Shelly Palmer）表示，首先会被机器人取代的5个工作[①]是：

- 中层管理人员
- 商品销售人员
- 报告撰写人、记者、作者和播音员
- 会计和簿记员
- 医生

我当然同意医生容易被取代。毕竟，如果医生有一半时间在误诊，而机器人几乎总是做出正确的诊断，你想让谁来为你做诊断呢？

然而，她还遗漏了一个领域——法律。共享账簿和人工智能的结合将重塑法律行业，在法律行业被数字化后，我们就不再需要律师了。那该有多好啊！

① 参见https：//www.linkedin.com/pulse/5-jobs-robots-take-first-shelly-palmer。

你不相信？彭博社 2017 年 2 月报道，摩根大通已经开发出一种软件，可以在几秒钟内处理完律师和信贷人员每年花 36 万个小时处理的业务。[①]这款软件名为COIN（即Contract Intelligence的缩写，意为合同智能），它基于机器学习，能审阅枯燥的商业贷款协议。该软件审查文件只需几秒的时间，不易出错，还从不要求休假。以前人工每年要审阅 12 000 份新的批发合同，时常产生错误，而COIN大大降低了摩根大通贷款服务方面的失误。

人类将走向何方

当我们走向机器人、自动化助理和增强人工智能时代，人类将走向何方？当分行、系统、实体建筑不再需要人类参与之后，又将发生什么？

这是个好问题。当我们从一种工作形式转到另一种工作形式时，这个问题总是会出现。如果我们没有了农场，人们将在哪里工作？如果我们没有了工厂，人们将在哪里工作？如果我们没有了办公室，人们将在哪里工作？

工作场所变了，生活方式也随之改变。我们已经从苦工变为蓝领，最后成了白领。那么，下一个工作场所会是哪里？这个问

① Hugh Son, "JPMorgan Software Does in Seconds What Took Lawyers 360 000 Hours," Bloomberg, 28 February 2017.

题很关键。我的直觉是，我们将进入一个检修技术的世界。技术将让我们的生活变得更容易、更智能、更有信心。作为回报，我们将对这些让我们的生活变得更加容易、更智能和更有信心的技术进行创造和改善。

非熟练工人将为机器人和机器服务，熟练工人将利用机器人和机器创造非凡的服务，机器也将逐渐操作和完善它们自己。虽然一台机器可以自我管理，但这并不意味着它永远不会崩溃。同样，即使一台机器拥有人工智能，这也并不意味着，它能摆脱人的帮助，实现自我突破。

因此，我们不必对机器和自动化过分担忧，因为机器和自动化会创造新的产业、工作和机会。银行关闭分行就是很好的例子。银行柜员甚至银行分行已是明日黄花。它们是20世纪遗留下来的实体分布式组织，在自动化时代将被淘汰。那我们该怎么处理这些分行及其员工呢？许多分行可以出售，改建成咖啡厅和酒吧。那员工呢？这些人怎么办呢？

优秀的员工可以转岗去做数字交互支持工作，如果擅长关系维护，那就让他们上Facebook和Skype，去拓展数字关系。真正有同理心、积极投入和热爱工作的员工，通过Facebook或Skype，一样能传递这份同理心、投入度和热情，难道不是吗？

我想问题的关键是他们是否有这份同理心、投入度和热情。大多数的分行工作人员纯粹都是些收入微薄的业务员。那么，未

来的银行里会有哪些工作？哪些地方还需要人的参与？（见图 4–1）

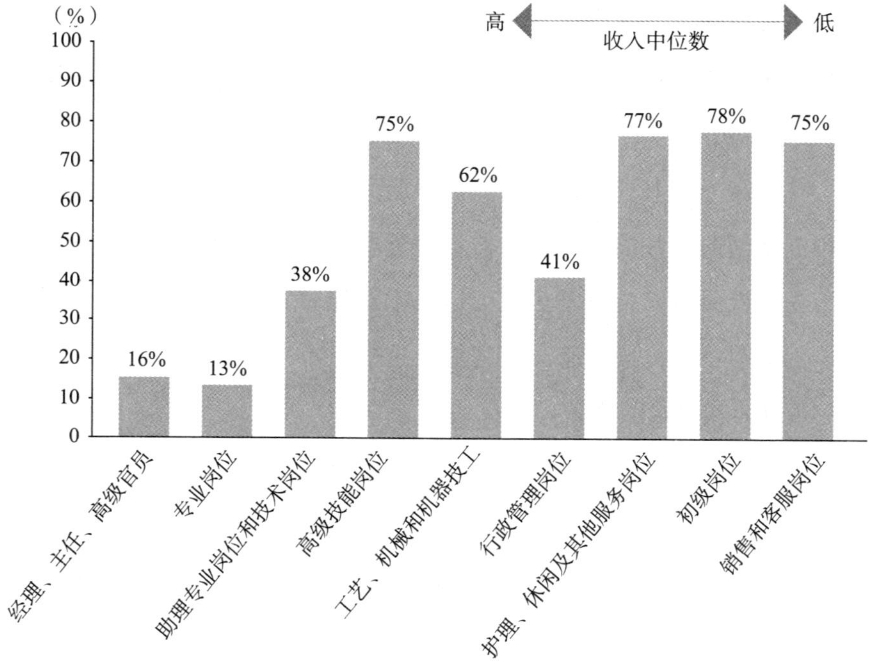

图 4–1 职业自动化的平均概率

资料来源：英格兰银行、法国巴黎银行资产管理公司

安迪·霍尔丹警告称，自动化将对英国近一半的劳动力构成威胁。第三次机器时代将击穿英国劳动力市场，拉大贫富差距。

澳大利亚政府机构联邦科学与工业研究组织在一份报告中列出了改变就业状况的十大力量[①]：

① “Tomorrow's digitally enabled workforce,” CSIRO, January 2016.

- 加强教育和培训
- 培养应用于未来新工作的新技能
- 培养算术和识字外的数字素养
- 注重科学、技术、工程和数学（尽管参与率正在下降）
- 形成应对动态劳动力市场的能力与心态
- 消除工种成见和成规
- 提高弱势人口的劳动参与率
- 形成金字塔型退休模式
- 建立预测职业转型要求的新模型
- 提高对P2P（和自由职业者）经济的理解

此外，世界经济论坛的《未来职业》报告指出，在新形势下，对未来职业必备技能的预测已经发生了巨大的变化。[①]

银行业也正经历着巨变。现在投行几乎不再雇用交易员。交易员拿着数百万美元奖金的时代可能就此终结，一台机器可能比人更会投资。按照金融分析公司Kensho的CEO丹尼尔·纳德勒（Daniel Nadler）的说法，未来10年内，1/3~1/2的金融从业人员将因自动化软件而丢掉饭碗。

自动化正在使工作产生变化，但无论发生什么变化，工作总

① "The Future of Jobs," World Economic Forum, January 2016.

是会有的，变化的是会有新的工作和不同的工作出现。其实工作一直都在变化，这次唯一的不同是未来将会出现两种人：拥有机器人的人和为机器人工作的人。

十大必备技能

2015 年	2020 年
1.解决复杂问题	1.解决复杂问题
2.与他人协作	2.批判性思维
3.人事管理	3.创意
4.批判性思维	4.人事管理
5.谈判能力	5.与他人协作
6.质量控制	6.情商
7.服务导向	7.判断与决策
8.判断与决策	8.服务导向
9.主动倾听	9.谈判能力
10.创意	10.认知灵活性

大多数人终将走向太空

让我们以对未来的展望结束本章。当地球上所有的事物都被自动化后，人类将拥有一个不同的世界，或者可以叫作多个不同的世界。我们将成为多行星物种，在太空中旅行，穿梭于地球、火星和其他星球之间。

这展现了下一次人类革命的真实图景。当你探索家族渊源的时候，你就会发现，从农耕社会中在某一地区土生土长的祖先开始，随着交通的便利，一代代人不断向外探索，直到如今冲向太空。如果你去查家族族谱，你很快就能找到你的祖父母、曾祖父母、高祖父母，甚至更早的几代人。

我进行了短短一个月的寻根之旅。我查到我的部分血统可以追溯至17世纪，我还找到一位远房表兄弟，他帮我厘清了许多血缘关系。我发现我的血缘关系都集中在英国的特定地区，甚至是特定的几个村庄里。我一点都不吃惊。在遥远的过去，人们很少迁徙，亲戚们都住在一起。任何人回溯几代都会发现他们的祖先都扎根于同一地区，祖祖辈辈生活在同一个村庄或城镇里，从未离开。为什么要离开家乡？离开了又能去做什么呢？事实上，如果你真的离开了，你就会发现自己麻烦不断。首先，农民必须缴纳什一税。此外，根据他们旅行性质的不同，他们只有取得教会、领主或国王颁发的许可证，才能离开他们的村庄。如果没有相应的许可证，他们可能会被关进监狱，甚至受到更严重的惩罚。

随着维多利亚时代的结束以及汽车的出现，情况发生了变化。在汽车出现之前，马是唯一的交通工具，它极大地限制了人们离开故土。汽车、火车和蒸汽船的出现方便了人们的出行，有些人选择背井离乡。虽然一些人移居美洲或欧洲其他地方，但人口流动并不常见。

总的来说，大多数人安守故土。直到汽车逐渐普及和道路不断延展，交通的便利才让所有人都能便捷地往来于城镇之间，城市化就此拉开序幕。城市化到今天给人带来的更多的是担忧，但在20世纪50年代，它被视为一种伟大的新事物。它让妇女有平等工作的机会，它促进了美国郊区和州际公路的大规模建设。从核心家庭的结束到子女各自成家立业，这一切都受到了城市化的影响，人与人之间关系和娱乐方式也是如此。交通方式的变化对我们的生活方式产生了根本的影响。

交通方式的第三次革命——飞机——铸就了当今的社会生活。50年前，乘坐飞机的人是冒险家；而今天，乘坐飞机就像乘坐巴士一样简单。让我感到惊讶的是，我一天就能游遍三四个欧洲国家，一周就能踏遍三四个大洲。半个世纪前，这还是难以想象的事情。

我一位朋友的生活就是最好的例子。他住在瑞士，在伦敦也有房产，大多数的周末都在法国南部的度假屋度过，他还有一家公司在新加坡。他之所以能这样就是因为交通的便利。如果我们告诉一个维多利亚时代的人，在一个世纪后，他们就能这样生活，他们会认为你是个白痴。同样，如果有一个人现在告诉你，你的孙辈们将生活在火星上，你也会这样回答他：一个白痴。你能想象吗？

好吧，我可以。我经常谈到人类的第五个时代，到那时，人类会生活在太空中。显然，我们将朝着这个方向前进。人类的本性就是不断探索，现在我们已经探索了地球的大部分地区，我们自然会开始探索太空。技术让这成为可能，太空探索技术公司

SpaceX的可回收火箭就是一个很好的例子。唯一限制我们的只有想象力。

例如，当我在卢森堡举行的一次会议上谈论下一代交通方式的时候，一位听众走过来对我说："我完全同意你对火星生活的看法，因为卢森堡已经申请了空间采矿专利。"然后，我请他详细解释了一下这是怎么回事。

卢森堡在2016年开始涉足太空开采领域，当时该国的经济部宣布了太空资源计划。官方声明称，该计划的关键"将是制定一个法律和监管框架，确认未来从小行星等近地天体开采矿物的所有权"。

卢森堡随后于2017年通过了第一部欧洲空间法，从法律上确认了小行星采矿公司对太空开采矿物的所有权。这是对2015年美国制定的空间法案的回应。美国空间法案规定，采矿公司的大多数股东必须来自美国。而卢森堡的这部法律则对股东的出身不做任何限制。

卢森堡在空间采矿业务方面也相当活跃。2016年11月，它向空间采矿公司"行星资源"投资了2 500万欧元。太空是一种自然资源，也是一种商业资源。

在短短两个世纪里，我们从行走于阡陌之间到策马驰骋于城镇间，又从驱车横跨各个国家到环球飞行，最后还要去遥远的太空中采矿。到2110年，我们又会通过何种方式出行呢?

金融新结构崛起

过去10年，得益于云技术、API和App等开源结构的出现，一种新的金融结构正在蓬勃发展。它被通称为金融科技（FinTech）。金融科技是什么，它会带来何种变化呢？

我认为金融科技是一个集金融和技术于一体的新市场。这个新市场依然覆盖了传统的金融业务，包括营运资本、供应链、支付处理、存款账户、人寿保险等，但用一种基于技术的新流程取代了传统结构。

换句话说，金融科技是一个全新的行业。这有点像我们在谈论零售商时，会把亚马逊也归入其中。亚马逊到底是零售商还是电子商务企业？还是同属于两者？我认为亚马逊是一家数字配送服务提供商，因为它既配送消费者订单，又通过亚马逊网络服务提供云服务。换句话说，它根本不是零售商，而是一个全新市场中的公司。

我认为金融科技也不仅仅只是一种金融行业研发的新功能，它还是一个新兴的数字金融市场。随着时间的推移，它将取代传统金融市场。

“科技巨头支持金融业”的理念专指IBM、优利系统、NCR

等公司在20世纪向银行提供技术支持服务。但这些公司并不是金融科技公司，而是过时的银行技术服务提供商。

如果将新兴的金融科技公司贴上“用新技术取代科技巨头提供的现有金融服务”的标签可能并不准确，因为一些科技巨头正在转型为金融科技公司，而另一些金融科技公司也正在为这些科技巨头提供服务。因此，我们需要更加准确地界定这一市场。

我们谈论了很多关于金融科技的话题，好像它只是一件事物，其实，它是许多件事物的集合。金融科技市场已经有十多年的历史了，其中发生的一些微小变化需要更加翔实的补充，因为就像其他科技一样，金融科技中的一些技术正被炒得火热，一些已经被抛弃，还有一些即将占据主流。

我们会谈到涌入金融科技市场的上百亿美元的投资、行业独角兽和初创企业崛起的浪潮、它们给银行和科技巨头带来的挑战以及它们开拓新市场的策略。事实上，根据毕马威的《2016年第四季度金融科技脉动报告》，2013—2016年金融科技领域的投资额达到了1 000亿美元。

从投资分布来看，美国依然占据了大头，这得益于硅谷拥有一个充满活力的创业投资网络（见图5-1）。虽然今非昔比，但投资增长依然迅猛，像SoFi这样的知名金融服务公司依然获得了银湖资本5亿美元的投资。这家市值仅43亿美元的公司总共吸引了18.9亿美元的投资。

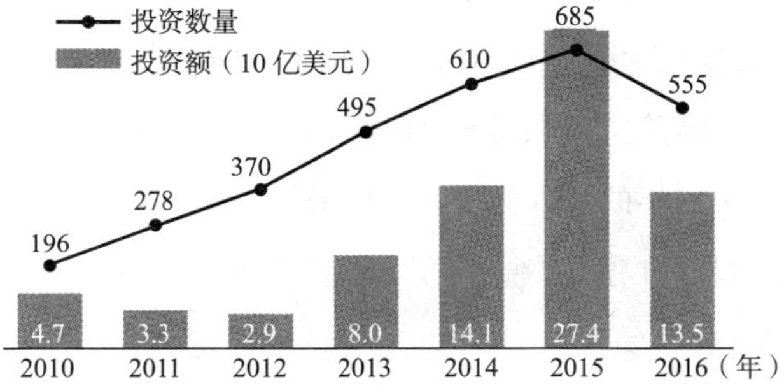

图 5–1　美国金融科技初创企业获得投资一览

数据来源：毕马威国际、硅谷数据研究机构 PitchBook

亚洲也是金融科技投资热门的市场（见图 5–2）。老实说，亚洲刚刚意识到金融科技的威力，比大多数欧美同行落后了两三年。2016 年是亚洲金融科技投资创纪录的一年。受到像市值 600 亿美元的蚂蚁金服这样的公司的推动，这一市场将继续看涨。

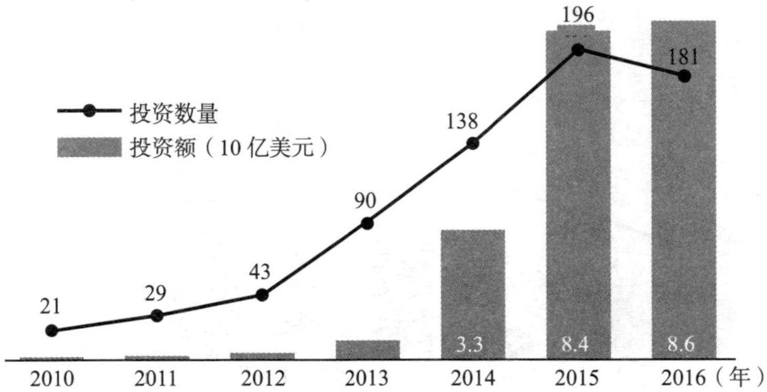

图 5–2　亚洲金融科技初创企业获得投资一览

数据来源：毕马威国际、硅谷数据研究机构 PitchBook

反观欧洲，2016 年英国脱欧对投资产生了负面影响（见图 5–3）。根据金融创新组织（Innovate Finance）的数据，英国决定脱欧后，英国金融科技初创企业获得的投资额下降了 1/3，从 2015 年的 12 亿美元降至 2016 年的 7.83 亿美元。更糟糕的是，据毕马威的估算，英国金融科技的投资总额下降了 85%，从 2015 年的 46 亿美元降至 2016 年的 6.54 亿美元。

但这并不意味着伦敦已经失去了它的地位。伦敦仍被视为全球金融中心之一。它有着充满活力的科技创业氛围，能为金融科技公司的创立和扩张创造有利的环境。这使其仍有别于其他欧洲地区。欧洲其他地区的金融科技投资额从 2015 年的 109 亿美元降至 2016 年的 22 亿美元，下降了 80%。

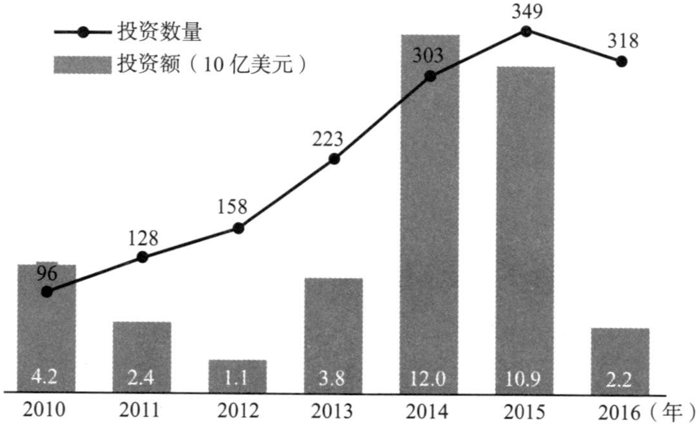

图 5–3　欧洲金融科技初创企业获得投资一览

数据来源：毕马威国际、硅谷数据研究机构 PitchBook

到底什么是金融科技呢？它不再是一项单一的金融技术。正如我前面提到的，金融科技就像零售商。那相关公司到底在出售什么呢？从金融科技的角度上说，这些公司让哪些金融领域实现了自动化呢？

正如我刚才所说，这不再是一项单一的金融技术，而是整个金融业的科技革命。这是一个由一个领域向许多不同领域扩展的市场，这点十分有趣。这个市场里有监管科技、理财科技、保险科技等，还包括贷款、数据分析、数字身份、网络安全、中小企业融资、普惠金融、支付、机器人咨询、区块链分布式账本、新型银行等子类别。云技术、物联网、人工智能、机器学习、生物识别等一系列通用技术正在为金融科技助力，不断扩展其可能性。接下来就让我们来看看这些技术能给服务带来怎样的变革，以及它们是怎样为我所谓的“金融科技浪潮”添砖加瓦的。

金融科技浪潮

你可以发现一些技术正在崛起，一些技术正在衰退，而还有一些技术已经被广泛应用于贷款等市场。我们这里主要讨论的是一些具有金融应用前景的通用技术，比如人工智能、机器学习、物联网和生物识别。我不打算一个个展开，讨论它们怎样重塑整个市场。我只把话题聚焦到如何将这些技术应用于高层次的金融科技场景中。

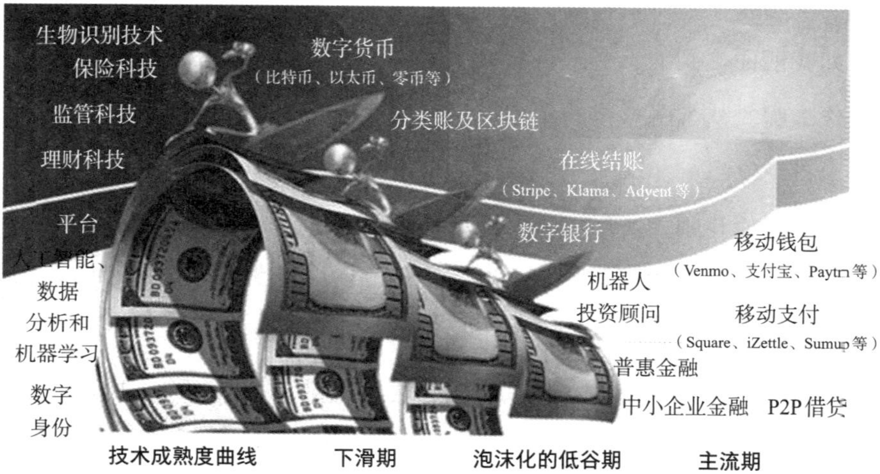

图 5-4 金融科技浪潮

资料来源：克里斯·斯金纳

监管科技

监管科技将技术与监管相结合，以应对监管挑战。该领域从起步到现在已经发展了一段时间，并取得了不同程度的成功。随着监管水平的提高，以及人们对数据和报告的重视程度的提升，监管科技获得了更多的关注，从而为投资这些解决方案的公司创造了更多的价值。

保险科技

保险科技正在重新思考和重塑如何通过技术来处理保险业务。我发现的第一个保险科技创业公司是德国的P2P保险公司

Friendsurance。这家公司成立于 2010 年，在 2016 年获得了 1 530 万美元的融资。该公司的商业运营模式是，每个保险人均向资金池注资以平摊风险——这正是保险的本质。但 Friendsurance 的与众不同之处是，如果没有发生索赔，它会在年底将留存在资金池中的保费返还给保险人。这一创业公司的成功引领了全球许多保险科技初创企业开始开展一些有趣的业务，比如以下 14 家公司：

- Cocoon 制造家庭联网安全设备。
- Kasko 在其合作平台上提供一键式即时保险购买服务。
- Jamii 将医疗保险推广到撒哈拉以南非洲的低收入人口中。
- BuzzMove 不仅提供搬家业务比价服务，还提供相应的保险理赔信息。
- Myfuturenow 为保险人提供养老保险转续服务。
- Roost 制造了一种用于烟雾探测器的智能电池，并获得了联合服务汽车协会的投资。
- Augury 制造用于供暖、通风和空调系统的传感器。
- CoVi Analytics 为保险公司提供平台，从欧盟偿付能力 II[①] 法令中获取公司内部所需的数据。
- Domotz 是一个物联网管理平台，为保险公司提供风险评估

① 欧盟偿付能力 II 是欧盟为了规范和统一各成员国保险监管出台的一项法令。——译者注

和索赔管理服务。

- FitSense帮助人寿保险公司利用可穿戴设备搜集数据。
- Quantifyle可以向不同保险公司提供可穿戴设备上的数据和其他健康数据，帮助用户寻找最优价格。
- MassUp使用API将保险公司与零售商联系起来，这样用户就可以快速且方便地为新购买的产品购买保险。
- RightIndem是一个自助索赔平台，旨在减少保险公司的工作量和理赔渗漏，提升服务质量。
- Safer利用数据调研，帮助“千禧一代”确定保险需求。

理财科技

理财科技属于金融科技中专注于财富管理和投资的部分。财富与资产管理公司必须首先审查其内部体系，然后通过与客户沟通，决定在哪个流程应用金融科技工具，以达到凸显价值主张，促进业务增长的目的。这些工具包括面向客户的工具（例如以数字格式提供更易访问的信息），用于提升业绩的投资组合管理工具，以及帮助客户经理设计强大的解决方案的工具，从而为客户提供更有效的服务。

机器人投资顾问

机器人投资顾问是指由软件自动提供投资建议。软件的算法会分析客户的储蓄/投资组合，并根据客户的风险偏好实现回报最大化。整个流程完全自动完成。在现阶段，机器人顾问更多地面向富裕阶层，它们可以分析宏观、微观货币信息，将富裕阶层纳入实时分类账和结算系统中。我喜欢机器人投资顾问公司Betterment的创始人兼CEO乔恩·斯坦（Jon Stein）说的一句话。他曾说，机器人投资顾问与财富管理者不存在竞争关系。这不是人与机器的较量，而是是否提供咨询服务的区别。这也反映了机器人投资顾问完全属于另一个类别。

在机器人投资顾问领域，美国领跑了整个市场，Wealthfront、Betterment、FutureAdvisor和Personal Capital等公司相继崛起。这些公司通过App提供财富管理和微型个人理财管理。

借贷

P2P借贷通过软件将有钱的人与需要钱的人联系起来，并通过实时信用分析降低风险。Zopa是第一家在线P2P贷款公司，很多公司紧随其后，包括Prosper Marketplace、Lending Club、陆金所等。

中小企业融资

中小企业融资是最激进的新兴市场。从P2P借贷到发票融资再到众筹，市场一直在跟随技术的发展而变化。中小企业融资的发展导致了大量新的资本流动，使投资者能够直接向中小企业和初创企业放贷。如果没有这些资金，很多企业将无法存活。

发票融资将P2P贷款和融资保理融合在一起。英国的MarketInvoice公司就是很好的例子。该公司于2011年推出一项融资保理服务，小微企业可以通过转让未付发票从保理商处获得预付款。然后，保理商再拿发票向买方收款，并从中收取佣金。这就好比有一个客户欠我2 000美元，他会在60天内还清。而一家保理公司今天就能给我1800美元，等到60天后，这个客户的2 000美元到账，这笔钱就归保理公司了。从这笔生意中，保理公司赚取10%的佣金，即200美元。这个想法已经存在很多年了，但是没人把它搬到网上。所以，MarketInvoice在短短5年时间内就做到了超过10亿英镑的贷款。2016年，该公司的贷款金额翻了一番。实际上，这是另一种形式的P2P贷款，二者唯一的区别就是，所有的未付发票的资金都来自投资者。

另外，市场上还出现了一种新的融资模式——众筹。这使得创业公司从成立伊始就能吸引潜在客户的资金。创业公司过去只能从银行获得资金，以维持运作。同时，创业公司还必须花费大量资金进行市场营销，再通过媒体接触到目标受众。像KickStarter、Indiegogo、Crowdcube和Seedrs等众筹网站的出现使创业模式下沉，目标市场和用户可以直接为公司提供资金，以支持其发展。

更关键的是，众筹还解决了数据缺乏的问题。一般情况下，银行不愿为中小创业公司提供资金，因为它们没有数据可供分析和评估风险，银行不能确定给中小企业贷款能否带来预期的回报。该产品的目标市场在哪里？用户会买单吗？而众筹公司完全转变了这种风险。一个项目能从用户手中众筹到多少资金，就直接反映了这个项目的市场需求。换句话说，银行想要的未知数据—— 一种产品的需求大小，如今在业务启动之前，就能由潜在用户的需求做出预先判断。

普惠金融

普惠金融是金融科技中最令人兴奋的领域之一，它将45亿因成本高昂而无法享受金融服务的人口纳入了网络之中。非洲的普惠金融项目尤为突出，这些项目正在重新思考如何通过移动网络进行交易。这是本书主要的关注点之一，在另一章节中会做详细阐述。

区块链分布式账本

在金融市场上，区块链是一个饱受争议、需要被重新审视的领域，过度的炒作使其发展受到了阻碍。现在，这一技术的热潮已退去，进入了低谷期，主要是因为许多投资者把大量的钱投入试验之中，但他们根本没有意识到这点。由此，咨询公司加德纳总结了十大区块链项目的投资误区：

- 误解或忽视区块链技术的目的
- 假定现有技术可直接用于量产
- 混淆现有的和未来的区块链技术
- 将有限的、基础级别的技术协议与完整的商业解决方案混为一谈
- 将区块链技术纯粹视为数据库或存储机制
- 假定尚不存在的平台之间有互操作性
- 想当然地认为今天的主流平台在明天依然能占据主导地位（或存在）
- 认为智能合约[①]技术已经成熟
- 忽略对P2P分布式网络的筹资和管理问题
- 没有加入学习过程

现在，许多银行对区块链的投资越来越谨慎，它们都在思考这些投资的回报到底在哪里。区块链如果能被很好地使用，它会像互联网一样带来翻天覆地的变化。相较于技术本身，区块链共享账簿应该更多地涉及新的、协商一致的基础设施运营模式，比如取代像SWIFT（环球同业银行金融电讯协会）网络和Visa这样

① 智能合约是一种旨在以信息化方式传播、验证或执行合同的计算机协议。智能合约允许在没有第三方的情况下进行可信交易。这些交易可追踪且不可逆转。——译者注

的核心系统。

但是，这并没有削弱区块链和加密货币本身的重要性。正如我在《FinTech，金融科技时代的来临》这本书中阐述的那样，这些技术都是下一代金融体系的基石。我在此不再重复那本书中的内容，只想强调区块链技术在未来十分重要，因为它正在为互联网时代创造一种新的、实时的、低成本的金融体系。

数字身份

数字身份也是另一大有争议的领域，因为它需要在一致同意的通用架构之上部署技术。这就会涉及以下几个关键问题：谁来设计数字身份架构？它又将如何运行？如果像许多人说的那样自主运营的话，当访问权限被阻止并且需要解除封锁时，比如你发生事故后，医疗小组需要查看你的健康信息，那该怎么办呢？这些问题将随着时间的推移而得到解决。

数据分析

数据之于银行就像空气之于呼吸，数据分析能力将决定银行之间竞争的成败。互联网巨头从数据分析和使用中牟利。那是它们的业务，不过如果金融机构能很好地利用数据，它们在数据方面也有机会。这是许多金融机构投资机器学习、人工智能和数据分析的原因，这些技术能够改进信贷风险建模、提高交叉销售率以及改善用户体验。一切都围绕着通过对客户数据和个性的深度学习来改善机构与客户的数字关系。

网络安全

人们对网络安全有很多担忧，没人想被黑客攻击。据国际数据公司估计，到 2020 年，人们在网络安全软件、服务和硬件上的花费将达到 1 016 亿美元，比 2016 年的 737 亿美元增长 38%。银行和金融机构更易受到黑客攻击，因为大家都知道那里放着钱。因此，金融机构特别注重内部安全和客户安全，任何有助于提高安全性的技术都值得考虑。

然而，从我与许多黑客交流的经验来看，银行职员是最大的软肋。所以每个黑客都会把社会工程学[①]作为他们的关键技能。他们抓住人与人之间天生信任的漏洞。这是人性的弱点，我们出于本能会信任他人。只需去查阅一些黑客的资料，你就会发现黑客十有八九都是利用了银行职员的信任，让他们成了黑客计划的一部分。

生物识别技术

说到安全，生物识别技术现在处于发展的黄金期。一部分要归

① 社会工程学是一种利用对方的心理弱点、本能反应、好奇心、信任、贪婪等心理特点，借助诸如欺骗、伤害等危害手段获取自身利益的手法。——译者注

功于智能手机摄像头的发展，它为面部识别或虹膜扫描提供了最佳场景。同样，触摸屏也让我们能够使用指纹和手掌。在个人识别码或数字密码之外，添加了身份检查的相关功能，加强了使用者的安全性，而且还解决了忘记密码的问题。

支付

支付领域实际上可以作为一门独立的金融科技部门来探讨，因为该部门涉及许多不同的类别，包括移动钱包（如Venmo、支付宝、Paytm），移动支付（如Square、izettle、SumUp），在线结账（如Stripe、Klarna、Adyen），数字货币（如比特币、以太币、零币），以及基础支付硬件（如数字资产控股公司、SETL、Ripple）等。

数字银行

数字银行是指世界各地出现的新兴初创银行，但这些银行之间有很大的差别。比如，从亚洲发展起来的数字银行——印度的YesBank和中国的微众银行，就与欧洲和美国的数字银行有很大不同。中国的数字银行是从其他服务中衍生而来的，如电子商业和聊天软件，所以它们的气质非常不同，有点像法国安盛集团旗下的Soon银行。欧洲各地也出现了大量的新兴初创银行，包括荷兰的bunq、意大利的“CheBanca！”、丹麦的Lunar Way和德国的N26银行。英国也许是这个市场的领头羊，因为英国大约有40家新兴初创银行，为银行的应用程序前端提供种类齐全的银行业务。这些银行包括Atom、Fidor、Loot、Metro、Monese、Monzo、Starling、Tandem和Zopa。这些银行可分为两类：一类是有银行执照的经营性银行（如Atom和Starling），另一类是像Loot这样的银行前端应用提供商。所有的数字银行都在力争向用户提供比传统金融机构更好的数字体验。

平台、集市和云技术

最后，银行业最大的变化将是新的金融集市的建立。这个集市将由App、API和数据分析组成，许多不同的公司将参与其中。Uber、Airbnb和Facebook就是很好的例子。它们的平台即市场，人们可以使用它们的App和API进行沟通和预定。

许多金融科技初创公司正试图进入这个领域，从与移动金融提供商Moven和Simple合作的美国CBW银行到与金融初创企业Holvi和Loot合作的德国在线支付公司Wirecard。这些初创企业也正在被其他公司复制和超越，其中就包括德国的solarisBank和Fidor，英国的Thought Machine和ClearBank以及爱尔兰的Leveris等。目前，最大的挑战者在中国，蚂蚁金服已经在为40多家银行提供App、API和数据分析服务。

深入挖掘金融科技

我一直试图勾画和定义越来越汹涌的金融科技浪潮。可以看到，现在的金融科技包含监管科技、理财科技、保险科技等。最让我印象深刻的是，金融科技现在有两大趋势：一是打破现有商业体系，二是创建新的架构。

对于那些创建新架构的人来说，这可能稍微容易一点，因为原先并不存在市场，他们在创造市场，以满足未享受过服务或者只享受过低质量服务的人群的需求，这是一个巨大的商机。比如，无论是移动钱包，还是低成本汇款，市场一直都在渴望这些服务，现在用户终于可以享受到了。低成本和廉价是数字技术普及的关键。这一点在我最近去的巴基斯坦得到了最好的证明。巴基斯坦有 2 亿人口，但只有 2 000 万人有银行账户，也就是只有 1/10 的人享受到了银行服务。这意味着技术的普及也许能让数以百万计的民众开始享受这些服务。现实也确实如此。自 2013 年以来，巴基斯坦的 3G 和 4G 数据服务迅速普及，目前有近 5 000 万人正在使用移动数据服务。因此，在巴基斯坦，有 1/4 的人拥有移动数据服务，而只有 1/10 的人拥有银行账户。这就是商机。

蚂蚁金服是普惠金融领域的翘楚。为满足服务需求，该公司几乎每天都在开展合作，其合作伙伴包括印度的Paytm和印度尼西亚的GCash。对于这些经济体的政府来说，这是一股积极的变革力量。麦肯锡预计，到2025年，全球GDP（国内生产总值）将因为普惠金融年均增长3.5万亿美元。这也是各国政府都在鼓励和支持普惠金融企业发展的原因。

然而，对于打破银行垄断的企业，政府就没那么热心了。我曾听到一个新兴市场的监管者表示，他们要求金融科技初创企业必须与银行合作。他还表示，银行有权选择是否和金融科技初创企业合作。然后他举了P2P贷款的例子。他说，在他的国家，这项业务只能通过银行进行。什么？这样还能有多少创新？银行没有动力来提供这项服务，更不愿与第三方合作，因为这项服务有损它们的利益，它们为何要这样做呢？

让我难以置信的是，尽管已经到了2018年，许多市场的监管机构还依然为金融科技初创企业设置重重障碍。当然，大多数的监管机构都是政府的傀儡，而政府又是银行的傀儡，这下就容易理解多了。我知道这么说过于偏激了，然而，我曾听美国资深参议员伊丽莎白·沃伦（Elizabeth Warren）谈到过，在《多德-弗兰克华尔街改革和消费者保护法》通过之前，摩根大通的董事长兼CEO杰米·戴蒙曾给所有美国国会议员打电话，威胁他们如果放松监管，他就要毁掉经济，让选民们不再支持他们。显然，政府是大银行的傀儡。

这才是真正的难题：在一个受既得利益者挟持的经济中，该如何进行创新呢？在既得利益者没有兴趣的领域进行创新很容易——多数银行将普惠金融业务看作慈善事业，但当新兴初创企业威胁到银行的基本业务时，情况就不同了。

因此，英国金融行为监管局利用沙盒监管[①]，做了一些有趣的事。在沙盒监管中，能够快速推向市场的公司主要关注以下三大领域：

- 改善产品使用流程，提升用户体验，消除银行系统现存的低效率问题（客户身份验证，缩写为KYC）。
- 运用即插即用软件，让银行服务更加便捷，消除用户体验中的摩擦。
- 在银行系统上进行创新，利用机器人咨询等技术提升服务。

当创业公司真正威胁到银行的核心利润率和产品时，大多数监管机构都踟蹰不前。

金融科技还是科技金融

在同银行和初创企业进行了无数次对话之后，我发现它们对

① 沙盒监管是一个安全空间，在这个安全空间内，金融科技企业可以测试其创新的金融产品、服务、商业模式和营销方式，而不用在相关活动碰到问题时立即受到监管规则的约束。——译者注

世界的看法截然不同。虽然不像许多人描绘的那样，两方在思维上有着巨大的鸿沟，是轻盈的创新者对抗掌权的巨兽，但它们还是有很大区别的。也许这种区别可以用一位银行家最近对我说的一句话来概括："到底是金融科技还是科技金融呢？"我琢磨了他的意思，意识到这是创新者和负担银行之间微妙的区别。创新者认为应当改变金融体系并运用科技，所以他们将其称为金融科技。而负担银行则认为科技应服务于金融，所以它们将其称为科技金融。这种思维上的差异虽然很微妙，但确实产生了非常不同的结果。因此，我想对此做进一步探讨，因为它直接决定了创新者和负担银行看待世界的方式。

首先，金融科技初创公司是从技术人员的角度看待世界的，它们的思维起点是技术。App、API、数据分析等是它们思考的基础。开源、公开的业务和开放的思维是它们的文化核心。它们的技能包括接受多样性，在全球范围内开展工作和不被办公室和固定场地局限。寻求一位导师、一位天使投资人和一位投资人是这些项目启动的先决资本条件。

初创公司首先考虑的是如何用技术改变金融体系。它们首先想的是消灭现有的流程，比如贷款、储蓄、投资、支付、交易等，然后思考如何重塑这些流程。P2P贷款就是一个很好的例子。2005年Zopa开始创业时，其创始人就告诉了我他们的商业模式。老实说，当时听起来很奇怪。他告诉我："我们是贷款版的易趣。你把钱给我们，我们帮你贷出去。这要比你把钱放在储蓄机构中收益更高，而且贷款成本也降低了。”他们继续说道，“要不要投资1万英镑试一试？”

不可能，这听起来太疯狂了。一个未经测试证明的业务就要拿走我的投资，贷款给借款人，并控制借贷风险？从事贷款业务的易趣？这就是创业公司的思维。十多年后，这家初创公司从超过5 300名消费者手中筹集了超过12亿英镑的资金，并以英国最具竞争力的利率提供贷款。实际上，P2P商业模式大受欢迎，全世界都纷纷效仿。美国是其中增长最快的市场之一，其贷款额超过80亿美元，同比增长了一倍。这也是为什么Lending Club是2014年最热门的IPO项目之一，SoFi紧随其后，后者在2015年获得了超过10亿美元的投资。

这些数字非常可观，但远不及高盛和摩根士丹利等银行的预测。高盛预测，到2020年，近110亿美元的银行贷款利润将转移到新的社会经济创新领域，约占当前市场的5%。而摩根士丹利估计，到2020年年底，全球借贷规模将达到2 900亿美元，同时，2014—2020年的年复合增长率为51%，其中中国和美国是两个最大的市场。

这就是创新者金融科技思维的关键点：我们如何利用技术取代和消灭现有市场的中间商。这既是比特币关注的焦点——用价值互联网交易取代银行，也是tzero网等新的交易体系想要做的——用区块链取代股票市场，还是TransferWise和Currencycloud等外汇支付平台所坚信的——用P2P连接取代外汇市场，使资金自由流动。金融科技发展迅猛，并受到市场追捧，因为它用技术为金融体系带来了翻天覆地的变化。

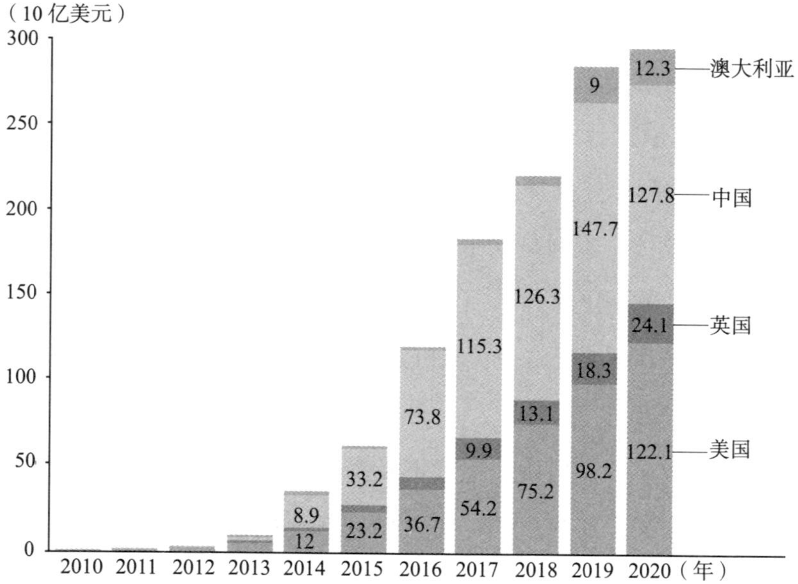

图5-5 全球市场贷款发放量

数据来源：高盛集团

然而，拥有科技金融思维的负担银行却有不同的看法。银行从一开始就在想，怎样才能把技术应用到金融体系中呢？它们从现有业务出发，思索如何用技术改进业务。这与金融科技初创公司的思维模式截然不同，并且在不同的市场中有不同的表现。

例如，与大型零售银行相比，资本市场中的投资部门或主经纪商对抛弃现有技术、重塑业务的恐惧程度要低得多。这并不令人惊讶，因为投资银行处于一个竞争异常激烈的市场中，多年来，技术一直是这个市场的竞争优势。以利用低延迟技术的高频交易为例，你可以看到资本市场在过去10年被技术完全重塑。相较而言，拥有数百万客户的大型零售银行主要关注的是安全性、可靠性和稳定性，所以它们仍坚持使用传统技术，而投资银行却以光速在前进。

我们不能将所有银行一概而论，在宏观层面，相较于零售商业银行，投资银行的思维显然和金融科技公司更相似。大部分大型零售商业银行面临着与金融科技公司及投资银行极其不同的挑战。这一挑战是如何在客户不希望面对风险和变化的情况下，实现业务转型。

我同一位数字银行负责人的一次谈话很好地说明了这一点，他解释说，每次他们更换App时，收到的用户的抱怨总是多过称赞。用户不喜欢变化，特别是他们的银行发生变化。变化意味着风险，而在银行及其客户眼中，银行就应该避免风险。因此，用户通常不愿意更换银行，也不希望银行更换自己使用的系统。银行可以改变网站设计，增加更多移动功能和（或）重组业务，但是，用户一旦发现了变化，他们就会大声抱怨："真烦人。"

这就是为什么这么多零售商业银行发现，每当它们关闭一家分行，收取提升服务的服务费或升级系统时，批评声就会如潮水般涌来。任何错误、故障或失败都会成为负面头条，任何检修、交易损失或付款失败都会招致监管审查。

因此，科技金融机构不得不把重点放在技术改进上，而非全面转型。科技金融机构不能像金融科技公司那样思考，因为它们的客户不希望它们这样做。所以，科技金融机构——原有的负担银行——不是巨兽或技术否定者，而是纯粹的实用主义者。虽然它们没有试着推陈出新，但也在利用技术改进业务。

浪潮袭来，避之不及

正如上述所言，银行对金融科技的看法与创业圈略有不同。我们再来看看它们对金融科技长期发展的看法，你就会更清楚它们的思路了。例如，Group Strategy的前主管维克多 · 马塔兰兹（Victor Matarranz）在2016年的一次会议上对金融科技1.0和金融科技2.0之间的区别做了阐述。

根据马塔兰兹的定义，金融科技1.0是指2010—2014年P2P贷款公司和新支付公司的出现。在这段时间，每个人都在谈论颠覆性的变革和拆分银行，马塔兰兹将之比作许多小鱼在鲸周围游来游去。

金融科技2.0则更进一步，新兴的金融科技公司开始浮出水面，与银行展开合作。从2014年开始，许多更具活力的银行，比如星展银行、巴克莱银行、西班牙对外银行和花旗银行，开始创办创新实验室、金融科技加速器、编程马拉松等业务及活动。大多数银行都在发生变化。

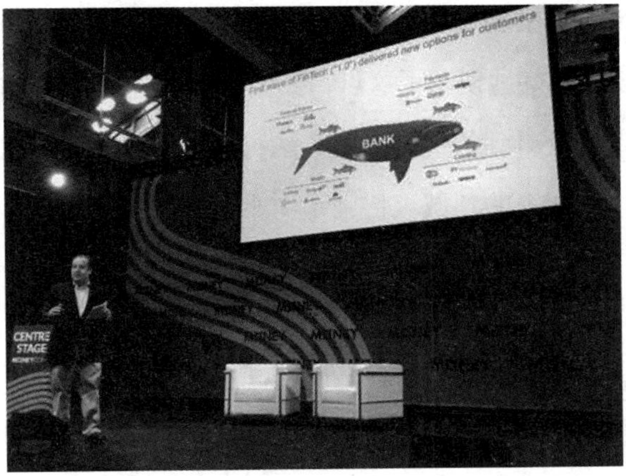

照片 © 克里斯 · 斯金纳

根据马塔兰兹的说法，在金融科技 2.0 时代，一切都是协调与合作。我基本上同意他的观点，只是我认为这背后有更根本的内在趋势。这一趋势就是金融体系的开源。

历史上，银行一直是控制狂，除了第三方活动，其他所有事务都在内部处理，几乎不会信任外部的公司。银行精心维护和控制着其核心系统。这种“控制狂”般的呵护一直是银行的传统优势，现在却成了其最根本的劣势。这么多年来，银行的一切都建立在这个核心之上，它们控制并信任这个核心系统，因为这是它们自己一手打造的。进入 21 世纪 20 年代，越来越多的技术正在威胁这种核心专属结构。开源结构正带领我们通往新世界，它的开放属性更加放大了旧有结构的最大弱点。

App、API、数据分析、人工智能、机器学习、云技术、移动技术、区块链等都推动着金融服务成为即插即用的即时服务。众多创业公司的出现很好地说明了这点，其中不乏一些很有实力的公司。

事实上，我看到的是第一波金融科技浪潮正在席卷银行服务中原本欠缺或被忽视的领域，特别是中小企业融资、学生金融、无摩擦移动支付和结账。这波浪潮中，金融科技初创公司分为三类：

- 侧重于支付处理的公司
- 利用P2P结构形成新贷款模式的公司
- 利用个人金融管理和风险建模工具协助银行的公司

但2014年之后，情况发生了变化。虽然上述领域仍在发挥作用，但现在机器人顾问开始崛起，贸易和投资的新模式开始形成，通过区块链协议，基础架构得到重构，与泛滥的货币相比，比特币的流通更加吸引人……在金融科技2.0的浪潮中，我相信我们已经从几只叮咬银行后背的嗡嗡作响的昆虫，变成了一场真正的蝗虫风暴，袭击银行巨兽的腹部。

这是因为金融科技2.0真正将金融的各部分解构为基本元素：后端、中端和前端。随着技术的进步，每个领域都将逐步发展完善。内置智能App的智能设备将为前端用户带来非凡的体验。中端即插即用的API接口使前端和后端的连接变得简单和实时，而机器学习、人工智能、深层数据分析、云结构以及区块链共享账本正在重构后端的服务（见图 5-6）。

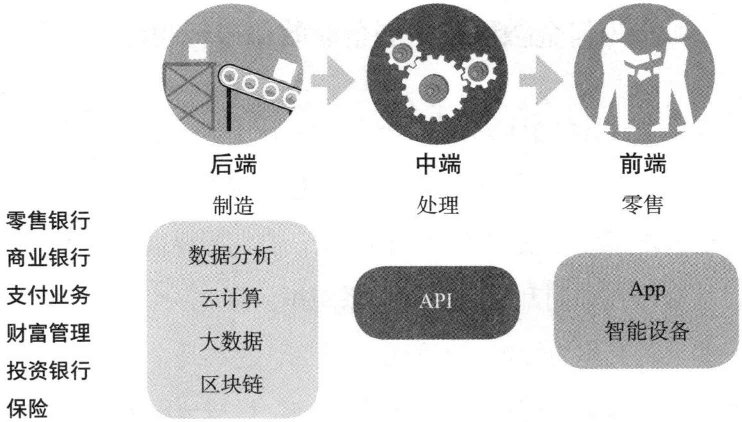

图 5-6 新技术正在重构后端服务

这是当今金融科技领域最为核心的根本性转变。未来 10 年，变革还将继续。不参与这场变革风暴、不开放核心服务的银行注定将遭到灭顶之灾。

问题是，在此过程中，银行高层必须充分理解这场变革，率领公司从垂直集成的专属结构向开源协作的结构转变。银行有这种理解力吗？显然没有。全世界只有 3%的大型银行由技术专家经营，而 77%的银行的领导团队中只有一名或者没有（其中没有的占 43%）技术专家。

当我们进入金融科技 3.0 时代，幸存下来的银行看起来将更像是价值链中的金融整合者，它们的专属核心结构将化为乌有。而固守这些早该淘汰的结构的银行将注定消失。

为何金融科技初创企业敢和银行叫板

有个老掉牙的笑话是讲一个人在乡下开车迷路了，他停下来问行人怎么去城里，行人回答说："你想去城里啊，要是我，我不会选这条路。"这正是今天银行的感受。它们想要进入新技术的天堂，却被困在如同乱麻一般的旧系统里。有些人将其称为遗产，另一些人将其称为镣铐，不管它叫什么，它都是个麻烦事儿。陈旧系统和遗留技术现在阻碍了银行迅速、敏捷地向未来迈进，而这正是金融科技初创公司可以利用的大型银行的软肋。

许多初创公司基于最新的互联网技术开发出了各种功能，包括方便客户操作的App、方便商家添加的代码以及允许任何人使用的开放系统。它们几乎就像一家家银行应用商店，里面有数百家公司提供数以千计的服务，方便用户转账、收款。创立于2010年的Stripe就是这样一家公司，它是在线结账服务的首选系统代码。由于使用方便，许多其他创新企业都会选择该公司的系统，其中就包括Kickstarter和Apple Pay。截至2016年年底，该公司的市值已经接近100亿美元。之所以能获得这样的估值，是因为该公司建立了一些银行难以提供的在线支付服务，并让支付过程变得非常简单。

在贷款、储蓄、投资和其他金融服务的细分领域中，也有相应的金融科技公司利用互联网技术做着相似的业务。这些公司都年轻有朝气、有理想、有远见、有能力。因此，它们总是得到风投和基金的青睐。毕马威审计数据显示，仅在 2015 年，这些公司就获得了 250 亿美元的投资。[①]

但是，它们都不敢越雷池半步。最成功的金融科技公司往往是面向欠缺银行服务的市场的，而非取代银行业务。换句话说，估值最高、最成功的金融科技公司将手机变为POS机，支持了小微企业的业务，吸引了快钱、热钱，但它们都没能取代银行。它们取得成功的领域往往都是银行因为成本或者风险原因很难进入的领域，比如，小微企业贷款。

但有意思的是，英国出现了很多新兴的银行，其中大部分是金融科技银行。比如，Atom、Starling、Monzo等金融科技公司就取得了英国监管机构颁发的银行执照，同时也获得了大量的外部投资。然而，它们的对手是拥有数百万客户、数十亿资金和数百年历史的英国大银行。与大型银行竞争对它们来说将是一个巨大的挑战，因此它们需要大量的资金才能成功。资金的差距并不意味着它们注定会失败，它们真正需要的是走差异化路线，提供卓越的数字服务。只要做到这样，用户就会愿意换银行吗？答案尚

① 参见KPMG’s *Pulse of FinTech* quarterly reports for more information。

未可知，但确定的是，这些新玩家从一开始就有新的技术和不受传统束缚的思维。同时，它们的经营成本低，可以提供很有竞争力的利率，而大银行有很多冗余的分行。关闭这些分行将失去客户或媒体的关注，但如果不这么做，即使大银行拥有数百万客户，它们显然也无法与这些新的数字初创企业竞争。

因此，未来银行业的争夺将在一众数字新玩家和少数几家大银行之间展开。这些大银行尽管很难改变，但也在尽其所能快速适应。真是有趣的时代。

通过金融科技实现金融全球化

全球化的全能银行是21世纪前10年的主旋律，汇丰银行、花旗银行、美国银行、法国巴黎银行、德意志银行等纷纷加入了这场潮流。然而，全球金融危机之后，它们又一次选择弃车逃跑。大多数全球性的全能银行现在已经收敛了野心，只满足其全球企业客户的需求。它们已经算不上是全能银行了，它们只是商业银行。

与此同时，一种相反的趋势正在发生，日趋成熟的金融科技深耕者开始通过平台将触角伸向全球细分领域。Klarna、SoFi、Stripe、PayPal、蚂蚁金服、微信等公司正在拓展业务，在App、API和数据分析市场上部署服务，并或多或少取得了成功。因此，银行包揽1 000件平庸事务的全能模式将被1 000家能出色地处理各项业务的专业公司所替代，这要归功于金融处理技术的应用。

事实上，这些早期初创企业中的佼佼者正逐渐进入成熟期，成为全球市场的参与者，它们希望获得银行牌照，以便能在更多的金融领域发挥影响。Klarna、SoFi和Zopa就是如此。我希望能出现更多这样的公司，因为将贷方与借方连接起来，或提供专业的支付服务可以避免打破价值存储的核心职能，我们也需要多种全球性的价值存储手段。

从比特币出现后接连不断出现的问题就能看出，比特币不是一种公认可信的价值存储，公认的价值存储一般会受到政策监管。许多公司正在步比特币交易商MtGox的后尘，最近是虚拟货币交易所Bithumb和arbX Digital。MtGox曾是最受欢迎的虚拟货币交易所之一，主营比特币交易，但在2014年，它遭到黑客攻击，这让投资者损失了近5亿美元。所以，比特币并不是值得信赖的价值存储，它只是一种交易手段。你还是需要把比特币从交易所取出来，转换为另一种价值存储，无论是虚拟的还是受监管的，它才能成为一种可信的货币。

自由主义者告诉我，虚拟货币是去中心化的，去中心化能有效规范虚拟货币。一切看起来都这么美好，直到你失去了你的价值存储并无法将它追回，或者你连发生了什么都不清楚。到那时，你该怎么办？无计可施。

然而，我同样对一位银行家的反应感到吃惊。他嘲笑发明绕过银行的全球货币的想法，他表示："银行永远是你存储钱财的地方。"他认为比特币很愚蠢，人们有一天还是会把比特币存入银行的，就像孩子总有一天会长大懂事一样。我对他的傲慢和自满不敢苟同。这些"孩子"最终将找到将他们的价值存储去中心化的方法，也将找到绕过银行的方法。他们已经在做了。

比如，如果我提到的专业金融科技公司能够联起手来，并与Facebook、亚马逊、谷歌、Uber、Airbnb、Snapchat等全球平台合作，它们会干出什么？试想如果全球科技公司能够联手推出一个金融市场，直接通过API融入我们的社交和消费生活。事实上，现实已经如此。银行账户和信用卡已经能够与PayPal、Uber和Facebook绑定，这极大地改变了商业模式。

因此，我想象在未来世界中，我们仍然需要银行服务，但是这些服务是由如蚂蚁金服和Stripe这样的科技公司提供的，它们获得了全能银行执照，并联合Uber和Facebook等社交平台，届时我们将不再需要任何银行。有些人可能认为这是痴人说梦，10年后我们走着瞧……

人人崛起

就在10年以前，只有1/10的肯尼亚人能够享受金融服务。2007年M-Pesa成立后，现在几乎每个肯尼亚人都能享受金融服务。移动支付、移动贷款和移动保险正在改变世界。蚂蚁金服就是最好的证明，它的目标就是让世界上的每一个人都能享受普惠金融。

得益于正在建设的移动金融网络，更确切地说，已经建成的移动金融网络，地球上2/3的贫困人口现在能够摆脱贫困。他们之所以贫穷，首先是因为无法接入银行系统。试想一下，如果你想转账，却只能去银行柜台办理，这十分麻烦。如果你还没有银行账户，就只能通过代理人转账。许多代理人都是骗子，你的钱可能永远也转不到你要转账的人的手中。

其次，与富人相比，穷人用钱的成本更高。信用高的银行账户主人往往可以得到免费的银行服务。但是，银行从来都是从服务中获取丰厚回报的。如果这些人的服务免费了，银行怎么赚钱呢？其实，银行服务从来不免费，只是通常由最贫穷的人为最富有的人买单了。例如，穷人为意外透支和贷款所支付的费用就用来补贴了本应由富人支付的服务费用。此外，如果你没有银行账户，你就需要通过货币兑换商、现金贷款公司或汇款公司转账，成本会更高。

再次，如果你在生活中只能用现金，你的财物安全就会受到威胁。使用现金并不安全，现金很容易被盗窃，还不容易追回。一旦钱丢了，你很难证明自己是它的主人。

最后，现金是肮脏的。我指的是纸钞本身很脏。纸钞上常常沾有令人作呕的人类排泄物。可能你还不知道，94%的美元纸钞都受到细菌污染，其中一些细菌甚至可能导致肺炎、血液感染、腹泻、尿路和呼吸系统感染。此外，研究表明，流感病毒在有黏液的纸钞上可以存活 17 天，每 5 张纸钞中就有 4 张沾有可卡因和其他毒品。①

出于安全、风险、成本和健康等因素考虑，借助移动金融的铺开，越来越多的人开始减少使用现金。中国就是一个很好的例子，就在几年前，中国还以现金流通为主。如今，随着支付宝和微信支付的普及，大多数一线城市实现了无现金化，这一潮流也正在向全中国迅速蔓延。短短 4 年时间内，这两大在线支付系统就将一个以现金为主的国家转变为一个无现金的国家。2016 年，中国通过移动支付实现的商业收入达到 5.5 万亿美元，约占总支付量的 70%，而这一数字还在继续快速增长。而美国人 2016 年通过手机端支付的金额仅为 1 120 亿美元（主要通过Venmo、Apple Pay和brethren），

① Brad Tuttle, "The Money in Your Wallet Might Be Covered With Poop, Mold, and Cocaine," *Time*, January 2017.

你可以看出二者的差距有多大。中国模式正在亚非拉的许多国家中推广。例如，如前所述，巴基斯坦有约 2 亿人口，他们的生产、生活、贸易都需要用到钱，却只有约 2 000 万巴基斯坦人拥有银行账户。不过，这一切都将改变。2013—2016 年，巴基斯坦各地推出了更廉价的 3G 和 4G 移动数据网络服务，拥有移动服务的巴基斯坦人现在接近 5 000 万，而这一数字在 2012 年还是 0。甚至你根本无须拥有手机也能享受到普惠金融服务。比如，在印度，移动钱包提供商 Paytm 让 2.5 亿消费者的购买过程变得更简便。商家不需要任何技术和网络，只要有一个二维码，消费者扫描二维码即可完成支付。我们正在见证一场面向数字人类时代的普惠革命。因此，在本书结尾部分，我将以支付宝背后的蚂蚁金服作为重要的研究案例，因为它是第一家，也是迄今为止唯一一家在战略上专注于全球普惠金融的公司。

三足鼎立的金融世界：该看哪一方

我在思考一位土耳其银行家最近向我提出的一个问题。他问我："为什么西方银行总是在谈论老化问题？"我完全明白他的意思。我所打交道的美国、英国、法国、德国和其他欧洲国家的银行无一不担心旧体系带来的挑战。考虑到这些国家 43% 的银行系统是用 COBOL 程序设计语言和其他老旧编程语言编写的，这就并不令人意外了。知道如何用这些语言编程的人越来越少了，正如我前面提到的，大多数的COBOL程序员都在40~50岁，他们将逐渐退出历史舞台。这也迫使银行必须更换自己已经运行了30年或更长时间的系统。如何在拆除房子地基的同时还要确保房屋不能倒塌，这并不容易。

我看到美国和欧洲在老旧的系统中挣扎，而中国、印度和其他发展中经济体却在大踏步前进，一举超越其他对手。其中部分原因是它们采用了马克·扎克伯格出生几年后才设计出来的系统。这些经济体中的许多银行和企业自20世纪90年代末和21世纪初才开始设计基础架构，它们现在正从中获益。

这就创造了两种截然不同的经济结构——传统的西方和增长的东方。然而，第三世界的金融正在崛起。这股潮流是发展中国家和新兴经济体移动支付和钱包创新的兴起。这些经济体横跨撒哈拉以南非洲，尤其是乌干达、加纳、坦桑尼亚、马里、肯尼亚和尼日利亚，以及菲律宾、印度尼西亚和拉丁美洲的部分地区。在这些经济体中，很大一部分人口每天的生活费不足1.9美元，低于现在官方的贫困线标准。这群人很大程度上被技术所忽视，但这种情况正在发生变化。由于有了移动网络，他们中的大多数现在要么拥有了手机，要么在需要时能够使用手机。通过使用手机，他们不仅可以相互交流，还可以转账和进行贸易，预计未来的移动交易额将上升到数十亿美元。全球市场洞察公司（Global

Market Insight）的最新研究表明了这一点，该公司指出，发展中国家廉价的无线通信技术刺激了移动销售点终端（MPOS）市场，到2020年，这一市场的规模将超过200亿美元，高于目前的120亿美元，预期年复合增长率为19%。这是一个完全空白的市场。实体金融网络成本太高，无法为每天仅靠1.9美元生活的人提供服务，基于移动金融交易的数字网络正在改变这一状况。

正因为以前什么都没有，这些后起的市场正在重塑整个行业，改变我们对金融体系和市场的看法。基于移动网络交易，这些市场正在开拓创新，最终可能为我们全人类带来改变。

所以我看到金融世界形成了三足鼎立的格局：西方世界的传统经济、亚洲的增长经济和南半球的创新经济。展望未来，我知道我会关注哪一方。

从普惠金融看创新

生活在发达经济体中的人们，总是抱怨老化问题。相反，生活在发展中经济体中的人们一谈到创新就兴奋。很多时候，像我这样的人会把“千禧一代”的消费者说成是不需要分行、拒绝传统体系的人。但是我们忘记了，这个星球上还有数十亿人从来没享受过银行服务。对他们来说，以电子方式进行交易这个想法本身就是个新鲜事物。因此，当我们谈到关闭分行、裁减出纳和缩小实体网络时，不应该忘记这个群体。

从来没有一家银行愿意为在印度、菲律宾、印度尼西亚、非洲及其他许多地方的人们提供服务。从前银行之所以没有兴趣，是因为成本太高，没有经济价值。而现在那儿的人们又具有了经济价值。一个每周交易 50 美分的人和一个每分钟交易 50 美元的人都能在网络上获得同等支持。真是太神奇了。

事实上，我经常认为金融科技和广义上的技术正在把地球变为平的。就像亚马逊、eBay 等长尾公司一样，互联网让那些无法在实体金融网络中获得服务的人突然拥有了数字金融网络。他们因此受到启发，相信网络上的任何人都可以成为企业家，每个人都可以支付和收款。一部手机就是一台刷卡机。这是真正的变革。

撒哈拉以南非洲的移动钱包公司，Square 等移动结账系统，以及 Funding Circle、SoFi 等借贷市场共同构成了平台的发展，这些平台真正服务了那些缺乏银行服务，甚至没有享受过银行服务的群体。小微企业、学生、高风险借款者、无信用记录的借款者、没有经济价值的人现在都能纳入其服务之中。普惠金融是真正的革命。每个人都在网络上。每个人都可以交易。每个人都包括在内。

我们专注于改善现状，却轻易地忽略了那些没有经济价值的人。我们一直在谈论更少的分行和人工咨询、数字支持和数字扩展，基于社交互动的客户关系，以及提供基于情景的电子商务和咨询服务的能力。但是我们错过或忽略了那些面向没有经济价值的人的创新。

在许多发展中经济体中，正在出现与分行或咨询无关的新金融模式。这些模式的出现填补了市场的空白。以前没有人为这个群体的人们提供支持，满足他们的经济需求。我们现在为低收入的家庭提供小额保险，比如每天 50 美分的饥荒保险。我们有低至 1 美元的P2P付款服务，而且付款人和收款人都无须支付任何成本。我们可以在广播电视和点赞功能等新体系中交换价值。这是数字革命迷人的一面。我们一直谈论着现状、分行和传统金融模式，思维有可能限制在如何让马跑得更快，而不是重新构建新的交通方式。

金融创新出现在新兴经济体中，而非发达经济体中。数字身份、移动钱包、小额贷款、小额保险和通过数字货币进行的P2P支付都受到新兴和发展中经济体的欢迎。从这些经济体中，你能发现创新者所面临的困境，它不在纽约或伦敦的街道上，而是在坦桑尼亚的平原上和印度尼西亚的雨林里。新兴市场中非银行机构的一小步，将汇聚成革命的一大步。这就是我们寻求创新的地方。

银行触手可及

我是个空中飞人。我造访最多的城市是我自己居住的伦敦和全球第二活跃的金融科技中心新加坡。我还去过香港、曼谷、雅加达和亚洲的其他城市，以及卡拉奇、迪拜、多哈和巴林，然后去了一两次肯尼亚和南非。美国也是我重要的旅行目的地，主要是去纽约。我也到过南美城市圣保罗、布宜诺斯艾利斯和波哥大。哦，还忘了我经常在欧洲逗留，奥斯陆、布鲁塞尔、巴黎、法兰克福、柏林和米兰都是我经常拜访的地方。

这些旅行带给我的最大的感受是，每个市场、每个监管机构和每个社区都是不同的。所有的城市都鼓励创业，都有成为金融科技中心的雄心，但有些城市就比其他城市在行。英国和新加坡政府尽管有些不同，但它们都致力于将各自的金融体系打造为世界领先水平。中国在2016年成为主导金融科技的国家，但中国的金融科技与欧洲和美国的金融科技大不相同。这在一定程度上要归功于中国金融市场采用的是20世纪90年代中期以后的技术，因此许多中国的银行并没有老化问题。这是中国相对于欧洲和美国的优势，因为西方的银行和金融市场正试图重塑老化体系。中国、印度和非洲几乎从一张白纸开始。印度和非洲部分地区正在创造许多人从未考虑过的货币和价值交换的新思维模式。普惠金融已成为这些国家的重要政策，坦桑尼亚、加纳和乌干达政府正向本国公民大力推介移动钱包。与此同时，在其他大多数国家甚至还没有打算为无现金化制定相关政策时，印度就已经开始向无现金社会迈进了。

当新兴市场、发展中市场和成长型市场一片欣欣向荣之时，欧洲却是一片沉寂。欧洲银行深陷许多老化的技术中。它们带着死寂般的恐惧，议论着PSD2中开放API的规定，说着它们花了数十亿美元和大量人力才完成数字化。真是如此吗？如果真有银行现在还在科技上花费数十亿美元，是不是太奢侈了？我并不认为初创企业需要数十亿美元的启动资金。那么，为什么欧美银行要说，只有拥有大量程序员和数月开发时间，才能完成资产数据化这样的大型项目呢？

我之前说过，现在再重申一遍，欧美银行有很多老化问题。而在没有银行业老化问题的国家中，比如在撒哈拉以南非洲的国家中，其公民现在拥有移动钱包，因此数十亿美元的交易都可以通过移动网络来进行。在坦桑尼亚，人们可以在所有网络运营商之间通过移动钱包相互转账，几乎不需要支付任何费用。在非洲其他国家，与移动钱包相关的数字身份识别计划正在兴起。令人难以置信的是，这些技术组合在一起，重塑了绝大部分的银行系统。

那些曾经没有机会接触银行的人，现在可以通过手机进行交易，并生成信用记录。仅2015年12月一个月就产生了10亿笔移动货币交易，相当于每天产生3 300万笔交易。这是PayPal处理量的两倍多。至少有19个国家的移动货币账户数量高于银行账户数量，其中大多数国家位于撒哈拉以南非洲。在撒哈拉以南非洲，每三个移动终端中，就有一个拥有移动货币账户。在东非，每两人中就有一人拥有移动货币账户。

这也是我热爱当今世界的原因，我们在金融交易方面有灵感、创新和发明，而这些交易创新来自以前没有银行的市场。那里的人们现在通过技术获取了金融服务。这也是为什么我着迷于印度、中国、印度尼西亚、巴西、哥伦比亚及其他市场的进展。技术将以前触不可及的人连接了起来。技术让以前从未想过的事情成为现实。看看他们还有什么新点子，这会十分有趣。

非洲移动革命

中国、印度和非洲很好地证明了普惠移动无现金社会的崛起。这些国家曾有大量的人口被排除在金融世界之外。在本书末尾的蚂蚁金服案例研究中，我将对中国和印度进行深入的讨论，其中包括对印度Paytm创始人兼CEO维杰·谢卡尔·夏尔马（Vijay Shekhar Sharma）的采访，蚂蚁金服是Paytm主要的投资者。然而，非洲与印度和中国不同的是，非洲不是单个国家，而是一个成员国之间差异很大的大陆。

我主持了一年一度的“点金融现场”会议，这是非洲首屈一指的金融科技活动，吸引了来自撒哈拉以南非洲的人们。我听了多场关于移动创新和移动普惠金融的主旨演讲，让我感到惊讶的是，非洲实际上在金融创新方面是领先于世界的。根据世界银行

2015年的数据，撒哈拉以南非洲只有17.9%的人口拥有借记卡，而在低收入人群中，这个比例甚至只有6.6%。越穷的人反而需要支付更多的交易和汇款费用。这是一个严峻的状况。例如，通过银行从肯尼亚向乌干达汇款的平均费率超过10%，通过西联汇款的费率超过8%。事实上，人们把钱寄回非洲所需付出的成本比寄往世界上任何其他地方的成本都要高。世界银行2016年移民和汇款概况显示，从全球各地寄回非洲200美元的平均费率约为7.4%，比2014年年底下降0.6个百分点。但这一数字依然偏高，其主要原因是，撒哈拉以南非洲的平均汇款费率为9.5%，居世界之首，比其他发展中国家所需支付的成本要高出25%以上。

造成这种高成本的部分原因是原始的金融系统。由于缺乏数字身份识别和客户身份验证的必要资料，大多数的代理银行担心被指控为洗钱和资助恐怖主义，以及受到国际制裁，所以无法降低成本。而对于那些靠天吃饭、没有数字覆盖的农民，你怎么指望他来提供客户身份验证必要的资料呢？这就是撒哈拉以南非洲成为移动钱包摇篮的原因。

技术不仅促进了移动普惠金融，还激发了移动金融创新。例如，南非标准银行几年前推出了“扫一扫”服务。“扫一扫”通过移动摄像头扫描二维码付费。这是一个很棒的App，《时代周刊》对其功能进行了详细介绍：

> “扫一扫”是一款适用于任何智能手机的免费App，它就像一台绑定用户借记卡或信用卡账户的袖珍ATM机。用户不再需要拿出卡片，而是只需拿出手机扫描收银机上张贴的独一无二的二维码，然后输入金额和密码（或使用指纹识别），几秒钟后，卖家手机就会收到到账短信。它快速简便、十分安全……因此，“扫一扫”已经被南非大约12 000家中小企业的17 000多家门店采用。（相比之下，Apple Pay目前仅与美国不到100家的主要零售商展开了合作，但可以在其国内的多家分支机构中使用。）①

“扫一扫”拥有15万名注册用户，每天处理从飞机票到路边古玩摊的手工柳条筐等数十万美元的支付业务。

在非洲，不止“扫一扫”取得了成功。加纳金融科技创业公司Zeepay提供一款基于近场通信技术（NFC）的手机支付App。它是加纳版的Apple Pay。

移动网络运营商击败银行，席卷非洲

在我访问非洲期间，我同Airtel、M-Pesa等移动网络运营商

---

① Aryn Baker, “Why One South African Startup Wants You to Pay with Your Phone,” *Time*, 13 November 2015.

进行了对话，都很有趣。我很高兴它们一直在谈论如何专注于提升客户体验和便捷性。它们都谈到了为客户提供便利的随时存取款服务。例如，在卢旺达首都基加利，每隔5米就有一个Tigo、Airtel或MTN的亭子提供存取款服务，相当于每走三步就有一台ATM机。此外，它们的广告也无处不在，几乎每一栋建筑上都有它们的广告，无时无刻不在提醒你它们的存在。

照片©克里斯·斯金纳

M-Pesa是这个领域的开拓者，已经成功运营了10年之久，让我们一起来看看它在这段时间内取得了什么骄人的成绩。如今，M-Pesa的服务范围已扩展到10个国家，拥有2 950万活跃用户，每月处理多达6.14亿笔交易。

96%的肯尼亚家庭使用M-Pesa，并且该公司在当地拥有虚拟垄断权，由此排挤了Airtel等竞争对手，并确保了唯一的互操作性。这与坦桑尼亚等国家形成了鲜明对比。在坦桑尼亚，所有的移动网络运营商都允许移动钱包在不同的平台间无缝转账。

有趣的是，Safaricom的创始CEO、沃达丰移动货币前主管迈克尔·约瑟夫（Michael Joseph）曾在一次采访中表示，“如果我们按照西方标准来做事，我们非洲很可能还处于黑暗的中世纪”。

撒哈拉以南非洲的移动钱包已经遥遥领先于西方。2016 年，美国的移动支付金额为 1 120 亿美元，肯尼亚为 10 亿美元（相当于 1 020 亿肯尼亚先令）。但请注意，肯尼亚是一个人口刚超过 4 500 万的国家，而美国的人口为 3.25 亿，而且大多数肯尼亚人的生活水平远远低于美国人的平均水平，美国公民的平均购买力是肯尼亚人的 17 倍。按此数据，你再算算看。

麻省理工学院在 2016 年年底发表的一份研究报告中估计，M-Pesa 帮助肯尼亚 2% 的家庭摆脱了贫困，相当于有 19.4 万户家庭告别了每天生活费不足 1.25 美元的贫困线。

在非洲，特别是在肯尼亚，移动钱包是一个奇迹。值得一提的是，银行在一开始曾向监管机构施压，试图让 M-Pesa 关闭，而现在双方已经在移动网络运营的收费上展开了竞争。肯尼亚股本银行甚至亲自开始运营移动网络来参与竞争，但没有取得成功。一方面是因为肯尼亚人不信任银行，但更重要的是，银行并未有效参与竞争。

M-Pesa 的产品经理凯文 · 阿马梅什（Kevin Amateshe）强调，银行之所以失败是因为它们只专注于同 M-Pesa 竞争。它们效仿 M-Pesa 所做的事情，复制其产品，设定同样的费率，却没把重点放在客户身上。银行以产品为中心，当它们看到一个灵活敏捷的竞争对手占领了一个它们认为应该拥有的市场时，它们就会模仿竞争对手。而客户的关注点在哪里呢？

移动网络运营商Airtel一再重申它的使命是方便快捷，让顾客拥有最简单、最完美的体验，让移动支付更简单方便，消除摩擦成本。这是银行办不到的。银行认为它们的产品就是移动钱包用户想要的。其实不然，移动钱包用户想要的是方便、安全、可靠。这才是最好的体验。

我在卢旺达旅行时，一位当地人告诉我，他用移动钱包来存钱。“它们利率高吗？”我问道，“不，一点儿利息都没有。”“那你为什么还把钱存在里面呢？”我追问，“因为放在那里比放在我口袋里安全。”他回答，“把钱留在里面，我就不会乱花钱了。”

这就是非洲国家的现状，那里的移动网络运营商走在完全正确的道路上——简单方便、安全可靠、值得信赖，一点儿不复杂，一点儿都不像银行。

移动普惠金融的挑战

普惠金融的门槛之一是移动网络本身。让整个非洲都用上移动钱包，这听起来很好办，但如果每个电信公司有不同的钱包和收费，使用的便捷性便会大大下降。所以，兼容性至关重要，坦桑尼亚在这方面遥遥领先。

2016年2月，该国三大移动网络运营商——沃达康、Tigo和Airtel宣布全面兼容。沃达康的加入意味着，坦桑尼亚有超过

1 600 万移动货币用户，他们现在都能够跨平台支付，无论他们选择的是哪一家移动运营商。该国宣称他们是非洲第一个实现完全互操作性的国家。这是一项非凡的成就。其他国家会紧随其后吗？这仍有待观察。

目前，这还是一个挑战。一些国家正积极鼓励各运营商之间和运营商内部建立伙伴关系和签订合作协议，使国内及跨境移动货币转账更加便捷，价格更加低廉，而其他国家，如尼日利亚，则禁止这种活动。所以，全球移动通信系统协会（GSMA）称，撒哈拉以南非洲各地区间的移动普惠金融差别很大（见图 6–1）。

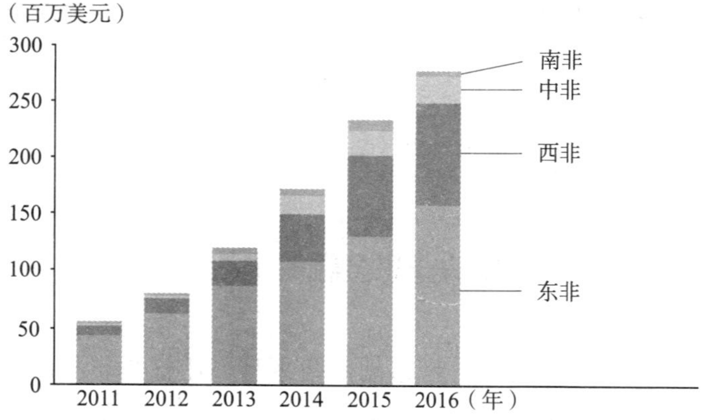

图 6–1 撒哈拉以南非洲的移动钱包账户金额

数据来源：《2017 年撒哈拉以南非洲移动经济》，全球移动通信系统协会报告

从上图可以看出，各地区之间的差异情况。这也反映出各国监管体系的不同以及银行和移动网络运营商对使用移动钱包的热情度不一。例如，在坦桑尼亚，共有 25 家银行与移动网络运营

商合作，借此实现移动普惠金融。这一举动也得到了比尔和梅林达·盖茨基金会的支持。现在，坦桑尼亚一半以上的GDP每月通过移动钱包流转。相比之下，虽然45%的尼日利亚人拥有手机，但只有2.3%的人口使用移动钱包。为什么呢？

因为每个国家的情况不同。不能仅仅因为移动钱包在肯尼亚、坦桑尼亚和乌干达取得成功，就自然地认为它也会在尼日利亚取得成功。大量的尼日利亚人没有见过银行，更不用说移动钱包了。尽管尼日利亚央行出台了鼓励移动普惠金融的措施，但该国移动钱包的引入一直由银行牵头，而非移动网络运营商，银行在业务宣传方面做得也不太好。例如，菲利普咨询公司在2015年进行的一项调查发现，1/3以上的尼日利亚人不知道什么是移动支付，即使有些人知道，他们也对网络持怀疑态度。因为尼日利亚一直是一个以现金为基础的经济体，所以许多人不会使用网上交易，他们更愿意相信非正式的金融团体（一种由同一民族部落组成的非正式金融机构）。

可以看出，非洲并不是一个人人都使用移动钱包的同质大陆，但这里确实是移动钱包迅速崛起的地方。全球移动通信系统协会《2017年撒哈拉以南非洲移动经济报告》显示，截至2016年年底，撒哈拉以南非洲有4.2亿移动用户，市场渗透率为43%，增速比全球平均水平快50%。这意味着到2020年，该地区将有超过5亿的移动用户，相当于约一半的人口将获得移动服务。这些数字正掀起一系列新的竞争。

例如，M-Pesa大获成功后，肯尼亚股本银行与Airtel合作推出了自己的移动网络服务Equitel。Equitel在支付、储蓄和转账上会提供续费优惠，作为反击，M-Pesa的运营商Safaricom提起诉讼，阻止前者推出此项移动网络服务。M-Pesa在败诉后，又试图通过向外网转账收取高额转账费的方式阻击Equitel。在Safaricom初创时期，银行因担忧欺诈问题和利润损失也对其使用过同样的手段。后来银行发现这些担忧实属多余，因此从攻击转向合作，最后双方开始展开正面竞争。同时，M-Pesa也由原本只提供基本的移动转账服务，通过推出M-Shwari这款App，转型为提供完全无纸化的银行服务。

见证这些变化十分有趣，移动设备让所有非洲人都能用上网络，但改变不仅仅源于移动网络服务。

利用技术提供身份证明

在《FinTech，金融科技时代的来临》中，我有这样一个观点：如果没有实时、廉价的价值互联网，就没法实现物联网。价值互联网的核心是为数字身份和数字货币建立一个便宜的共享账本结构。这种便宜的共享账本最有可能在非洲出现，想不到吧。汤森路透的德维·莫汉（Devie Mohan）预测，非洲将发明全球通用的数字身份标准，她可能是对的，这不仅在非洲，在全球都是一个重大问题。

全世界有近20亿人没有身份证明，没有出生记录，没有证据证明他们的存在。这些人可以毫无痕迹地人间蒸发。为了解决这个问题，联合国有一个特定的发展目标，即要在2030年之前，让地球上的每个人都能拥有一个法律身份。如果感兴趣的话，你可以参看联合国17个可持续发展目标，其中目标16.9阐述："到2030年，为所有人提供法律身份，包括出生登记。"

我参加了2016年在联合国举行的一次会议，会上重点讨论了这个问题。当天，与会人员就如何创建一个全球性的数字身份方案进行了大量讨论。如果一个人没有法律身份，会出现什么问题？答案是，如果没有身份证明，你就无法证明你的存在。如果人贩子绑架了没有出生记录的人，没有证据可以证明有人失踪，因为没有证据证明他们的存在。其中许多人是被拐卖为性奴的妇女，还有许多战争难民、政治难民、被拐卖人口以及受到非人道对待的受害者等。

这就是身份证明如此重要的原因。它让我们可以找到这些受害者，知道他们失踪了，我们可以给他们以希望。只需要听听尼日利亚被拐卖妇女、印度被贩卖的性奴和加莱难民的故事，你就能理解这个问题。

不可能完成的梦想：人人拥有数字身份

显然，人口贩卖是一种关乎个人身份的问题。人贩拐卖他人后，干的第一件事就是销毁受害者的身份证件。因此，我们需要废除纸质证件，建立数字身份识别系统。那如何运用现在的数字技术解决身份识别的问题呢？现在还没有好的解决办法。

那天我们提出了很多宏大的设想，比如把婴儿的生物特征信息记录在一个区块链分账系统上，这样就可以永久追踪，但操作起来并没那么简单。再比如将Facebook账号作为个人的身份标识，因为它比其他大多数的识别手段更可靠，但没有身份信息的人一般也不会有Facebook账号。我们还可以通过联合国建立一个区块链身份识别系统，利用生物识别技术采集信息，或者通过便宜、自由的移动网络为每个人都创建一个联合国身份证。我们探讨了无国籍人士的定义以及他们是否可以通过这种方式来进行身份验证。我们还谈论了什么是合法的身份识别体系，创建一个身份识别体系会带来哪些问题，以及怎样的公私关系才能保证其运行良好。

但这都只是想法而已。我真的希望我们确实能够有所作为。那天早晨，我在签到处排队时听到的一番对话，很好地总结了我们在会上讨论的问题。当时，我身后的两个人正在辩论，其中一个说道："技术根本不是问题，技术可以在一夜之间解决身份识别问题。问题的关键是人在从中作梗，政府不愿为身份识别错误担责。这个无解。”

换句话说，我们在技术上已经成熟。事实上，我们已经拥有这些技术很多年了。如果有人曾提议创建一个全球数字身份识别系统，多年前就可以拿出方案。然而，边界的存在就是为了让人离开。创建一个被所有人接受和认可的全球性方案，让人们只要通过身份识别，就能自由出入国界，这简直是痴人说梦。区块链协议的出现让这个梦想有了成真的可能。挑战不可能，实现不可能完成的梦想，这将是一件了不起的事。我常听到这样的说法，“相比非洲当地人，美国人在非洲各国穿梭旅行反而更容易”。这清楚地表明，问题不在身份识别本身，而是国界、利益和商业的分割。

一个移动包容的生物身份识别区块链系统能否根除贩卖人口、绑架和性奴役？并不会。但是，如果联合国所有国家都同意接受该系统，让人人都拥有身份，总有一天，我们能战胜困难。我们需要实现不可能完成的梦想。

尽管全球身份识别计划在短期内还无法实现，但它已成为联合国的一个具体发展目标。此外，国家层面的数字身份识别计划也正在飞速发展，其中最引人瞩目的是阿根廷、爱沙尼亚、巴基斯坦和印度等国家。

阿根廷

DNI（国家身份证件）是阿根廷公民以及临时或永久居留的

外国人的主要身份证明。它在公民出生时以卡片形式发放，公民需在 8 岁和 14 岁时进行更新。DNI 卡是身份识别和参加选举投票所必备的身份证明。卡片正面列有持卡人的姓名、性别、国籍、出生日期、发卡日期、有效期、交易号码、DNI 号码、肖像和签名。卡片背面显示持卡人的地址以及右手拇指指纹。另外，卡片正面还印有条形码，背面有机读信息。DNI 卡还可作为有效的旅行证件，持卡人可进入阿根廷、玻利维亚、巴西、智利、哥伦比亚、厄瓜多尔、巴拉圭、秘鲁、乌拉圭和委内瑞拉。

爱沙尼亚

爱沙尼亚身份证是由警察和边防委员会颁发给爱沙尼亚公民的一种智能卡片。爱沙尼亚法律规定，所有公民和永久居民从 15 岁起需持有此卡。该卡存储有持卡人的全名、性别、国家识别号码、加密密钥以及公钥证书等数据信息。

卡中的加密签名同手写签名具有同等法律效力。该卡的使用范围如下：

- 作为爱沙尼亚公民在欧盟旅行时的身份证明
- 作为国民健康保险卡
- 作为从家用电脑登录银行账户的身份证明
- 数字签名

- 网络投票
- 访问政府数据库以查阅医疗记录、缴税记录等
- 领取电子处方

巴基斯坦

巴基斯坦国家数据库和登记管理局成立于2000年，主要负责管理政府的数据库，以及巴基斯坦公民敏感的个人身份登记数据。它还负责向其公民发放居民身份证。虽然法律并未强制巴基斯坦公民办理身份证，但下列活动需要用到身份证：

- 投票
- 申领护照
- 购买车辆和土地
- 考取驾驶执照
- 购买机票或火车票
- 购买手机SIM卡
- 接入电力、天然气和水
- 进入大学和其他研究生院学习
- 进行重大金融交易

可以看出，巴基斯坦人的基本生活离不开身份证。2012年，

巴基斯坦国家数据库和登记管理局推出了智能国民身份证，这是一种电子身份证，内置了36个安全功能。这张身份证会和中央数据库同步以下信息：法定姓名、性别（男性、女性或变性者）、父亲姓名（已婚女性为丈夫的姓名）、识别标记、出生日期、国民身份证号码、家庭成员身份证号码、现住址、永久地址、签发日期、有效日期、签名、照片和指纹（拇指指纹）。

印度

印度于2009年启动了世界上最大的数字身份识别项目——Aadhaar行动。政府于同年成立了印度唯一身份认证管理局，其任务就是为印度所有的居民创建一个被称为Aadhaar的12位唯一身份识别（UID）号码。截至2016年4月，超过10亿人拥有了唯一身份识别号码，而此时，印度国家支付公司又推出了统一支付接口（UPI）。设计统一支付接口的目的是让P2P交易以及电子商务交易更加方便快捷。

Aadhaar卡片基于生物特征识别身份，也就是指纹和虹膜，能够帮助政府高效、透明地提供福利和服务。整个登记过程也相当简单。登记完成后，政府和其他官方组织就可以在网上快速方便地对UID进行核验。比如持卡人可使用UID开立银行账户。在该计划实施以前，许多印度人由于没有身份证明，无法享受众多的银行服务、政府援助等。

Aadhaar于2010年推出，此后迅速普及，现已覆盖了93%的印度成年人、67%的5~18岁儿童以及20%的0~5岁儿童。在印度的29个州中，有13个州Aadhaar覆盖率超过90%，而在另外13个州，覆盖率也在75%~90%。换句话说，在短短6年内，印度政府已经接近了让每个公民都拥有一张生物识别身份证的目标。

以上是来自官方的数据。据尤吉凡金融服务公司（印度最著名的小额信贷公司之一）称，截至2016年7月15日，它只有77%的客户拥有Aadhaar，也就是说官方提供的覆盖率数据并不准确，但可以肯定的是，大多数印度公民（约4/5）都有了Aadhaar。

问题是，如果政府想让所有公民都使用Aadhaar，就必须采取一些强制措施，但直到今天，强制措施仍在讨论之中。一名政府高级官员表示，“没有Aadhaar也能享受服务”。但事实是，如果没有Aadhaar身份证，想要在印度生活会变得越来越艰难。在大大小小的许多领域，Aadhaar都是必要的证件，比如领取政府福利（针对该国最贫穷的人），而且越来越多的银行和公司都会要求客户预先提供Aadhaar。例如，Airtel、Reliance Jio、沃达丰等几大移动网络运营商现在已经开始用Aadhaar替代纸质身份证明文件，来采集用户的信息。

这些公司选择这样做是因为，从客户身份验证到发放福利等方面，使用数字身份证不仅能为公司节省大量成本，也能提高身份核验的准确度，让公司用得放心。据印度政府估计，2014—2016年，通过Aadhaar来管理各种福利计划受益人的付款，此举为政府节省了2.7万多卢比（略高于4亿美元），同时中央数据库还删除了1 600万个假身份证，进一步节省了1万卢比（1.5亿美元）。之所以这样做，是因为普惠金融和移动银行都有赖于用户有效的数据信息。

Aadhaar——创建无现金社会

2016年Aadhaar（有针对性地提供财务及其他补贴、福利和服务）法案作为一项财政法案，于2016年3月获得通过。如前文所述，该法案规定，任何人在接受政府补贴、福利或服务之前，必须核对个人Aadhaar身份信息。它还同时引入了统一支付接口。在印度，银行账户、借记卡和信用卡的普及率仍然很低，统一支付接口的推出旨在为所有人提供银行和金融服务。

统一支付接口由零售支付管理机构——印度国家支付公司推出，其目标是让个人电子商务交易像发送短信一样快捷方便，从而增加无现金交易，推动经济增长。加之其他一些手段配合，它将帮助政府有效遏制未申报的逃税货币交易（印度平均每人每年只有6笔非现金交易）。印度政府正致力于将公民的智能手机接入统一支付接口。印度是世界上增长速度最快的智能手机市场，拥有超过3.5亿智能手机用户，预计到2020年将超过7亿。

统一支付接口的另一个重要特点是互操作性，用户只需使用UID作为唯一标识，就能进行跨行业务。它虽然以即时支付服务（IMPS）协议为基础，提供全天候实时的交易服务，但与即时支付服务稍有不同，即时支付服务要求提供交易对手的账号和印度金融系统代码等银行详细信息，而支持统一支付接口的应用只需要提供Aadhaar。大多数印度银行都发布了支持统一支付接口的App，如印度工业信贷投资银行的口袋银行允许用户向非印度工业信贷投资银行的用户进行个人支付。根据互联网新闻博客Mashable的说法，统一支付接口支持从50卢比（75美分）到100 000卢比（1 500美元）的支付请求，旨在取代所有的在线购物、电费账单、条形码支付和大学学费支付应用。[①]

印度建设无现金社会并不实际

印度政府相继建立了身份识别系统和支付系统，在2016年11月，政府又突然宣布收回所有面额500卢比（折合7美元）和面额1 000卢比（折合14美元）的钞票。按价值折算，这些钞票占印度流通现金的86%，此举立即引起了消费市场的混乱。

印度废止纸币，建立无现金社会，是为了打击日益猖狂的逃税交易。现金交易滋生了腐败，助长了假钞流通，资助了恐怖主义。这并非是印度第一次废钞。早在1946年和1978年，印度就曾两度颁布废钞令。

---

① Manish Singh, "Inside UPI : How India is bringing mobile banking to 1.3 billion people," Mashable, 30 August 2016.

不过，这次的明确目标就是推动该国走向无现金经济。这是一件了不起的事，毕竟，看看美国和欧洲，“无现金”还仅仅是一种幻想，而印度却在努力付诸行动。

Paytm、MobiKwick等数字支付公司的报告称，它们的服务需求增长了数倍，提前一年以上完成了增长目标。但问题是，印度迈向无现金社会这一步走得有点着急了，毕竟85%的印度人还没有手机。这些人生活在农村地区，并且十分依赖现金。

废钞令颁布之后，发生了很多事情[①]，

> 比如22岁的保安迪帕克·库马尔（Deepak Kumar）一个月挣7 500卢比，在收到用旧钞票发的工资后，他去印度国家银行新德里分行开户。银行拒绝为其办理开户业务，告诉他明年1月再回来。
>
> 库马尔说：“他们告诉我，他们还在处理老客户的业务，没时间增加新客户。”库马尔表示再也不去银行开户了。“这种无现金的东西对大人物有好处，但对像我们这样的小人物来说，什么用都没有。”

即便对那些有银行账户的人来说，数字支付也并不意味着彻

① Ian Marlow, “Cashless Economy Still a Fantasy for India,” Bloomberg, 4 December 2016.

底告别现金，例如，花5卢比（7美分）去公共厕所小便，就没有必要使用数字支付。

事实上，彭博社的一张统计图（见图6–2）显示，如今只有5%的印度人使用手机支付，并且只有12%的人知道有这个功能。

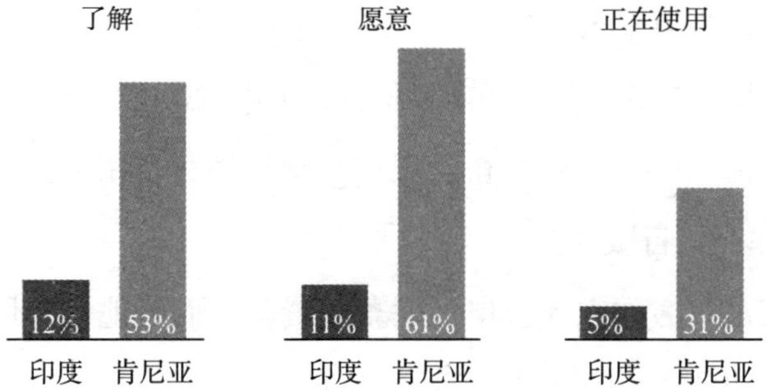

图6–2 移动支付使用意愿

资料来源：万事达/彭博社

要实现无现金社会，印度还有很长的路要走，但Paytm的用户数翻了一番，从2016年10月的1.15亿增至2017年7月的2.3亿，这表明情况正在发生积极的变化。

银行何时才会不把普惠金融视为慈善事业

我们可以看出，移动网络以及政府发展数字身份和普惠金融的努力正在改变世界。但银行明白这点吗？并没有，因为银行在过去是通过投入人力和物力建设本地分行，来分发纸币的。[1]这种实体网络的运营成本很高，只有少数精英阶层才有资格享用。在手机问世之前，世界上只有1/3的人拥有银行账户，而在巴基斯坦、印度尼西亚和哥伦比亚等国，这一比例甚至只有1/10。

银行认为穷人永远是穷人，穷人身上无利可图。实话告诉你，越穷的人越好赚钱。他们最需要贷款，最愿意透支消费，是他们为我们其余的人——大众富裕阶层——承担银行费用，让我们可以“免费”享受银行服务。

只有最贫穷的人才会申请发薪日贷款。而且他们宁愿找现金贷公司，也不愿与银行打交道，因为至少现金贷公司收费明确。据奥本大学的詹姆斯·巴思（James Barth）观察，发薪日贷款的贷款者往往集中在贫困率较高、教育水平较低和少数族裔人口聚居的社区。至少这样，他们可以获得贷款，而不用超额透支，比如在英国，超额透支比小额现金贷的利息更高。

贷款者只需支付100英镑就能借到90英镑。M-Pesa出现之前，肯尼亚人的借贷支出远远超过这个数目。将钱送到贷款者手中也是一件麻烦事，贷款者甚至要请公共汽车或出租车司机把这

---

① 我在2014年出版了《互联网银行》。该书主题为重塑数字时代的银行体系，主要围绕银行是工业革命的产物，其目的是在实体建筑里，依靠人力建设本地化网络，进行纸币的分发。现在，我们把钱当作数据来处理。银行需要重设架构，以便在以软件和服务器为主的全球化网络中进行数据的数字分发。该书清楚地解释了正在发生的事情，以及对现有银行及其新的挑战者的影响。

100英镑从首都内罗毕带到乡下。很多时候，钱还送不到。即使是这样，还要按支付25%甚至更高的费率还款。在金融科技出现之前，西联汇款和其他汇款公司的高额费用对消费者来说也是沉重的负担。现在，这些成本正在迅速下降。

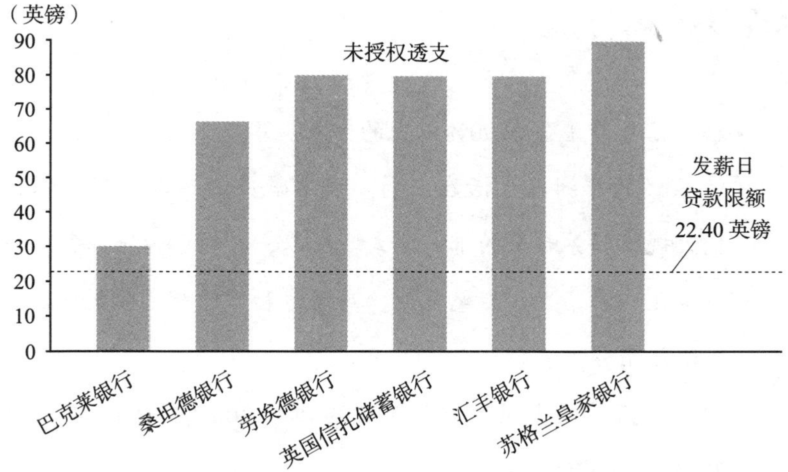

图6-3　28天期限100英镑借贷支出

资料来源：《哪个？》杂志/英国广播公司（BBC）

不过，毫无疑问，最令人兴奋的变化既不是发生在现金贷领域，也不是在剥削穷人的汇款领域，而是手机将数十亿人纳入金融体系，让这些人第一次享受到了金融服务。虽然中国的蚂蚁金服、印度的Paytm和美国的Venmo提供的服务不尽相同，但它们的用户人数都十分惊人——4.5亿中国人使用支付宝，2.5亿印度人使用Paytm，Venmo用户数不详[①]。得益于移动设备的发展，实体建筑里的金钱处理已经转移至App中。

除了App之外，也许更令人兴奋的是非洲及其他贫穷的国家正在用移动网络重塑金钱概念。普惠金融洞察项目的研究清楚地概括了这一点：

- 移动信号覆盖全球90%以上的穷人。
- 约60%的非洲人生活在农村。成本低廉的移动支付是将他们大规模联系起来的唯一方式。所以，相较于传统银行，科特迪瓦、索马里、坦桑尼亚、乌干达和津巴布韦等国民众更多地使用移动支付。
- 坦桑尼亚移动支付账户的数量占比从2009年的1%飙升至2014年的32%。
- 数字账户使交易成本降低了90%。
- 数字账户让人们有生之年第一次有能力储蓄和做预算，以抵御金融冲击，并把资金用于教育、医疗等具体事务。
- 40%的尼日利亚成年人无法获得任何形式的金融服务，他们不仅生活困难，生活成本也十分高昂。

---

① PayPal在全球有2亿活跃用户，而Venmo仅限在美国本土使用，其用户数量不详。但从其2015年第四季度营业收入（25亿美元）与2016年第四季度营业收入（56亿美元）的对比中可见其用户数的增长趋势。

现在让我们回到这个问题：银行何时才会不把普惠金融视为慈善事业？普惠金融本来就不是慈善事业，要不然M-Pesa也就无利可图了。它实则利润丰厚，是其运营商Safaricom集团的第二大收入来源（见表6-1）。所以，该集团一直竭力维护其在肯尼亚的垄断地位。

表 6-1 Safaricom集团收入一览表

先令（百万）	2012年	2013年	2014年	2015年	2016年
话音业务收入	68 122	75 848	84 316	87 368	90 802
M-Pesa营业收入	16 874	21 844	26 561	32 626	41 500
移动业务收入	5 223	6 611	9 314	14 823	21 154
固定业务收入	1 371	2 113	2 571	3 128	3 815
短信收入	7 768	10 147	13 620	15 671	17 328
其他服务收入	836	1 489	1 980	2 631	3 185
服务总收入	100 193	118 051	138 361	156 247	177 784

数据来源：Safaricom 2016年年报

蚂蚁金服的成功也证明了普惠金融并不是慈善事业。蚂蚁金服将其视为公司使命，其业务数据也证明了这个愿景是可实现的。据彭博社估计，在2017财年，蚂蚁金服的税前利润几乎翻了一番。该公司的股价上涨了86%，市值达到8.14亿美元，这在很大程度上要归功于其全球化尝试的成功，即通过数字服务实现全球普惠金融。

这就是说，对一家通过实体分销的银行来说，普惠金融就是在做慈善；但对一家通过数字分销的电信或科技公司来说，这就是笔好生意。电信公司如果意识到了这点，开始转型升级，就能够更上一层楼。法国电信运营商Orange就是最好的例子。在看到科特迪瓦和马里的移动支付业务收益颇丰之后，该公司又将业务扩展到了波兰、罗马尼亚等欧洲国家。随后它意识到，凭借其在法国的650家门店，它已有能力开设一家银行。

普惠金融最重要的意义是什么？普惠金融创造了一个巨大的市场机会，让原本银行无法覆盖的群体获得银行服务，并从中获利，消除这些群体因贫穷而付出的成本。

今天，在新兴经济体中，有2亿个中小微企业以及20亿人无法获得储蓄和信贷服务，经济增长因此受到影响。麦肯锡2016年9月的一份研究报告发现，到2025年，数字金融的普及将为所有新兴经济体带来6%的GDP增长，共计3.7万亿美元。这相当于给世界增加了一个德国那么大的经济体，或者说一个比整个非洲都大的经济体。GDP的增长可以为这些新兴经济体的各个部门创造多达9 500万个就业机会。这十分有意义。

交易渴望免费①

“信息渴望自由”这句强有力的口号，不仅让黑客文化在

① Reproduced and edited with permission from Pablo García Arabéhéty of the Consultative Group to Assist the Poor（CGAP）.

1984 年进入主流视野，还促成了互联网的诞生。如果同信息一样，交易也渴望免费[①]会怎么样？零售金融服务是否也会出现像互联网诞生那样划时代的一幕？届时，用户每天都能免费在各服务提供商之间完成即时转账。我们要如何实现这一愿景？它会给普惠金融带来什么影响？

很多交易对你来说已经都是免费的了，比如，有些银行的储户在世界各地的自动取款机上取款，无论多少次数，都是免费的，银行不会向客户直接收取费用。但是，天下没有免费的午餐，就像短信服务一样，没有哪种交易是免费的，总有人要为此买单。取款看似是免费的，其实银行会从其他不相关的收费中填补回来。

所以，交易能否做到免费最终还得看商业模式，这取决于一定数量的全球零售金融服务商能否做到不依赖交易收费，转而通过其他方式来补贴交易成本。

现在有三种趋势让交易比以往任何时候都更接近免费。

- **实时、可互操作的支付以及转账基础设施正在各个市场中推行。**如果想要用其他收入来源补贴交易，服务提供商就需要降低交易成本。过去 10 年间，可互操作的即时支付和转账架构已经在包括低收入经济体在内的各个市场中被广泛应

① 英文中的“自由”（free）也有“免费”的意思。——编者注

用。这压缩了中介机构的生存空间，节省了运营成本，减少了花费。与此同时，基于区块链或其他分布式账本技术的开放式交易系统受到关注，也许能成为中心化支付架构的可行替代方案。

- **金融交易服务提供商也在广开财路。**放弃交易收费也迫使服务提供商寻找替代的收入来源。自 2007 年以来，交易业务已开始交叉销售更广泛的金融服务组合。肯尼亚的 M-Pesa 一直主营肯尼亚国内转账服务，但它在 2015 年与一家银行联手推出了小额贷款服务，用户数量达到了 1 200 万。同样，PayPal 自 2013 年以来一直提供营运资本贷款。截至 2017 年 5 月，其贷款规模已达到 30 亿美元。
- **数据分析正在成为交叉销售的关键竞争优势。**数据分析正在取代传统的信用评分，使提供商更容易通过贷款实现收入多样化。蚂蚁金服的芝麻信用分是一套针对多个替代数据源进行开发的信用评分系统。利用更加丰富的数据提供个性化的即时产品，正成为金融服务提供商的新竞争优势。

这些趋势让金融服务提供商有机会取消交易收费，但它们有多大的意愿和能力这样做呢？

在这三种趋势中，银行均处于有利地位。在许多市场中，银行都是支付架构的主干部分，它们知道如何交叉销售金融产品，也最早采用数据分析来评估信用风险。例如，在巴西，许多银行已经开始提供跨提供商的免费即时转账服务。虽说如此，但银行的支付业务（占其全球总收入的1/3）在很大程度上仍然依赖交易收费。一旦打开免费交易的闸门，短期内会对银行产生直接冲击，所以许多银行觉得这样的未来并不迷人。

另一组市场参与者却没有被这种直接冲击所吓退。在线零售商、即时通信应用、社交网络、在线搜索引擎、手机制造商以及各种金融科技初创企业都在上述趋势的交点上找到了合适的发展方向。它们正面临前所未有的机遇。它们向第三方交叉销售即时信贷和数字广告等产品，以此来抵消交易成本。在一些市场中，这些企业已经接入了可互操作的即时转账架构，并通过数据分析深入洞察客户，以及提供个性化服务。

以下是这些公司的几个案例：

- 阿里巴巴正在积极筹集资金，以继续推行全球扩张和多元化战略。成立蚂蚁金服作为支付宝的母公司，以及推出储蓄产品余额宝，标志着蚂蚁金服扩张的野心。更多相关背景，请参阅本书最后一章。
- Facebook和WhatsApp（即时通信程序）已经获得了第三方支付牌照，随着欧盟在2018年开始实施PSD2，它们就可以为欧洲所有银行账户提供借贷服务，银行客户则可以通过第三方管理财务。有报道称WhatsApp在印度新的统一支付接口中也扮演类似角色。

- 在美国,PayPal旗下的Venmo一直提供跨钱包的免费转账服务,但免费的即时交易仅限于其自有的平台，跨平台交易需一个工作日完成。这是一个有趣的例子，美国的基础平台在一定程度上会限制免费即时交易，尽管情况正在迅速发生改变。
- M-Pesa在肯尼亚、坦桑尼亚和印度等发展中国家均开展了业务，目前该公司正在尝试为低于1美元的交易提供免费的平台内转账服务。这一举措可能会给普惠金融带来积极影响。由于低收入阶层通常会涉及现金存取，至少在每个交易周期的开始和结束阶段是如此，所以实行该举措所要付出的成本更高。M-Pesa的优势就在于可以提供大量的现金存取无线接入点，但这些无线接入点的运营成本很高，怎样对其进行补贴是一个挑战。如果M-Pesa找到了一种可持续的方式来补贴这些交易，将会为低收入阶层带来巨大的财务改观。

从全球零售金融服务业的总体趋势来看，免费交易似乎越来越有可能实现了。此类新兴商业模式的经济因素将最终决定采用何种交易类型和用例（App)。但免费将成为新常态。还有一点非常明确：想要交易免费，商业巨头们势必要掀起一场解放交易的商战，从而从根本上改变银行的业务模式。

银行的陷落

在写作中，我时常挑战自己的想法，也担心自己是否做了太多的预言。如果预言没有成真，最后出丑的会是自己。我并未预言银行的灭亡，这不现实，但正如我在书中所言，事实上，许多美国和欧洲的银行都深陷传统经济。它们想要改变，却举步维艰。本章将会着重探讨银行的领导力和老化问题。

首先，我想从一份关于数字化对金融的影响力的研究报告[①]谈起。这份由简伯特研究院和《哈佛商业评论》联合发布的报告，证实了我多年以来的观点。大多数受访者认为，银行没有释放出数字力量，为商业带来积极的影响。这主要是由于银行无法进行试验，或者存在系统老化和流程守旧等问题，阻碍了银行对数字技术的有效应用。

此外，只有不到一半的金融服务部门受访者认为他们的公司有一个清晰的、企业范围内的数字战略。许多人称，在制定战略时，企业的高层管理者和业务线的管理者往往各自为政。在领导

---

① "Accelerating the pace and impact of digital transformation : How financial services views the digital agenda," *Harvard Business Review Analytic Services* study in association with Genpact Research Institute, 4 November 2016.

各执己见的背景下，仅依靠引进最新的技术是远远不够的，企业真正缺乏的是明确的数字转型战略，所以它们难以应对提升客户参与度、增加收入和提高效率等数字化挑战。

此次调研的主要结论如下：

- 只有20%的金融服务受访者（占受访者总数的21%）表示，他们的机构发挥了全部的数字价值。但55%的金融机构预计数字化将在未来两年内产生重大影响。
- 公司没有为客户带来数字驱动的价值。在顽固的遗留系统的框架内，银行最多只能支持网站前端开发，无法为用户提供点对点的优化体验。只有15%的金融服务公司认为自己做得很好。
- 虽然支持数字化的领导（以下简称“数字领导者”）人数在增长并逐渐占据主流，但金融机构在数字技术的应用上仍然滞后，没有给客户忠诚度（50%）和收入增长（51%）带来重大影响。
- 金融机构指出，问题主要出在无法快速试验（56%）、系统和流程老化（55%）以及管理僵化（41%）上。相反，它们较少有技术能力不足（24%）的困扰。
- 为了实现数字化，金融服务提供商希望培养以客户为中心的问题解决能力（76%的人将其评为三大最重要的数字技能之一）以及适应变化（73%）的能力。

报告总结：虽然许多金融服务公司正在向数字化迈进，但只有少数公司（占比为 20%）认为它们可以成功地运用这些技术。只有 15%的人认为，自己的公司能够优化点对点的客户体验，这种体验不仅限于前端网页的用户界面，还涉及中端和后端服务。绝大多数推行数字化较为成功的企业表示，数字技术对公司的服务成本（90%）、客户忠诚度（75%）和收入增长（75%）都有重要的影响，这为金融服务业指明了道路。

虽说目前状况如此，但这项研究显示，金融服务受访者对数字化有着很高的期望，他们希望数字化能帮助自己在未来几年内增加端对端的竞争力。但包括数字领导者在内的所有群体都面临着困难，比如如何更好地整合中后端功能以达到客户的期望，以及克服一些长期存在的行业弊病，包括系统和流程老化、无法进行试验和管理僵化等问题。几乎所有行业都将被数字化颠覆，明白何为挑战并不意味着问题就能迎刃而解。

许多情况下，改善技术并非改变的第一步。那些将注意力放在修补遗留系统上，并认为这就是数字化转型的先决条件的公司正在掉队。数字领导者不应该把所有精力都放在解决这些顽固的问题上，相反，他们应该创造一个全公司的技术愿景，改善跨职能间的协作，以及发展快速利用数字技术进行试验的能力。正是这些活动决定了公司能否从数字化中获益。

随着越来越多的金融服务公司采用数字技术来支持决策、降低成本和改善客户体验，它们也应该利用数字领导者身上的特点，去引入新功能，解决老问题，加快全行业数字化变革的步伐，以及扩大影响力。

老化的银行能避免成为死鱼吗

问题到底出在什么地方呢？20 年前，我们曾探讨过去中介化和以对象为中心的体系结构，银行对此无动于衷。10 年前，我们呼喊着互联网时代的来临和移动互联网的影响，银行还是无动于衷。现在，我们喋喋不休地谈论着数字化和区块链，银行依旧无动于衷。还能怎么办呢？

我将之比作看到海啸。20 年前，这股巨浪离我们还有 20 英里远。你看着它说“浪真大”，接着回到海滩上休息和打排球。过了一段时间，你又看了它一眼，“这股浪现在更大了”，但还是继续在海滩上玩耍。最后，海啸袭来，将你和沿途的一切吞没。

我还将之比作温水煮青蛙。20 年前的星星之火，如今已成了熊熊烈火，并将在未来 5 年内形成燎原之势，在 10 年内将银行烧得一干二净。如果银行从今天开始立马改变，悲剧还是可以避免的，但数据整理和核心系统升级计划需要大约 5 年时间才能完成，毁灭之火正在愈演愈烈。

当我沿着巴厘岛的海滩散步时，海边的一幕触动了我。(是的，伙计们，开会也很辛苦。) 正当我享受着和煦的晨光时，我发现了这个可怜的小动物。

照片©克里斯·斯金纳

我猜这条鱼曾经悠然自得地在海里嬉戏。它游来游去，躲避着捕食者，也追逐着这片珊瑚海岸的肥美猎物，它享用着数不尽的美味，所以长得又大又肥。它每天都这样度过，觉得岁月静好。不知不觉，它游得离海岸越来越近。突然有一天，一股巨浪将这个可怜的家伙冲上海滩。它现在知道糟了，但还能怎么办呢？它左右扭动着身体，但徒劳无功，一切都太晚了。这个可怜的家伙已经被冲上了岸，没法活下去了。它是条死鱼了。

如果现在银行还不开放，加入市场的浪潮，下场也会和这条被冲上岸的死鱼一样。网络银行时代拉开序幕以来，这项需求已经被提出了20年，但现在，随着金融技术的发展，金融开放已成为燎原之势。如果一家银行还是逆势而为，那么它将不是被熊熊大火吞噬，就是被潮水冲上海岸。不管怎样，结局都不太好。现在是时候让银行乘风破浪，在开放的平台上大显身手，在战火纷飞的市场上大展宏图了。

这是各种会议中反复出现的一个主题。我记得我曾参加过一场关于开放银行、集市、平台、开放API等主题的小组讨论会。当时，我们就银行如何受到文化和领导力的制约展开了友好的对话。我认为，大多数银行家都陷入了无力改变银行、无力更换核心系统的架空状态。他们看到新兴市场的发展，却无动于衷，说道："快看啊！一家金融科技创业公司在做我们所做的事情。看看它有什么能耐。"

结果几年后，他们还是无动于衷，说道："那家初创公司已经有相当大的规模了。这真有意思。"然后，他们回到自己一直在做的事情上，一边抱怨遗留系统，一边想为什么监管部门总是针对他们。

之后，他们又环顾四周，说："那家初创公司有点威胁到我们了，不如把它买下来。"对此，初创企业回答："走开！现在我可不好糊弄了。"

我记得在20世纪90年代，我平生第一次组织了一次银行会议，台上的发言人都提到：更多的变化即将来临，银行除非顺势改变，否则就会被淘汰出局。当时的演讲中，还常出现一个词，即“金融脱媒”[①]，比如有人提到，“微软、沃尔玛和维珍都会来抢你的饭碗，银行作为金融中介的作用将被削弱”。但并没有人抢走银行的饭碗，所以这个被过度使用的词也就变得索然无味了。

随后，21 世纪前 10 年出现了 Yodlee 等数据聚合公司，每个人都认为这会破坏银行与客户的关系。在会议上，许多主旨发言者都站出来说：“像数据聚合这样的技术会在市场中架空作为中介的银行。”其实，数据聚合公司已经存在 20 年了，可是银行在移动应用领域仍有广大的客户群体，所以这也有点言过其实，不是吗？

接着，移动银行和移动网络运营商出现了。会议上的热门话题变成了：看看移动网络运营商所带来的威胁，它们会挤占银行作为中介的空间。快喝杯咖啡提提神吧。所以，银行家们去买了超大杯的脱脂焦糖玛奇朵，静静地看着移动网络运营商做生意。然而，什么都没发生。

最近，金融科技又被炒得火热，现在所有的市场、会议发言人和媒体都在说：“看，我们终于迎来了真正具有颠覆性的变革，银行在金融中介中的地位将被取代。”银行家们还是选择观望，他们觉得金融科技公司很快就会意识到银行业并没那么简单，并最

① 金融脱媒，又称“金融非中介化”，一般是指跳过所有中间人而直接在供需双方间进行交易。——译者注

终选择与他们合作，而不是与他们作对。

这种去中介化威胁论感觉越说越离谱了，真是这样吗？我们或许应该从另一个角度来看待这一问题。也许不是数据聚合公司、移动网络运营商或金融科技公司，而是技术本身将让银行去中介化。这也许是技术专家在警告金融圈，软件正在吞噬世界；一切能够被自动化的东西都将被自动化；在一切都数字化后，你要么改变，要么死亡；这不是一场进化，而是一场革命。

换句话说，就像所有革命一样，这场革命可能还要很长时间才会到来，但当它最终到来时——数字化转型进入成熟期，除非银行能够适应，否则它们将失去中介地位。其需适应的方面包括平台、集市、开源结构、微服务架构等。特别是董事会需要保持平衡，至少有一半的领导应该知道区块链和分类账之间的区别。

这让我想起了一个古老的寓言，放羊娃为了保护羊群，一而再，再而三地呼喊“狼来了”。把这个故事放到今天则是，技术专家为了拯救银行，一而再，再而三地大声疾呼要警惕金融脱媒。

这也是我们在许多其他行业看到的情况。当然，我们现在已经认清了部分现实。淘儿唱片店没能成为苹果iTunes，巴诺书店没能成为亚马逊，不是中国政府而是马云创立了阿里巴巴。

在这个快速迭代的世界里，你能想象Facebook在10年前还只是家默默无闻的公司吗？那些只会耍耍嘴皮、摆摆姿态的银行将注定倒闭。这就是最大的问题，大多数银行光说不做。它们在数字领域里磨磨蹭蹭，一会儿对区块链夸夸其谈，一会儿对API感到欣喜，一会儿又对机器学习充满兴趣。然而，一切都只停留在口头上。不要光说不做，是时候开始行动了，银行需要脚踏实地地在数字领域做一些事情了。

毕竟，所有初创企业都是经过辛勤耕耘，才从最初的一个点子发展成为行业的中坚力量的。创立Stripe的克里森兄弟在2016年成为最年轻的亿万富翁，PayPal现在的市值超过了巴克莱银行，而蚂蚁金服在2016年IPO后，市值一度达到德意志银行的4倍。市场正处在飞速变化之中。一家银行的CEO表了决心，并不代表这家银行就能成为金融科技领域的领导者，它仍然只是一家银行。

当一名记者问我关于最新推出的《互联网银行》一书时，我表达得非常清楚。他问我："互联网银行和拥有App的主流银行有什么不同？"

狼来了！（#金融科技版）

在一次会议上，一位技术专家看着所有的银行家，感到很无聊。为了自娱自乐，他深深地吸了一口气，高唱道："脱媒！去中介化！你们都会被解雇！"

银行家们冲出会场，试图帮助同行们免遭不幸。但最后他们发现并没有去中介化的威胁。技术专家看到他们生气的脸，一下笑了起来。

“不要乱喊‘脱媒’，技术宅。”银行家们说，“现在并没有发生去中介化的现象。”他们怒气冲冲地回到办公室。

后来，在另一次会议上，技术专家认为他应该再试一次，于是再次调皮地大喊：“脱媒！去中介化！你们都会被解雇！”银行家们又跑出会场，去阻止这一不幸事件的发生。这可让专家高兴坏了。

当银行家们又没有看到去中介化现象时，他们严厉地说：“省省吧，真遇到‘脱媒’的时候再叫！不要在什么都没有发生的时候乱叫！”

但是技术专家只是咧嘴一笑，看着他们又一次带着抱怨，回到办公室。

再后来，技术专家真正看到市场发生了去中介化，他惊慌失措，一跃而起，尽可能大声地喊：“脱媒！去中介化！它真的来了！”

但银行家们认为他又在愚弄他们，因而对此视而不见。

日落时分，每个人都在想为什么技术专家没有回来。他们上山去找，发现技术专家哭了。

“去中介化真的来了，但所有银行都死了！我喊了‘脱媒！’，你们为什么不在意呢？”

在回办公室的路上，一位老银行家试着安慰技术专家。

“嗯，谢谢你告诉我和我的朋友们，我们可能会死，”他边说，边伸出手臂搂住这个年轻人，“但没有人会相信骗子……即使他说的是实话！”

我叹息了一声，然后深吸了一口气，回答道：

一家拥有App的主流银行只是把App添加到它的旧系统中。所以这些App只能提供账户余额和交易信息。而互联网银行则是依靠当今的互联网技术从头开始搭建的。两者完全不同。简单来说，当遇见新技术时，拥有实体建筑、员工和历史的大银行会试图削足适履，把新技术嵌入它极其复杂的体系中。而刚成立的互联网银行则是一张干净的白纸，它们会想：“我们怎样才能把这些技术都应用到金融服务中去呢？”

这就是金融科技和科技金融的区别。银行属于科技金融机构：它们认为技术应该适用于现有的金融市场体系和流程。而初创企业属于金融科技公司：它们研究如何在金融市场体系中更好地运用技术。前者一直关注建筑和人力的实体分配，研究如何让技术锦上添花；而后者则首先通过互联网进行数据的数字分发，然后再决定是否需要建筑实体或人力。这是两种完全不同的视角。大多数银行都不具备这样的思路，因为它们没有一个决策者能做出这样大胆的决定，并且意识到皇帝没穿衣服。

银行多久更新一次App和架构

我最近跟几家金融科技公司聊了下，它们都为持牌银行，且都成立不到15年。它们似乎有一个共同点——充满活力。我的意思是说，它们谈论技术的方式与传统银行截然不同。传统银行被老化问题所困扰，如同被水泥浇筑在了地上。当科技新浪潮袭来时，被固定在地上的笨重的银行试着去适应，却举步维艰。

这些新兴银行却截然相反。第一家银行在2010年推出了网上银行业务。由于未能达到满意的效果，它于2013年放弃了自己的平台，转战另一个新平台。2017年，它又一次转移阵地。第二家银行成立于2003年，现在正致力于构建第五代架构。据我统计，这家银行每三年会更新一次技术架构，每次都有进步。第三家新兴银行告诉我，它每天都对App进行核心更新，必要时甚至一天更新两次。基本上每周都对App进行一次大更新，每半年对整个架构进行一次更新。

有多少传统银行能做到每周更新一次App，每三年更新一次系统？老实说，传统银行要是能够一年更新一次App，我都会感到惊讶。

这充分说明了新兴银行与大型主要银行之间的区别。前者从零开始，为当下打造并定期翻新。后者从它们所拥有的开始，为跟上时代的脚步而改变，但几乎没有创新。

用户能注意到差别吗？我觉得能，毕竟我也是其中一员。我有几个App，新老银行的都有。我很容易就发现了两者的区别，其中最主要的是接收到的信息。旧式银行的App上没有信息。我经常能看到账户中有转账，但看不到这些转账的来源。其实，只要增加一张转账信息列表就能弄清楚了（比如巴克莱银行），但是它们没有。任何发票或客户的关联信息都没有，我既不知道这些钱是从哪里来的，也不知道是谁寄来的。

相比之下，在新兴银行的App上，每笔交易都有详细的信息。我不仅可以看到是谁给我转账，还可以看到其相关信息和转账时间。这样方便得多。

新兴银行有点像一个第三方的数字金融团队，可以自动帮你处理一切事务。本来就应该这样。在这个自动化的数字时代，收据应该自动发送给我的数字会计师，我不用参与中间任何事情。而不是我还要手动把收据收集起来，然后发送给会计服务部门。这就是我对银行的看法，也是为什么有这么多新兴数字银行正在兴起。

新兴银行有一个梦想。它们梦想着客户不再需要思考。它们梦想着银行能够以一种完全自动化的方式为客户提供金融服务，通过App、API和数据分析将客户的一切联系起来。旧式银行正在因其糟糕的服务而被淘汰，因为它们不理解其中的差异。旧式银行给我发送银行交易对账单，提供分类账服务，但这些对我来说都是无用信息。新兴银行把我想知道的都直接告诉我。

最终，人们会认清当下的形势。最终，人们会知道旧式银行的呆板和新兴银行的好。最终，局面会发生转变。旧式银行会为了自身发展，买下新兴银行。我迫不及待地想要看到这一刻的来临。

与一位银行家的争执

我曾与一位银行家讨论过银行的功能。他给了我一个典型的银行业的观点：银行的作用就是接收人们的存款，在保证利润的前提下把钱贷出去，并将坏账风险降到最低。

"不，并不是这样。"我回答。我坚持认为，银行是一个值得信赖的价值储存库。贷款业务已经不再重要，因此此项业务可以通过替代媒介来实现，如P2P贷款。

这位银行家并不认同纯粹的价值储存功能，他认为银行风险管理也是其职能的关键部分。但我认为银行的风险管理功能正被软件所替代。随着人们可以通过集市和平台直接联系起来，信用分析、公开透明以及金融民主化正成为至关重要的变化因素。

这位银行家开始变得恼怒，声称他搞不懂这些复杂的市场，但建立金融市场远不止部署服务器那么简单。我反驳说，任何可以自动化的东西都将被自动化，在交易大厅和投资市场上，我们可以清楚地看到，交易型开放式指数基金和指数型基金正在取代对冲基金和资产管理公司。不仅高价值的工作正在迅速消失，低价值的事务性工作也在迅速消失。从分支机构的客服到合规专员到审计再到程序员，这些岗位都将消失。

他嘲笑我，说我的观点太离谱了。但我认为这一点儿都不离谱。很多变化已经发生了，基于App、API和数据分析的金融平台正在迅速发展。这场辩论最后陷入了僵局，他坚持认为银行需要用人的洞察力来平衡风险和杠杆，而我则认为很多平衡可以通过算法来实现。

我意识到，在讨论中他忽略了关键的一点：建立银行不是目的，而是实现目的的手段，最终的目的是进行买卖和交易。银行提供了实现这一目的的一种途径，而软件、平台和集市则是另一种更便宜、快捷和低风险的途径。这就是我真正想表达的观点——银行服务不可或缺，但银行未必如此。

听上去可能很耳熟，比尔·盖茨早在1994年就说过这句话。既然这个观点这么早之前就被提出了，为何银行到现在依然如此强大呢？因为直到现在，技术还未进入黄金阶段，监管机构也一直坚持准入壁垒，不允许新的参与者进入市场。

我们正处在剧烈变革的十字路口。一些银行正在引领这场变革，一些银行正在观望和等待，还有一些银行对变化一无所知。一些银行的高层积极参与，一些静观其变，还有一些不知所措。

令人惊讶的是，根据麻省理工学院和德勤对银行数字化准备情况进行的年度调查，只有一半的金融机构认为它们已经为变革做好了准备。在这项调查中，90%的参与者认为数字化变革正在席卷整个行业，但只有46%的人认为他们的机构已经做好了应对的准备。

> 90%的受访者同意或强烈同意，数字技术极大地或适度地颠覆了该行业。
> 93%的拥有数字战略的受访人同意或强烈同意，其数字战略的目标是加强客户体验和参与度。
> 但只有46%的受访者同意或强烈同意，他们为数字化变革做好了充分准备。

资料来源：《金融服务数字化转型》，麻省理工学院/德勤2016年度调查报告。

换句话说，尽管这是最基本的，但54%的人认为他们的机构还没有准备好。更要命的是，只有1/5的员工认为自己的银行能够灵活应对变革，而大多数员工则认为他们的银行变革进展缓慢，如图7–1（a）所示。这是个问题吗？也许吧。毕竟，在变革推进缓慢的银行中，每5名员工中就有3名预计会在未来3年内离职，如图7–1（b）所示。

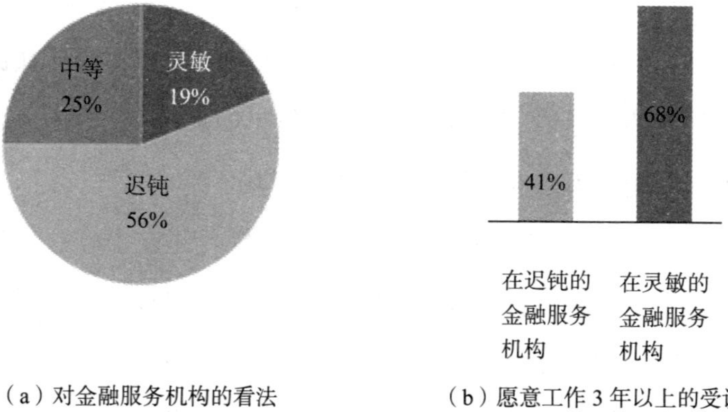

（a）对金融服务机构的看法　　（b）愿意工作3年以上的受访者

图7–1　银行员工对于银行变革的态度

资料来源：《金融服务数字化转型》，麻省理工学院/德勤2016年度调查报告。

银行和领导团队都有致命缺陷

我曾主持过一个由多名演讲者共同参与的会议，当时咨询公司加德纳的一位研究人员站起来，谈起他公司的年度银行调研。他说，在接受调研的资深银行家中，76%的人认为数字化不会影响银行的商业模式。

我敢保证，这些受访者都错了。数字化当然会影响商业模式。它通过平台化，正在改变一切。它利用云计算和机器学习，正在改变后端。它利用区块链和分布式账本，正在改变产业结构。它加快了微型服务组织的迭代周期。它带来了非洲的经济创新和中国的经济增长。

让我吃惊的是，居然还有人信誓旦旦地说数字化并没有改变银行的商业模式。银行的商业模型建立在由纸质文档支撑的面对面的交互上，而数字银行的商业模型建立在由数据支持的设备对设备的交互上。两者是完全不同的。

银行家们认为银行的商业模式不需要改变，对于这点我并不担忧，毕竟银行是由他们经营和管理的，这是他们的问题，但让我担忧的是，掌管这些能够影响全局的重要部门的人居然如此迟钝。我认为，这反映了人们对数字化转型的影响缺乏洞察力，以及银行董事会缺乏平衡。

埃森哲 2015 年的一份报告就证明了这点。该报告分析了全球最大的100多家银行的董事拥有专业技术背景和经验的情况。研究表明：

- 只有6%的董事具有专业技术背景。
- 只有3%的CEO具有专业技术背景。
- 43%的受调查银行没有任何具有专业技术背景的董事。
- 30%的受调查银行只有1名具有专业技术背景的董事。
- 在北美的银行中，只有12.1%的董事具有专业技术经验；在欧洲的银行中，这一比例为5.1%；在亚洲的银行中，这一比例为5%。
- 虽然英美两国银行的董事会中具有专业技术经验的董事比例高于其他国家，但这一数字仍然很低，分别为16%和14%。

许多银行想转型为数字银行，一些甚至想成为金融科技公司，但主持银行的依然是银行家。这是致命的缺陷。而金融科技公司则是由技术专家和银行家共同领导的，并且我遇到的大多数金融科技公司在年轻有为的技术专家和经验丰富的金融从业者的配比上都保持着良性平衡。

所以，许多大型银行正在逐步调整董事会，以寻求更佳的平衡。提到银行的董事会，我的脑海中往往会浮现出这样一幅画面：一群穿着西装的老男人。如果一家银行的领导团队都是穿西装的老男人，他们怎么能理解“千禧一代”和女性的需求呢？如果银行没有具有技术远见的领导，它们怎么能与拥有良性平衡的金融科技公司抗衡呢？如果一家银行的高层团队不知道区块链和分布式账本之间的区别，他们如何判断自己是否做出了正确的投资呢？

如果一家银行没有一个平衡的董事会——一半来自技术领域，一半来自金融领域，那么它将陷入岌岌可危的境地。而金融科技公司的领导团队则展示出另一幅画面。当我想象金融科技公司的董事会时，我看到的更多的是满屋朝气蓬勃、富有远见、各抒己见的年轻人。虽然他们当中肯定还是有行业老手，但人员结构至少是平衡的。会议室里的气氛是改变世界而不是让世界停步不前。

因此，我真正期待的是，在未来10年里，银行董事会可以变得更好：既有银发长者，也有朝气蓬勃的年轻人，既有金融睿智，又有科技远见，维持着一种良性平衡。

银行的数字愿景在哪里

越来越多的银行开始设置数字主管，这十分有趣。我常遇见他们这样介绍自己：“我是零售银行的数字主管。”“我是银行零售业务的数字主管。”“我是投资银行的数字主管。”“我是我们银行交易业务的数字主管。”“我是我们商业银行的数字主管。”……你应该明白我的意思。数字部门的负责人虽然不少，但谁才是真正的老大呢？

通常，这些数字部门的负责人会向产品部门的主管或负责某项银行具体业务的主管，比如零售或投资银行业务主管、财富管理主管或支付业务主管汇报工作，他们之间没有任何协作。这些数字部门的负责人通常负责制订数字计划，为银行的数字怪物再添加一个前端界面。

我知道我很苛刻，但我并不想回避真正的问题——领导层。银行由银行家领导，这就是问题所在。大多数银行的高层中没有专业技术人员。因此，他们误以为数字化只是一个项目。他们为每条业务线创建自己的数字项目，并将数字任务交给新任命的数字主管。然后，数字主管建立团队，获得预算，完成数字化工作，这样他就会得到提拔，之后一切还是老样子。这不是数字化，而是零敲碎打。

数字化要求在互联网时代重新思考银行。它正在改变银行的商业模式和文化，使其围绕数字平台构建。它正在通过技术，重构金融服务方式。

但银行家们反其道而行之。他们考虑的是如何让金融依附于技术，而不是如何让技术改变金融。我曾指出过这些问题，但银行听不进去，这让我非常沮丧。它们听不进去，是因为银行的领导者只懂风险、法规、合规、会计、账簿和钱，却不懂技术。

如果银行的高层都是些不懂技术的人，你怎么指望他们能以技术为基础来构建银行呢？

这是根本问题，有这么多从事数字化的人员，却没有数字领导者。主管数字化的应该是CEO，或者至少是银行董事。我经常问这些数字部门的负责人，他们向谁汇报工作，他们告诉我的要么是首席运营官，要么是首席信息官。这也反映出银行低估了对数字化转型和数字领导力的需求。如果想要转型成功，银行应该让首席数字官在银行高层中占有一席，并直接向CEO汇报工作，甚至直接让CEO兼任。

在银行高层中，至少有1/4的人应该具有专业技术背景。目前，几乎80%的银行在高层中没有这样的人才。为了适应未来10年的发展，银行最多只有5年时间来完成变革。银行真的危在旦夕。

因此，当我遇到大多数数字部门的负责人时，我很同情他们，因为我知道他们很沮丧。他们的沮丧源于数字化只被当作一个委派项目，而不是一个引领发展的革新方案。那我们能做些什么呢？

如果银行的管理团队无法变更，而其员工又认为未来属于数字化，那么这位员工应该离开银行，重新找一家有这样愿景的公司。这种愿景只会来自一家拥有技术领导层的银行或初创企业。如果没有懂数字化的领导者，就创造不出数字化愿景。事实上，大多数银行的领导者之所以不想改变其核心系统，是因为他们没有做出如此艰难决定的远见、理解力和意愿，而且，只要没到生死关头，他们就不必着急做决定。大多数首席信息官的工作不是提供远见，他们只需维护系统运转（因为他们80%的预算都花在了这方面）。那么，如果董事会里只有银行家，没有人敢挑战他们，那由谁来创建数字技术愿景呢？没有人。

开源金融：无法委派项目

每当谈及数字化转型时，总有人反驳我，说不能让太多的技术人员参与银行的运营。银行需要由懂财务的人来管理，他们可以告诉技术人员该做什么。

我对此不置可否。一家银行不能将自己的未来全权委托给别人，我认为上述议论中提到的由银行家领导银行是一个致命缺陷。银行正在向着数字化迈进，为了适应互联网时代，如果必须将原本垂直的一体化结构拆解成开源金融，银行这个控制狂，真的能理解业务的这种根本性变化吗？

我觉得“控制狂”这个词恰如其分,因为几乎没有大银行愿意将自己的IT业务外包出去。它们也许会采用外部供应商的解决方案，但它们这么做是真想将自己的IT业务推向市场，还是仅出于内部需要而进行系统调整，让其仍然对内。我怀疑是后者。IT的陈旧造成了银行结构的老化，但更好笑的是，在许多情况下，它们的提供商的老化问题更严重。这些老化的提供商为多数银行量身定制遗留系统解决方案，就是“旧瓶”装“旧酒”。

银行非常不愿意公开它们的业务，而这点正是金融科技公司可以大做文章的地方。相较于垂直、专属、老化的一体化结构，金融科技公司更能专注于银行的一个个细分领域，将其拆分成组件并开源。所以，我们现在有了支付、信贷和咨询等细分领域的P2P结构，它们虽然表面上看似不起眼，其实内部已有了翻天覆地的变化。银行认为自己必须控制价值链和金融的全过程，而金融科技公司正在打破这种垂直一体化的价值链。真正的创新者必须在艰难中做出抉择。

现在，真正富有远见和创新精神的银行已经认识到，金融科技公司只是一个个功能部件。这些银行可以利用各家金融科技公司的能力，评估它们的功能，并在必要时，对其进行复制或与其合作，为客户带来新服务。用白标和同金融科技公司合作并没什么不好意思的。这不是低头示弱，更多的是一种认识到某人能比你做得更好的能力。而且，能成为一家拥有数百年品牌历史和数百万客户，并能给客户带来更优质服务的企业，这本身就体现了企业的远见。

从20世纪通过实体网络进行纸钞分发，到21世纪通过数字网络进行数据分配，在这一转变过程中，上述银行将笑到最后。受到挑战的银行将会是那些依然冥顽不灵、死守垂直一体化运营的银行。银行将不再控制价值链的任何环节，不再拥有客户，而且，除非它们去争取，否则也没有任何数字关系。此外，它们所做的大部分工作都能被更便宜、更简单的方案所替代，因为取代它们的公司正在用软件和服务器替换掉实体建筑和人力。

所以，领导者必须在此处发挥作用，领导负担银行从传统的指挥和控制结构转向共享、合作和包容的开源运营。这是向数字化转变的核心。此外，由于大多数银行领导层都沉浸在风险管理和控制结构中，所以银行开源会是一项十分艰巨的任务。许多银行将无法应对这一挑战，这不是因为银行本身实力薄弱或难以适应，更多的是因为它们的领导者能力欠佳，疲于应付。

开源金融是一种共享经济商业模型，通过合作、白标和合并组件，将产品与服务汇聚在一起。任何抵制这种变革的银行都将无法生存。想要理解这种变革，领导者不仅要有银行知识，更要有技术能力。

有种说法是，银行的领导层不需要有技术背景，他们只需要能把改革任务委派给内部或外部合适的专业顾问就行了，对此我绝不认同。银行的未来不能被委派。银行的领导层不能忽视他们有领导变革的义务。

银行能改变它们的控制狂文化吗

英国数字化挑战者Starling银行的创始人安妮·博登（Anne

Boden）曾在荷兰银行、爱尔兰联合银行和苏格兰皇家银行工作过。作为Starling银行的CEO，她对我说："我发现，如果想做一些简单的改变，放在我以前的工作中，通常需要花费300万美元甚至更多，但现在我只要花3 000美元就可以解决了。"

我也从Monzo的首席执行官那里听到过相似的评论，他说，他们公司的15人团队用了几个月时间和300万美元，就从零开始建立了一个全方位服务的银行平台，而一家银行如果想要建立一个同类型的平台，则要耗费数千人力和3亿美元。

一位银行家最近问我的一个问题，集中反映了他们的疑虑：克里斯，你今天谈到的App、API、数据分析、集市，它们会不会在10年后被淘汰？就像10年前的许多技术一样，就是这些淘汰了的技术导致了我们今天面临的老化问题。

事实上，问题的症结在于陈旧的思想。在我所经历的大多数时代，科技一直是一个资本密集、人才密集、成本高、周期长的行业，需要进行多轮数百万美元的投资。所以，银行会对投资回报及实际价值进行非常详尽的分析。而如今，微型开发周期快、耗时短、便宜又简单。但是，如果你还深陷在资本和资源密集的旧结构周期之中，就无法适应这个快速变化的世界。

这是银行面临的根本问题——它们被旧技术绑住了手脚。关于遗留系统的问题以及如何替换它们，我已经谈了很多。接下来可能稍微有点离题，我想探讨一下如何使用"低温冷冻法"来取代旧系统。

想做到这一点，需要将功能和流程逐一转换为App、API或数据分析，最后将其作为一种全新的技术推向市场。最终，在所有业务都完成转换后，银行就会变成一个开放式集市，成功摆脱老旧技术。这是一个历时多年的长期发展战略，需要远见和领导力，但这是可以做到的。然而，如果银行采用了这种战略，会面临两个问题。

第一个问题是如何看待这些变化，因为还有许多其他的事情必须要做。例如，银行几乎每天都要处理监管和合规方面的变化，其中许多变化首先要求更新旧系统。这些监管变化耗尽了所有预算，因为即使只是对旧系统中的几行代码进行修改，也会对数万亿行代码产生多方面的影响，并且所有的改动都需要在投入使用之前进行一再检查，于是这就变成了一项耗资数百万美元的资源密集型变更计划。因为大部分预算都被旧系统占用了，所以银行几乎没有创新预算。正如许多首席运营官所说，重点是“要让机器的灯亮着”。

那么，如果一家银行真的通过重新设计摆脱了困境，并开始提供基于App、API和数据分析的开放银行业务，还会出现什么问题？还有个显而易见的问题。建立新的组织结构有一个前提，即银行需要从宏观和大一统向微观和授权转变。然而，银行不喜欢微观和授权。银行是控制狂，不喜欢开放和快速的周期变化。它需要长周期、受控和合规。这意味着，对于一个由受控和合规文化驱动的机构来说，转向微服务架构——这是当今敏捷快速、方便便宜的技术所需要的，将会非常困难。

在讨论这个问题时，我通常会说，一个微型服务机构的开发团队规模不能超过两个比萨。意思就是，两个比萨足以喂饱一个团队，如果要三个比萨，这个团队就太大了。小型、灵活、敏捷的团队能够快速改变事物。

因此，如果一家银行创建了一个微服务开发者组织，该组织中的每个团队都负责一段代码，每个团队都可以对这段代码进行修改，并将其迅速插回到整体结构中。因为代码的所有权在各个团队手上，所以不需要其他人的批准。这就是症结所在。银行能否抑制控制欲，让大批专业的开发人员做他们自己的事情？

如果这样做，银行系统每天都会重启一遍。不过，我怀疑很多银行不会这样做。比如，我与一位银行高管就创新这个话题进行了一次交谈，他向我解释了银行的“第 22 条军规”——只要没风险就可以创新，可是任何创新都有风险。就像小孩子可以在沙盒里随便玩，但是他一旦想走出沙盒，立马就会被喝止：那才是你的地方，待在那儿别动。

我认为任何来自沙盒的创新都很难被银行接纳，因为银行的文化就是卸下任何创新者的武装。这就是为什么在任何一家金融机构领导创新都是一个令人沮丧的工作，人才不可避免地都会流向金融科技初创企业，或者另寻出路。

这位银行家思考后，说了让人哭笑不得的一番话：银行就是不喜欢失败。我们深知这都与合规文化有关。失败意味着出现问题，出现问题可能引发监管警报。银行希望不惜一切代价避免监管警报，所以绝不能忍受失败。我说，在开放式集市中，由API组成的微服务体系之所以允许失败，是因为失败不会产生不良影响。他回答道：

> 银行很难根据猜测来投资。因此，如果银行把100万美元投到一个试验项目上，结果失败了，我们就会进行一番灵魂拷问，看看问题出在哪里，更重要的是，问题出在谁身上。总得有人担责，等着被“炒鱿鱼”。如果换种方式，先让咨询公司对这个100万美元的项目进行调研，让它告诉我们这个项目能否成功，这样我们就会安心得多。所以，我们一般会聘请一家大型咨询集团，花上100万美元（和试验项目花的钱一样多），让它给我们出报告。如果它告诉我们项目不可行，那么皆大欢喜，咨询公司100万美元到手，而我们也避免了更多的损失、不必要的尴尬和遗憾。

我终于明白了他的意思以及问题的严重性。我还是头一次听到这种说法。让外面的人来告诉你是对是错，比自己说要好得多。

如果之后发现他们的建议有误，你就有怪罪的对象了，还可以闹上法庭。但如果是由一个内部人士来说，如果他错了，那么他的下场就会很悲惨。

这让我一下明白了许多事。比如，我记得一家银行的高层曾谈到商业案例、投资回报率、成本效益分析以及未来项目的收入和成本。他表示，他所在的银行在做任何事情之前，一定要确保其都有商业案例可遵循。如果你想启动一个新项目，你就必须拿出数字。

但是如果你做的是创新项目，这就很难办，因为它没有先例可循，但无论如何，你都要创造些数字出来。他说，诀窍就是让数字看起来更有说服力。你要证明自己做过调研，请过咨询公司对客户进行深度访谈，并且绝大多数客户相信你的下一代App在一个月内能够获得100万用户，最后再用预期和图表来加以充实。无论如何，要尽一切努力让项目看起来非常棒。千万不要只用PPT（演示文稿）或PDF（便捷式文档格式）展示，要请最好的图形设计师设计，然后添加一些图片或视频，好让管理层眼前一亮。

这个方法既聪明又省事，拿着设计好的商业案例就能圈钱。一旦拿到钱，你就不必再担心了。但实际上，整个商业案例都是编造的，所有数字都是粗略估计的。你有看似被验证过的数据，有前期调研，还有制作精美的展示材料，其实最终的目的都是圈钱。一旦你有了钱，你就不用担忧了，除非造成了重大失误，否则没人会专门去核查过去的数字。如果你对数字篡改和办公室政治很在行，你基本在很长一段时间内都会平安无事。

我承认这两次谈话似乎有点矛盾。一方面，如果我创新失败，就要卷铺盖走人，但如果我拿着咨询报告，就可以置身事外。另一方面，如果我提出一些想法，就能拿到钱，但如果我说实话，则分文没有。

这就是办事的规矩。这类问题不仅存在于银行里，也存在于各大公司之中。这被叫作办公室政治。一旦你失败了，就会被踢出局，而如果你一直做所谓正确的事情，你就平步青云。大公司无法容忍公开的失败。同样，大公司没有数字，就不会做出正确的投资。

事实上，以下是大多数银行难以创新的十大原因：

- 公关价值对实际结果：银行的创新部门通常都是用来装点门面的，实际上它们做出的创新不会被接纳。
- 传统障碍：银行有太多的遗留基础架构，使之无法适应变化。
- 没有真正的紧迫感：很少有银行会有亟须改变的紧迫感，驱动银行的不是客户，而是监管机构，所以除非被强制要求，否则何必费事呢？

- 对现有收入来源的蚕食：就像之前对沃尔玛和亚马逊的探讨一样，银行不愿意创造一个集市，让自己的产品和第三方产品一同竞争。
- 缺乏经验丰富的创新者：银行倾向于消除创新，因此创新文化无处可寻。
- 文化冲突：银行的文化是风险最小化，这与革新精神完全相悖。没人相信它们能创新。
- 缺乏所有权和赞助：银行领导者之所以能到达今天的位置是因为他们是银行家，他们不想为他们不了解的技术冒险。
- “部门化”创新：创新发生在部门的外围，但不会在公司层面上被接纳。
- 监管、监管、监管：除非监管机构允许，否则银行不会这么做。
- 还有谁在做这个：如果没有其他人在做，那银行也不做。（难道这不正应该是创新的理由吗？）

窥见未来

我想以对未来的展望来结束本书。未来世界会是什么样？

在我的生活中，最让人惊喜的是科幻故事正在迅速成为科学现实，比如《星际迷航》科幻系列片里出现的手机、平板高清电视、微波等。你要知道《星际迷航》第一季上映于1966年，在此之前，从未有人设计过这些产品，因此它们相当具有革命性。

然而，与我们今天所处的世界相比，这些发明都是小巫见大巫。现在每天都有令我震惊的新发明问世，所以我认为我们需要窥见未来，看看生活、家园、建筑和旅行是如何变化的，当然还有银行和保险。我将探讨一些未来的大趋势，以及金融市场应当如何应对这些趋势。在此我只能抛砖引玉，谈谈事物的发展以及它对金融服务的影响。

对永恒的追求

生命科学让寿命延长了几十年。有预测说，现在出生的孩子可以活150岁。我们几乎可以切除身体的任何器官，并将它放在器皿中培养。《星际迷航》中还有一次成功的预言："老骨头"麦考伊博士的人体扫描仪现在已经成为医生的得力助手。

另一个从科幻故事到科学现实的例子是20世纪70年代上映的科幻电视剧《无敌金刚》。它的开场白大致概括了电影的主题：

> 史蒂夫·奥斯汀是名宇航员，一个奄奄一息的人。但是先生们，我们可以让他重生。我们有技术。我们有能力制造出世界上第一个仿生人。史蒂夫·奥斯汀就是这个被选中的人。他会比以前更优秀、更好、更强、更快。

这部电视剧让观众对仿生人留下了深刻的印象。美国政府花了600万美元，相当于今天的3 300万美元，让一个人起死回生，并用机器替换了他的大部分身体器官。这和机械战警是一个概念，即通过仿生学和其他生命科学技术让将死之人活过来。

我们现在每天都在做这样的事。比如，我们可以在培养皿中培养器官，或者用3D技术打印器官，然后在人们需要时进行更换。我猜想二三十年后，我们将不需要将奥运会和残奥会分开举办。因为部分运动员将用更快的版本"替换"自己的身体部位。无论是健全运动员还是残疾运动员，都可以选择增强或替换身体上低能、缺损或受伤的部位，这样，他们就可以同场竞技了。

20世纪60年代还有一部科幻电影《神奇旅程》。片中描述了几位医生被缩小到微型大小，并被注射到一名受伤男子的体内以拯救他的生命。现在，没必要再缩小人类了。如今医生们可以利用纳米技术，将微型高清摄像机等机器植入人体，医生在做手术时，就能够清楚地看到人体内部的状况。别以为这个“医生”是人类，“他”其实是个机器人。毕竟，一个机器人能万无一失地对100万名病人进行手术。我深深怀疑医护人员能否达到这样的水准。

技术的进步不仅能让我们活得更久，还能确保婴儿按时出生。比如，我简直不敢相信一个婴儿能出生两次——医生们在胎儿发育到23周的时候将胎儿从孕妇子宫中取出，对她进行了20分钟的脊柱手术。然后，她又被放回子宫，三个月后再次出生。和这个故事类似，为了剔除可能导致遗传病的缺陷DNA，一个婴儿居然可以有3个父母。他们这样做情有可原，但让人担心的是，有的父母将利用这些技术去定制婴儿。

更令人惊叹的是科学家们在人造子宫领域取得的成果。现阶段，婴儿只能在大约22周后才可能在子宫外存活，因为他们需要从母亲的血液中获取必要的营养。即便如此，这个阶段出生的婴儿仍有可能会出现长期并发症。但如果我们能在子宫外培育出卵子，情况就能有所改变。在经过数十年的尝试之后，科学家正越来越接近这一目标。人造子宫将为早产儿继续发育创造一个更加自然的环境。第一个提出这个设想的生理学家J.B.S.霍尔丹（J.B.S. Haldane）在1924年预言，到2074年，70%的人类将从人造子宫中诞生。

无母生育时代即将到来，而借助人造精子，也会有更多的婴儿通过无父生育出生。如果你一个人就可以定制一个婴儿，谁还需要爱情呢？别忘了，你的孩子还会永生。正如我所说，科幻故事正在迅速成为科学事实。

110 岁退休

一个世纪前，人们的退休年龄为 65 岁，实际上，当时大多数人在 40 多岁就去世了。今天，人们一再辩论是否要推迟退休年龄，因为现在大多数人能活到 80 多岁。不久后，人们的平均寿命将超过 100 岁，而根据科学家的说法，今天出生的婴儿将活到 150 岁。如果你有 150 年的寿命，你会做些什么呢？

难道是长大后，一直工作 130 年吗？并非如此，在你生命最后的二三十年光景里，你的身体器官将逐渐被机器人或 4D 打印器官替换。纳米生物机器人将在你的体内运行，排查癌症和老年痴呆症，并通过基因修复技术，修复病变细胞，从而根除病症。

这么算下来，在你 150 年的寿命里，至少有 110 年是壮年。110 年的壮年期究竟意味着什么？这显然是一个挑战，因为今天出生的婴儿将在 2035 年进入就业市场。但是，好消息是，在未来，出生人口会减少，所以竞争也会变小。这是好消息吗？

到 2035 年，地球上仍有 70 多亿人，但随着延长寿命药物的发展及医疗水平的提升，人口老龄化将愈加严重。由于大多数老龄化人口将不再工作，拥有自己的住房，也不再纳税，新的劳动力将不得不努力工作，缴纳税款，为退休的劳动力提供支持。

购置房产可能成为历史，因为所有的房产都将十分昂贵，所以这些新的劳动力无力负担。因此，按揭市场最终将演变为租赁市场。而且，他们从入职第一天起就要为养老存钱，因为要一个世纪才能存够养老金。

听起来很压抑？也许吧，但这与其说是一种令人沮丧的前景，不如说是一种思维上的转变，这将改变你对按揭、储蓄、投资、养老金等一切的看法。寿命的延长将带来一系列连锁反应，有些学术文章预测人们会遭受厄运和黑暗，但也有许多人预测幸福和财富会降临，一切都需要你自己做判断。无论如何，关键在于思维的转变。

谁想永远活着

人类的寿命即将超过150岁，社会进入老龄化，从这些观点中，我们可以看出技术正在重塑地球上每一个生命。从金融科技到科学，再到生命科学，人类的各个方面都在发生着翻天覆地的变化。从实验室的烧杯到生产线上的合成材料都被用来造人。虽然现在还难以想象，但在不久的将来，很可能会有许多人造人成为护工和清洁工，从事很多人类不想做或不愿意做的其他工作。

许多科学家和未来学家预言，在我们的有生之年里，生命科学将找到治愈人类疾病的方法，这是前所未有的。因此，我挑出了 10 个正在改变人类的技术，这些技术将让我们活到 150 岁以上。

- **人类基因工程**：通过对卵子、精子或胚胎的DNA进行编辑，就有可能纠正疾病基因，并将这些修复后的基因遗传给后代。这一技术可用于解决囊性纤维化等遗传疾病，并为人类提供终身保护，以防止感染和阿尔茨海默病的发生，甚至还可以延缓衰老。人们担心，这一工程技术对有钱人来说，是一条通往超人和定制婴儿的反乌托邦之路。
- **打印人体部位**：20 年前出现的 3D 打印技术让更换人体部位的想法正在变为现实。3D打印机能相对快速和高效地制造复杂部件，所以可以为每一个佩戴者量身定制身体部位。首先，佩戴者需要花费几分钟进行人体扫描，然后确定身体部位的设计，约 40 个小时后就能拿到打印出来的部位。与高端假肢相比，3D 打印的成本微乎其微。
- **打印人体器官**：目前，医学 3D 打印主要用于制作假肢。然而，技术的进步使得 3D 打印机现在还能够使用与人体自然融合的软性材料（比如胶原蛋白、海藻酸盐和纤维蛋白等）进行打印。研究人员希望，器官移植将不再是修复受损器官的唯一途径。换句话说，你再也不需要假肢了，比如，你可以“长”出一只新的手臂。

- **培育人体部位**：世界各地的科学家正努力完善技术，希望能够为被破坏或受到损伤的身体部位培育出替代品。在2015年，研究人员用活细胞培育出了完整带有血管、肌肉和皮肤的老鼠前肢，这是具有历史意义的首次成功案例。研究人员相信，未来这些技术也将适用于培育腿、手和其他人体部位。
- **体内观测**：正如我在前文中提到的，医生现在正在使用纳米技术，将计算机、照相机等微型设备植入病人体内，以获得更准确和更具体的诊断。最近出现了一种还处在测试阶段的电子药丸，内含麦克风、温度计和电池，它通过整合几种测量手段，可以实现实时监控人体内部的状况。另外还出现了可吞服微型计算机，比如追踪病人服用处方药情况的数字医疗平台Proteus Discover，以及跟踪病人体温变化的飞利浦VitalSense。
- **延长人类寿命**：虽然让人起死回生似乎只是科幻小说中才有的情节，但这却是初创公司Humai的最终目标。该公司计划通过使用人工智能技术和纳米技术来存储一个人的思想和行为数据，从而使这个人永生。他们会先收集一个人的足量信息，然后在他死后，为他的大脑重造一个身体。

70 岁是新 30 岁

这一切对金融服务业意味着什么？你将如何生活在这样一个世界里：有钱的人觉得世界如此美好，几乎可以永生，而那些没钱的人则沦为二等公民？什么样的养老金政策才能支持人们活到150岁？你将换多少份工作？你会什么时候退休？如果我们能够自动化几乎所有的工作，还有什么工作是留给人类的呢？

这些都是提供重大疾病险、健康保险和养老保险等相关产品的保险公司需要思考的要点。特别是围绕关于一切工作都可以交由机器人完成以及寿命延长后的人类规划等问题。毕竟，当年俾斯麦提出发放养老金的想法时，大多数人只能活到40多岁，所以他把退休年龄定在65岁。今天，人们的平均寿命已经达到80岁，这造成了大多数经济体出现养老金不足的问题。如果在未来，人类的平均寿命增加到100岁，可领取养老金的年龄又应该是多少？ 80岁？

与保险公司一样，银行也将面临挑战和机遇：

- 财富将如何创造，谁来创造财富？
- 如果人们在70多岁时才进入职业生涯的第三或第四阶段，成为高净值客户，到那时，银行怎能指望大多数人在30岁时就选定自己信赖的银行？
- 如果客户有足够的时间来弄清楚银行高净值产品的门道，那么他们还需要银行吗？

- 如何让客户在几百年（而不是几十年）里都对银行保持信任？

同样，各国政府也将面临巨大的挑战，试想当人们的平均寿命达到 150 岁时，地球上将会有多少人口？地球人口每 30 年左右就会翻一番，到那时将发生人口大爆炸。加之贫穷的终结（比尔及梅琳达·盖茨基金会的目标）以及疾病的终结（马克和普莉希拉·扎克伯格的目标），人类将去向何方？

一些人认为，到那时，财富将不再是世界的焦点。正如《星际迷航》里“企业号”星舰舰长让–卢克·皮卡德（Jean-Luc Picard）所说，“人类工作不再以获取财富为目的，而是为了提升自己”。同样，埃隆·马斯克也曾说过：“只有在看到人类拥有光明的未来……成为一个多行星物种，在另一个（星球）上建立一个自我维持的文明之后，我才能安心离去。”

另一些人则认为，这将导致世界分化成两极：穷人（占总人口的 99%）居住在贫民窟之中，而富人（占总人口的 1%）居住在漂浮于海洋或建造在其他星球上的城市之中。这种设想由来已久，最早可追溯至 1927 年弗里茨·朗（Fritz Lang）的电影《大都会》。电影《饥饿游戏》、《时间规划局》和《极乐空间》等在某种程度上都是对《大都会》的翻拍。它们均探讨了一个主题：富人剥削民脂民膏。事实上，大多数电影都与那部具有里程碑意义的电影多少有些相似之处。

上述观点代表了两个极端，但我们往往也能找到中间路线。在《星际迷航》提供的设想中，我们将告别银行、货币和政府。每个人都是全球公民，使用民主化的货币，拥有能自我调节的组织，不需要中央集权的干预。我喜欢这样的世界，但就算比特币出现，我依然看不到任何可行性。比特币的成功之处在于，它在没有政府监管的情况下实现了货币民主化，但这种自我监管的结构将如何消除恐怖主义融资、洗钱、毒品买卖以及暗杀或恋童癖等风险呢？具备自我调节能力的市场能让世界顺畅运转吗？

正是出于这些原因，在某些时候，我们需要超越民主，实施管控。在这种情况下，《大都会》中描述的场景就会出现：上层统治阶级奴役弱者。他们积聚财富，用尽办法剥削被统治的人民，因为他们就是规则的制定者。这对我来说太过存在主义了，但我从根本上相信，用于价值交换的货币会实现民主化，我们可以自行控制其他人对我们数字身份的访问。但这个数字身份是通过某种形式的中央集权干预，然后发放给我们的。

至于实行中央集权的是谁或是何物，我不得而知。但我知道我的数字身份将存在于某种形式的分布式账本中。那么真正的问题来了：谁来管理这个账本？我过去曾有过几次猜想，但无论怎样，可以肯定的是，其中会涉及身份实际控制人（我）和一个身份颁发者。就算我们可以通过区块链将身份颁发自动化，但仍然会受到管控。正如我们所讨论的那样，在这种管控下，你仍然可以拥有自己的权力。未来如何演变将十分有趣。

物联网

物联网是个经常被人们拿出来讨论的概念。在我们日常生活中，大多数人可能没有多少感觉。我们除了有一部智能手机，还有其他智能的东西吗？在美国，如果你有Nest智能家居、亚马逊语音助手Alexa和特斯拉，你就可以说自己有一个半智能的家和汽车。我们其他人还在期待能拥有这种体验。但当物品非常智能的时候会发生什么呢？

我对此很感兴趣，我在10多年前例举过一个机器人照看房子的例子：机器负责修剪草坪，照顾年迈的父母，自动打扫房子。最近，又出现了一些伟大的创新，比如有一款智能门锁的应用，你可以通过它为家人设置固定密码，而为临时访客（比如水管工）设置临时密码。

当整个房子都联网时又会发生什么呢？你可以使用生物识别技术进入房间；在家中的浴室里做体检；你的家庭娱乐系统会让人身临其境，感觉就像在《星际迷航》的全息甲板上一样。

再以电影《少数派报告》为例，电影中有一个场景是在高速公路上，汤姆·克鲁斯乘坐无人驾驶汽车，正被他人追赶。在

2002 年，那个场景看起来简直魔幻。但如今，多亏了特斯拉、谷歌和其他无人驾驶汽车研发厂商，无人驾驶汽车驰骋在高速公路上已成为现实。不仅如此，超高速列车（比如超级高铁）和超高速飞机也将成为现实，届时从纽约到伦敦的旅程只要 30 多分钟。这样的交通方式更加低碳环保、可持续，每个人的生活都将更加干净、快乐、健康。当然，这只是计划。

还有很多项目专注于创造一个自给自足的星球，在那里，我们不是使用化石燃料或其他会造成污染的动力系统，而是直接从太阳获得我们所有的能量。埃隆·马斯克的公司最近推出了一系列新型屋顶瓷砖，它看起来和普通瓷砖别无二致，但实际上是太阳能电池板。这个世界正在迅速甚至超高速地发生变化，其中大部分的改变都是由富有远见的埃隆·马斯克推动的，但他并不是唯一一个这样做的人。例如，杰夫·贝佐斯也正通过亚马逊悄然打造一个全新的世界。

事实上，亿万富翁大致可以分为两类：想要为未来创造新的解决方案的人（马斯克、贝佐斯和理查德·布兰森）和想要在未来解决当前问题的人（比尔·盖茨、巴菲特和扎克伯格）。他们都在做正确的事情，但他们的愿望和目标各不相同。前一类人是创业梦想家，后一类人是慈善家。他们都值得钦佩。

回到正题，未来的世界必须能满足几十亿人的需要。根据目前的寿命预期和出生率计算，现如今的 70 多亿人口，到 2035 年将增长至近90亿。正如北约的一次讨论所表明的那样，这是一项挑战[1]：

> 越来越多的人将生活在更多、更大的城市里。在2008年，全球城市人口数量首次超越了农村人口数量。
>
> 这些新城市主要集中在海岸线上。目前，全世界每周有140万人迁居到城市。预计到2035年，世界人口数量将增至87亿，其中约50亿人将居住在城市，他们中的许多人生活在贫民窟里。

到那时，人们应该已经生活在智能城市里了，在他们的智能家庭中，会配有智能物品。那他们为什么还要住在贫民窟里呢?

> 历史表明，冲突往往发生在人口聚居的地方，由此，大多数学术和国防研究得出结论，在城市或城市沿海地区进行军事行动只是时间问题。如果北约想在未来的城市冲突中取胜，就必须顺应时势，别无他法。

这当然不是我们正在谈论的未来物联网。

---

① “Urbanisation–A Growing Challenge in the Future,” NATO, 2016.

我认为未来会介于这些愿景之间。许多人对未来持悲观看法——在“机器人崛起”一章和《未来简史》中已有详述，而其他人，比如我，对未来则有更积极的态度。至于你支持哪个阵营，我认为是由年龄决定的。我的意思是，年轻人一点儿也不害怕未来，他们十分渴望拥抱未来，觉得时光很慢；而老年人觉得时不我待，他们害怕未来，新的一天的来临预示着他们离生命的终点又近了一步。所以，老迈的心态担心未来，年轻的心态渴望未来。对我来说，这就是根本区别，所以我对未来翘首以盼。

万物网

我已经对物联网以及其对银行业的影响进行了深入探讨。在不久的将来，我们每个人都有几件物品与互联网相连，我们将看到世界上数十亿件物品之间进行着数千亿次的实时、不间断的小额交易。我的冰箱会为我预订牛奶，电视会为我订阅下一季《权力的游戏》，我的车会为我加满无铅汽油，所有这些都是即时自动完成的。

这也是银行系统面临的挑战。原本要花几分钟、几天或几周来处理交易的银行系统，现在在同样的成本下，要求实时同步完成总额达到 10 亿美元的小额交易。这是一个巨大的挑战。然而，这就是我们对物联网的需求。

请你思考以下问题：如果所有汽车都是自动驾驶的，而且从不相撞，谁还需要汽车保险？如果每套房子都是联网的，一旦发生入室盗窃，就会立马通知警察，谁还需要房屋保险？如果你一直都在使用电子支付，谁还需要现金？这些都是金融服务业需要考虑的关于商业模式的根本性问题。我们曾以实体构建商业。我们曾实行保险年费制，因为运动保险①很难操作。现在，运动保险已然成为新的流行模式。银行即服务是银行业的出路。我们需要开源并重构我们的服务，让我们的客户能够更好地生活和工作。

我觉得这是最令人困扰的一件事，可能因为客户还没有享受到它。在当今的世界里，再也没有一年一续的说法了。我按月付费，想下载什么东西的时候就可以下载。如果我不想用了，下个月就不再续费。一些时候，我想要特定的资源，就只付费订阅特定的节目或软件。然而，银行和保险公司的商业模式都是长期承诺。银行和你终生相伴，而保险公司也清楚，从你设立了退休金账户起，你在今后 40 年或更长的时间里都要往里面存钱。这确实必须要改变。

为什么我今天要做一辈子的承诺？我们中的一些人结了婚，但我们知道夫妻可能不会厮守终生。我们中的一些人领养了猫狗，但我们知道它们不会永远相伴。我们中的一些人买了房，开了银行账户，买了保险，但我们知道一旦哪家有了更好的费率，我们就会转投他家。再也没有终身承诺了。

---

① 运动保险，是一种根据消费者每天的运动量来决定保费高低的新型保险模式。——译者注

20 年前，我可能还能得到一份终身职业。但现在再也没有终身职业了。事实上，我现在甚至认为，终身职业是过时的说法，并不代表光明的前途。谁想永远被束缚住？

新的世界将是一个由短暂的关系、短期的承诺以及实时联网的事物构成的世界。然而，金融体系是建立在终身关系和长期参与基础上的，所有业务都通过柜台处理。这是核心的挑战，也是全球联网的物联网对现有银行构成巨大挑战的原因。

现有银行必须是敏捷、灵活和数字化的，但它们在建立之初却是行事缓慢、厌恶风险的实体机构。突然之间，客户说他们可以从互联网上获得一切他们认为重要的东西。银行能跟上吗？银行会跟上吗？

当然，挑战和机遇是并存的。比如，我听说现在有一家保险公司会根据客户的房子在联网后的安全性，为其财物提供保险。保险公司会全天候监控你的房子，知道当你离开房子时，是否有窗户或门还开着，一旦有这种情况发生，它甚至会给你发送提醒。这就是新的世界。所有事物都在线。一切都是实时的。一切都是互联的。单靠一年更新一次系统是远远不够的。

太空：不一定是最后的疆界

最后，我们来到太空。太空不再是空间的最后疆界。从火星探测器到冥王星令人惊叹的图像，我们已经开始了勇敢开拓的旅程。如前文所述，科幻故事往往能变成科学现实。数字企业家埃隆·马斯克和杰夫·贝佐斯正领导我们探索宇宙。

埃隆·马斯克的太空探索技术公司SpaceX正通过制造可回收火箭，推动空间探索的发展。该火箭大大降低了执行太空任务的成本。我们已经有可往返于地球和月球之间的航天飞机，但现在还没有可往返于地球和火星之间的航天器。这听起来像不像科幻小说?

但是等一下，如果将时间倒回到1916年，那时候，路上的主要交通工具仍然是马匹和马车。看到一辆汽车，人们都会非常诧异——1916年宝马成立，而13年前问世的飞机还处在试验阶段，被用于战争。这一年，珠穆朗玛峰尚未被征服，人们刚刚开始使用电话，电灯开关才被发明出来。

这听起来完全像另一个世界。仅仅在一个世纪之前，很少有人探索过这个世界。事实上，大多数人可能从未离开过他们的出生地，因为旅行是富人的特权。4年前沉没的“泰坦尼克号”上，大部分乘客都是因为移民第一次坐船。休闲就是待在家里，假日是闻所未闻的。地球上仍有广大的区域等待着我们去探索，特别是撒哈拉以南非洲和南北极地区。当时，探访这些土地的探险者被誉为敢死队员。他们以英雄姿态回归，带回了奇妙的故事。

一个世纪之后，如果人们哪年没有在海外某个富有异国情调的地方享受两周阳光，他们就会抱怨。大多数人都有一个愿望清单，希望能亲眼看到世界遗迹：马丘比丘、金字塔、克鲁格国家公园和悉尼。我们跳上跳下连接着城市和大陆的飞机，就像坐公共汽车一样，头也不回。我们可以参加慈善机构组织的短程旅行，去到 50 年前人类还无法进入的地方，在薄雾中观察大猩猩，在珠峰大本营眺望珠穆朗玛峰。

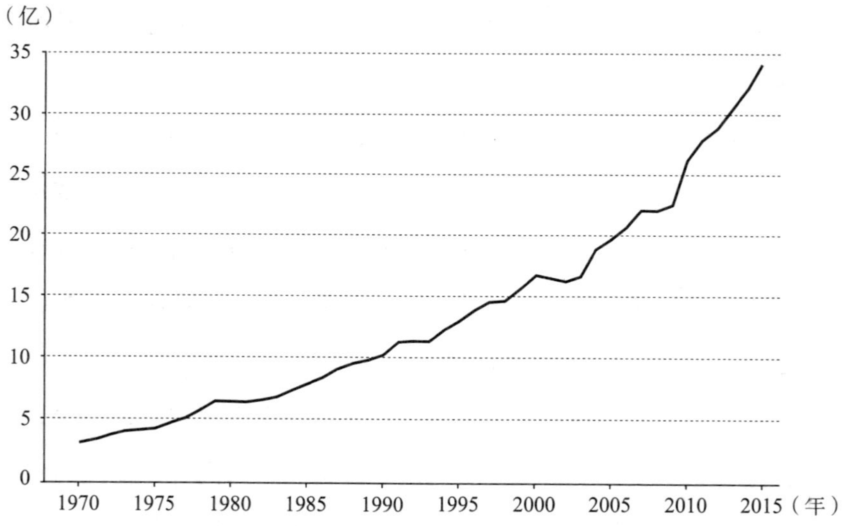

图 8-1 世界航空旅客人数（1970—2015 年）

数据来源：世界银行

世界发生的变化不是一星半点，简直是翻天覆地的。然而，当埃隆 · 马斯克提出移民火星计划时，大家都觉得他是疯子。其实他并不是。事实上，当我上次听到他谈论此事时，我想到 100 年前的情况和现在的是何其相似。一个世纪以前，出国的人被认为是大胆的。今天，人们对此早已司空见惯。今天，我们认为进入太空的想法是大胆的。一个世纪以后，这也将是司空见惯的事。

空间货币

下面我将从银行业的角度谈谈对未来的最后思考。据埃隆·马斯克称，到2040年，我们就将移民火星。为什么？因为地球养活不了这么多人口。我出生的时候，地球上的人口只有现在的一半。有人说，随着人们摆脱贫困，出生率正在下降，但要知道，世界也在走向老龄化。现在，人类平均预期寿命为80岁；而在未来，这一数字预计会达到100岁以上。虽然现在出生率正在下降，但是考虑到未来在没有伴侣参与的情况下人们也可以定制婴儿，这一比率可能会再次上升。

到2035年，估计将有87亿人生活在地球上，而现在为75亿人。我估计到2065年，这个数字将上升到大约140亿。这仅仅是基于每50年人口翻一番做出的保守估计。有一点十分明确，如果人口太多，地球将无力供给。到那时，我们该怎么办呢？我们只能将人送到太空。

另一个原因是，部分人认为在未来，人们将失去工作，因为所有工作都将实现自动化。对此，我不敢苟同，因为对下一代空中乘务员——“航天乘务员”的需求会越来越大，同时还需要人对航天器进行安全测试、为宇宙飞船开发系统和App、对机器人进行维修、开发虚拟现实世界以及提供娱乐体验等。

不过，大家或许已经注意到有关未来财富分配的问题。有这么多人，却没有足够的工作。当面临人口老龄化严重，年轻人口少的问题时，你会怎么办？年轻人现在缴税供养老人，但情况会急转直下。年轻人将很难再赚到足够的钱，因为他们面临着一个挑战——能否成为占有财富的那部分人。

根据尤瓦尔·赫拉利的说法，人类在未来将产生巨大的分化。一类人成为超人，他们不仅寿命可以延长，还可以定制后代，名曰精英富豪。而剩下的人将成为毫无价值的人，因为自动化让他们失去了工作，无法产生价值。

所有这些关于未来的预测都可以说是触目惊心。如果未来的财富分配极度不平等，那么这些无用的阶级将如何生存？也许《星际迷航》可以再次给出答案。

为什么《星际迷航》里没有“钱”

当年，电视剧编剧加德纳·戈德史密斯（Gardner Goldsmith）正在为《星际迷航》的衍生剧《星际：航海家号》进行创作。有一天，他写了一个关于追回赃款的故事大纲，制片人告诉他，原版《星际迷航》的创造者吉恩·罗登伯里“在去世前明确说过，联邦里不要出现钱”。显然，罗登伯里相信，在未来，“人类将进化到超越对金钱的需求……人文主义将褪去人类在整个历史中所表现出的贪婪，使用金钱会是一种罪过”。

创作者的理念体现在了他创作的人物上。电视剧里的人物反复强调，联邦不需要钱，钱不复存在，人类已经战胜了过去的占有欲，现在只追求知识和自我完善。

据一位博主称，原初系列中并没有提出过这样的说法。只是在第四部系列电影中，当机组人员及时返回时，柯克船长随口说了句，将来不存在钱这种东西。即使在这之后的《星际迷航》虚拟宇宙中，也并非完全看不到钱的踪影。正如许多人指出的那样，电视剧和电影中偶尔会提到一种叫作“信用”的东西，这听起来很像金钱。此外，还有一种虚构的贵金属拉金帝。在另一部衍生剧《星际迷航：深空九号》中，类人种族佛瑞吉人就使用这种金属进行交易。但是，拉金帝和信用都主要用于与联邦以外的人进行交易。

但说起来也奇怪，你想想看，在这个虚构的宇宙中，首屈一指的星际飞船名为“企业号”，但它竟然如此敌视实际的企业。让人厌恶的并非企业的进取心，而是它的唯利是图。由于佛瑞吉人用钱，所以，他们和神殿中兑换银钱之人一样为人所不齿。他们被描绘成只为拉金帝而活，所有其他目的都是苍白的。

但是，这种对商业和财富占有的讽刺描述，同其中另一个种族——瓦肯人的“心灵融合”能力一样不切现实。我们所有人都想改善自己的生活。只要我们尊重他人的权利，对金钱的追求不仅可以被接受，而且还是高尚的。我们没有理由相信人类会摒弃这一本性，即使这样做值得称颂，但这是不切实际的。

实际上，追求利润可以推动生产力的发展。在尊重私有产权的自由市场中，致富的唯一途径就是服务他人，满足他人的需求。财富获取必须借助财富创造。小偷和侵略者将受到惩罚，以保障其余的人可以安居乐业。即使在混合所有制经济下，产权在一定范围内依然会受到尊重。拉动型经济在还未有法令规定的时间点和地点上发展起来。在某些经济体中，钻空子是先人一步的唯一途径，所以腐败成了常态。

技术能否消除人类的占有欲？换句话说，《星际迷航》中的“复制器”能否解决资源稀缺的问题？如果在空气稀薄的条件下，利用微量能量就能制造出食物和其他物品，社会物质能否达到极大丰富？

就像有些东西用钱也买不到一样，有些东西用复制器也无法复制，对于这些东西，我们还是需要用钱来购买。比如联盟星舰的燃料——二锂水晶。这些晶体只能从《星际迷航》的宇宙中开采。儿童需要由人来养育和教导，复制器和星舰需要由人来建造和维护，并且，所有的星舰都需要由人来看守。在《星际迷航》的宇宙中，仍有许多诸如此类的工作需要由人类来完成。想要人类工作，就必须要有激励措施，其中就包括物质奖励。当然，我想当工程师，所以我愿意干工程设计，但我同时也想获得一定的报酬，我还希望我的报酬配得上我的努力和我辛苦学来的技能。如果报酬给得不够，我会对那些工作量少、工作表现差、工作不努力的人感到不满。

除了缺乏激励措施之外，计划经济还会带来一个严重的问题。尽管苏联在很大程度上设法让金钱与现实脱钩，但它也无法完全消除金钱，这带来了可预见的灾难性后果。在自由市场中，自由波动的价格，不仅反映了供求关系，还传递出大量关于需求产品和需求量的信息。在价格没有自由波动的情况下，中央当局根本无从整理所有本地信息，也无法实施有效管理。在苏联，这种尝试最终导致了大饥荒和劣质产品的横行。

与吉恩·罗登伯里设想的一样，在最新的《星际迷航》电影中并没有钱的踪影。谢天谢地，它也没有赞颂金钱的消失。电影制作人聪明地避开了这个问题，并专注于为观众讲好一个扣人心弦、有趣且由角色推动的故事。

至于为什么罗登伯里迷信金钱是万恶之源，我只能说他不是第一个这样想的人，也不会是最后一个。从柏拉图到托马斯·莫尔爵士，许多人都认为商人重利，取之无道。这一想法必须改变。我们不要不切实际的乌托邦，而要一个可实现的、真正的自由社会。在这个社会里，人们不会诋毁而是赞颂人类创造财富的本性。

尾声

在本书结尾部分，我希望你们已经了解我试图论及的两大主题，以及二者是如何融合在一起的。我的第一个主题是，我们正在经历一场大规模的人类革命，而不仅仅是一场技术革命或变革。这场革命非同以往，数字人类要比人类复杂得多。第一，他们的寿命更长；第二，他们能够实时获得非凡的知识；第三，借助人工智能和机器人，他们的审美、思考、创造力和对复杂事务的处理能力都将加强；第四，他们很快将成为一个多行星物种；第五，他们的行为举止将与前人完全不同。数字人类做生意、交朋友的方式是人类前所未闻的。这是第一大主题。

第二个主题是，现在每个人都能够使用网络进行交谈和交易。普惠金融将带来巨大的变化。首先，麦肯锡研究称，普惠金融将使全球生产总值每年增加 3.7 万亿美元。[①]其次，没有人被排除在外意味着人权将得到充分加强，任何人的权利都不得被侵犯。以数字方式记录每个人从出生开始的生活；让每个人都有机会获得保险、储蓄和贷

① “Digital Finance for All : Powering inclusive growth in emerging economies,” McKinsey Global Institute, September 2016.

款；通过无条件基本收入政策让每个人的基本需求都得到满足；让每个人都了解普惠金融。所有这些都将带来巨大的变化。

所以比尔·盖茨预测，到 2035 年，没有人会像 20 世纪那样饱受贫穷之苦。没有人会因为体制问题而变穷。财富可能仍由少数特权阶层控制，但每个人都能接入网络，增加了他们获得知识和信息的途径，使他们有机会在任何地点、任何时间从零开始建立企业。这就是人类的第四次革命所带来的最大转变。

这两个主题是一致的。人类的数字化为人类提供了获取知识、获得满足感的新方式。正如《星际迷航》所预测的那样，数字人类将居住在多个星球上，人口以数十亿的量级增长，借助生命科学，他们会超越对财富的追求。毕竟，如果机器人能自动完成人类今天所做的所有事情，那么人类在未来就必须做点其他的事情。

这一点让我格外好奇。我们从智人进化而来，因为共同的信仰组成了几百人的部落，并击败了其他的人属物种。这是人类的第一次大革命：成为人类。

在我们拥有文明后，我们人类就进入了第二个阶段。在从伊拉克延伸到以色列的新月沃土上，古代文明蓬勃发展，形成了数千人共同生活的城市。他们靠着一种新创造的价值交换体系——货币，维持着和平的生活。货币的发明让人们能够未雨绸缪、以丰补歉。农民们用富余的粮食换钱，然后用钱买春，寻欢作乐。妓女是世界上最古老的职业，其次就是会计。

几千年来，中华文明通过丝绸之路向外传播。丝绸之路穿过南亚西北部地区的印度河流域文明，横跨腓尼基人、巴比伦人和苏美尔人生活的地方，沿途产生了许多价值交换工具。甚至，中国早在公元7世纪就出现了纸币。

然而，人类又用1 000年的时间实现了下一个变化：我们从数百个拥有共同信仰的人组成的村庄，发展成以金钱交换为基础的数千人的城镇，然后又在世界各地形成数百万人的城市。

工业革命使大批的人得以跨越国界。许多人远渡重洋，来到美国和澳大利亚等国家工作和生活。交通方式的革命，也推动了世界各国贸易的发展。蒸汽火车、蒸汽轮船、燃油飞机和燃油汽车在一个新的价值储存系统——银行的支持下，创造了全球化的经济奇迹。银行有政府背书，受到国际认可。一国信用评级越高，聚集财富就越容易。因此，英美是金融超级大国，其他国家难以望其项背，而像印度、巴西等国的经济则承受着债务负担。

持续了几个世纪的状况如今已经发生改变。70年前开始的数字革命，让金砖四国——巴西、俄罗斯、印度、中国，尤其是印度和中国正形成一个新的生态系统。一个所有事物都将被自动化的生态系统。正如马克·安德森（Marc Andreessen）的名言：软件正在吞噬世界。事实确实如此。我们致力于将所有可数字化的东西数字化，让所有的东西都能快速、便宜地连接起来。这就是物联网的目标——让所有的东西快速、便宜地连接起来。当你读到这本书时，这个愿景正在变为现实。

但快速、便宜地连接起来的不仅仅是事物，还有人，人与人的连接推动了普惠金融的发展。因此，我希望你们能喜欢本书的最后一章，我会把以上这些主题都放进一家正在实现数字人类梦想的公司——蚂蚁金服中讨论。

在过去 30 年的游历中，我学到了很多东西，我学到的最伟大的东西是，人心向善。人们只想让自己的家庭过上美好的生活。

> 没有人生来就会因为皮肤颜色、出生背景或宗教信仰而仇恨他人，恨都是学来的。而如果他们可以学会恨，那么他们同样也可以学会爱，因为爱比恨会更自然地走进人类的内心。
>
> ——纳尔逊·曼德拉，《漫漫自由路》

我相信，数字革命让每个人都有机会过上美好的生活。地球将更加美好、和平和可持续。马云、蚂蚁金服CEO兼董事长井贤栋和我在蚂蚁金服遇到的其他人的想法很好地展示了所有这些理想。

最后，技术正在创造一个民主化的星球。在这个星球上，拥有合法数字身份是一项基本权利，人们通过移动网络进行贸易、支付和社交。这绝对是一个前所未有的美好世界。

附录：案例研究

蚂蚁金服

数字人类时代的第一家金融机构

2017年夏，我来到中国杭州，应邀参加了阿里巴巴为淘宝平台明星卖家举办的阿里巴巴年会。而我此行的真正目的是收集更多关于蚂蚁金服的信息。蚂蚁金服是阿里巴巴旗下的公司，运营着移动支付软件——支付宝。正是这次访问让我得以完成了以下的案例研究。

当美国人在与芯片和PIN码进行艰苦斗争，欧洲人才开始接受非接触式支付时，中国已经在数字支付方面领先了所有人。2016年，中国的移动端消费额达到了5.5万亿美元，居世界首位，许多人甚至预测，中国将成为第一个实现完全无现金化的主要经济体。很多中国人首选的移动支付系统是支付宝。运营支付宝的蚂蚁金服最近开始向全球扩展业务。那么他们接下来的计划会是什么呢？

雄心勃勃的计划

许多西方人都听说过支付宝，但他们普遍认为支付宝是中国版PayPal。事实上，该公司与其欧美同行没有任何关系或相似之处。它是个典型的中国产品，因贸易需求而诞生，现在正朝着主导全球的方向发展。几年前，几乎没有人会想到这一点，但支付宝的雄心很大，其母公司蚂蚁金服也是如此。正如蚂蚁金服CEO井贤栋在2017年1月的达沃斯世界经济论坛年会上宣布的那样，蚂蚁金服的目标是到2025年拥有20亿消费者。对于一家创立于2003年的公司来说，这种雄心背后是阿里巴巴的支持。

当年，阿里巴巴刚刚推出淘宝。淘宝意为“挑选宝贝”，但当时在中国很少有人愿意在网上购物，因为买家担心付钱后收不到东西。同样，卖家在收到钱之前不敢寄出任何东西。

解决这一问题的方法是，阿里巴巴让买家将订单传真至他们的办公室，并把货款交由阿里巴巴暂管。这意味着卖方相信他们会得到钱，因此会发货；买家也知道他们的钱被安全地保管着，直到他们告诉阿里巴巴可以付款。这套机制竟起了作用。第三方资金托管服务让淘宝的销售额稳步增长，支付宝随之推出。从那以后，使用传真的第三方资金托管服务就彻底退出了历史舞台。

现在看来，当时这套机制不仅需要传真机，还要依靠银行为其进行人工转账，十分过时。如今，支付宝通过人工智能实时监控4.5亿用户的每一笔交易，不断搜索潜在的欺诈性交易。在过去的12年中，该公司对其系统架构进行了4次更新，并刚刚开始了另一次更新。

支付宝已经从基本的第三方资金托管服务转向实时支付、云技术和微服务。该公司现在正致力于开发新的机器学习和超级智能结构。这种结构每秒可以处理 12 万笔交易，并且在需要时还可以扩展到每天处理超过 100 亿笔交易。相较之下，Visa 和 MasterCard 每年的交易处理量才刚过 600 亿笔，平均每秒处理近 2 000 笔交易。这是一种全新的运作方式，完全根据客户的需求而设计。支付宝和蚂蚁金服没有传统的支付或银行思维，它是一家致力于提供最佳用户体验的科技公司。

用户至上

用户体验是阿里巴巴和蚂蚁金服最关注的部分。比如，蚂蚁金服的货币型基金“余额宝”就引起了西方媒体的极大兴趣，因为截至 2017 年 2 月，它管理的资产超过 1 650 亿美元，其体量超过了摩根大通美国政府型货币市场基金——该基金管理着 1 500 亿美元的资产，成为全球最大的货币市场基金。

然而，余额宝并不是真正意义上的货币型基金。这不仅是一种将消费者在支付宝中的余额用于理财并赚取利息的方法，也是一种小额储蓄工具，为中国农村的消费者提供了储蓄和理财的机会。很多农村里没有银行，人们去趟银行很不方便，因此他们闲置的资金几乎没有利息收益。

普惠金融是阿里巴巴和蚂蚁金服故事的关键情节。它们的客户大多数是小企业，现在这些小企业的商品可以销往世界各地。大多数淘宝店主都是聪明的年轻人，他们从网上小店做起，借助想象力和适当的运营，发展成了皇冠店主。就在 20 年前，中国的银行还要求柜员必须通过算盘考试才能上岗。

银行公敌?

支付宝威胁到中国的银行了吗？大家普遍感觉没有。虽然二者的业务有部分重叠，但支付宝的用户并不是银行的传统客户。它的用户以前都没有或者很少接受过银行服务。这就是为什么蚂蚁金服会向海外扩张。在过去一年里，该公司组建合资公司、引领投资、签署协议，一系列海外动作令人印象深刻。

比如，蚂蚁金服是印度Paytm的大股东。Paytm目前为2.35亿印度公民服务，它的目标是，到 2020 年将这一数字翻一番。2017 年 4 月，蚂蚁金服收购了东南亚地区最大的在线购物网站之一——新加坡Lazada的支付业务hellopay。Lazada有“东南亚亚马逊”之称，主要为印度尼西亚、马来西亚、菲律宾、新加坡、泰国和越南提供电子商务服务。蚂蚁金服与泰国移动支付公司Ascend Money于 2016 年 11 月达成合作协议，随后又于 2017 年 2 月与印尼环球电信GCash和菲律宾数字金融公司Mynt建立了合作伙伴关系。

与此同时，支付宝与Ingenico（法国支付处理公司）、Wirecard

（德国银行软件公司）等公司签署了一系列收购协议，让其用户能在欧洲使用支付宝。此外，支付宝与美国第一资讯集团也签署了类似协议。最后，为了收购全球汇款服务提供商速汇金，支付宝与美国电子支付服务提供商Euronet展开了正面交锋。[①]

自上而下

阿里巴巴光芒四射的董事长马云明白，Uber、Airbnb和Facebook等公司的崛起是一场由技术带来的平台革命。在这场革命中，全球最大的出租车公司没有汽车，最大的住宿提供商没有客房，最大的内容公司没有内容。它们都只提供平台，分别将乘客与汽车连接，游客与客房连接，朋友与故事分享连接。阿里巴巴的商业和蚂蚁金服的金融也是如此。阿里巴巴不做商业，它只提供平台。

2017年7月，在一年一度的网商大会上，马云接受采访时说："一般公司都讲管理，但在阿里巴巴，我们叫治理经济，因为我们必须管理那么多依赖于我们的合作伙伴。我们希望任何一个中小企业，只要它有一个想法，就能够实现。阿里巴巴的市场可以为你找到买家和卖家；我们可以帮你提供云计算；我们可以分销和运送你的产品。到2036年，阿里巴巴将与小企业和消费者共

① 2018年1月2日，蚂蚁金服以每股18美元（总额12亿美元）收购速汇金的交易宣告终止，因为此交易未能获得美国外资投资委员会的批准。——译者注

同创建出全球第五大经济体。我们希望这个新经济体能够为全世界创造1亿就业机会，服务20亿的消费者。阿里巴巴是这一新经济体的倡导者和建设者，但不是拥有者。”

马云接着谈道，中国制造、印度制造这些说法很快就会过时，所有东西都将是互联网制造。一切都将以数字方式分布和管理，并由几个主要平台提供服务。阿里巴巴和蚂蚁金服将成为全球（而不仅仅是中国）商业和金融服务平台。

蚂蚁金服并不打算在世界各地创建和推出服务，它只是希望将其经验推广到全球，并在当地建立伙伴关系，分享这些知识和技术。它不会把蚂蚁金服的行事方式强加给印度和亚洲其他地区的合作伙伴。相反，它会向这些第三方合作伙伴提供其所有技术和服务的访问权，以便这些技术和服务能够更快地落地和运行。

这就是平台玩家所要做的，也是马云此番话的核心：阿里巴巴拥有复杂的公司网络系统。它将之看作一个经济体来治理。阿里巴巴不是一家公司，而是一个生态系统。其中，支付宝已经成为世界上业务量最大的支付处理公司。到2025年，如果用户数上升到20亿，它也将成为世界上市值最高的支付处理公司。

蚂蚁的进击

我是伴随着美国梦成长起来的。然而，在过去的20年里，无论美国人愿不愿意承认，中国已经成为第二个超级大国。这不是我对中国有所偏爱。这只是事实。但美国人不喜欢这样。在谷歌上搜索“中国是一个超级大国”，你会看到大多数美国媒体都会添上一些怀疑的字眼。

但如果你读一下更加中立的讨论，比如印度杂志*Swarajya*，你就会得到一个完全不同的观点：

> 到目前为止，美国仍然是世界上最大的经济和军事超级大国，但其孤立的地理位置意味着这种力量没有更多发挥余地了。如果中国仍然认为美国市场对其自身的增长很重要，那么美国的影响力就会持续下去，而且还可能会持续10年左右。一旦新的“一带一路”倡议开始发力，世界经济中心将立马转向亚洲。①

也许最中立的评论来自《大西洋月刊》，在2017年20国集团会议之后，它撰文称：

> 我们注意到，今天的中国似乎是世界上最受欢迎的超级大国，这在一年前还想都不敢想。同是访问欧洲，让我们将唐

① “Why Trump’s US Has Lost The Plot On China, Russia And The New World Order,” Swarajya, 31 July 2017.

纳德·特朗普与中国总理李克强进行比较。据新华社报道，李克强周三抵达柏林，他希望利用在德国和比利时停留的三天行程，为开放经济、自由贸易和投资（以及）地区间的和平稳定站台。另一方面，特朗普反对北约，指责德国的贸易政策“非常糟糕”，他甚至在合影时，似乎一把把挡在他前面的黑山共和国总理推开了。周四，李克强重申了中国对《巴黎协定》的支持，称应对气候变化是一项国际责任。周四晚些时候，特朗普则宣布美国将退出这一具有里程碑意义的气候变化条约。在演讲中，特朗普重申了“美国利益优先”的政策，而李克强在欧洲的会议和演讲中成功地将中国描绘成一个自由、负责任和全球化的大国。①

西方一些人显然对中国和其他国家带有偏见和不信任。实际上在过去的10年中，中国因为技术而崛起。我觉得，如果按当前的趋势继续下去，中国梦将取代美国梦，在一二十年后，我们都会把中国、中国文化和中国商业当作我们的梦想。

你只要看看历史就会发现中国对世界文化的影响曲线，它现在又处在上升期。例如，在我的成长过程中，学校里会教授埃及、希腊和罗马文明的知识，世界上最古老的文明之一的中国文化却

① “Is China Becoming the World’s Most Likeable Superpower?” *Atlantic*, 2 June 2017.

从未被提及，要知道纸、印刷术、指南针、酒、丝绸、瓷器等都是中国人发明的。为什么？因为西方有偏见。事实上，在过去的几个月里，到处都能看到关于“一带一路”倡议的各种有趣的讨论。如果你对这个倡议还不熟悉，请看以下内容：

> 该倡议于 2013 年 9 月正式启动，习近平主席在哈萨克斯坦的一所大学里发表演讲时，呼吁创建“丝绸之路经济带”。后来这个项目被扩大并重新命名为现在这个名称。
>
> “一带一路”倡议是一场雄心勃勃的发展运动，中国希望借此推动整个亚洲及其他地区的贸易往来和经济增长。为了实现这一目标，中国将建设大量的基础设施，促进各国互联互通。据估计，中国计划每年向此类项目投入 1 500 亿美元。在 2017 年年初发布的一份报告中，评级机构惠誉国际表示，计划中或正在进行的项目规模高达 9 000 亿美元。
>
> 中国计划在巴基斯坦修建管道和港口，在孟加拉国修建桥梁，以及建设中国通往俄罗斯的铁路——所有这些项目都是为了打造一条中国称为“现代丝绸之路”的贸易路线。中国政府认为，这条路线将开启“全球化的新时代”。[①]

① “The $900bn question: What is the Belt and Road initiative?” *Guardian*, 12 May 2017.

美国拒绝全球化，继续实施制裁，与俄罗斯制造摩擦。特朗普还在Twitter上发文称，中国并没有帮助阻止朝鲜试射可能到达美国的导弹。中国却在朝着相反的方向前进，它争取同欧洲、非洲、俄罗斯和其他国家合作，建设下一个无与伦比的未来世界。

蚂蚁金服和阿里巴巴是中国创业精神的典范，它们响应中国政府的倡议，积极建立全球贸易伙伴关系。借助支付宝和微信支付，中国将成为世界上第一个也是最大的无现金国家。据估计，到2022年，中国一线城市将完全实现无现金化，而中国的其他城市也将在10年内实现这一目标。微信和支付宝的用户已经通过他们的移动钱包进行着数万亿美元的交易。确切地说，2016年的交易额已达到5.5万亿美元，这使得美国1 120亿美元的移动交易量相形见绌。

对于一个拥有14亿人口的国家来说，实现无现金化将是一个令人惊叹的成就。这也是一个有趣的现象，因为中国是第一个使用纸币的国家——中国人发明了纸币，现在中国又是第一个摆脱纸币的国家。从公元7世纪的唐朝开始，纸币一直都是中国人的一种支付手段。相比之下，直到16世纪世界其他地方才出现第一批纸币，比中国晚了近1 000年。

总之，中国从一个20年前还要求银行柜员参加算盘测试的国家，转变为今天我们所看到的几乎没有现金的国家，这是一个巨大的转变。我坚信，在未来10年内，中国在经济和商业上的领导地位将影响我们所有人的日常交易。

阿里巴巴和蚂蚁金服

> 支付宝成立的时候，我们希望在中国创造一个公平的环境，让每一个人能够公平地获得金融的支持，每一个人都能得到金融的支持，我们更希望看到的是，让每一个诚信的人，让每一个好人，他也许没有钱，但是因为他是好人，因为他是诚信的人，他有足够的财富和价值。
>
> ——马云在2016年蚂蚁金服年会上的讲话

20年来，我一直密切关注中国金融服务业的发展。我第一次接触中国的金融体系是在1997年，就在亚洲金融危机爆发之前。中国银行的人员自豪地带我参观了其北京总部。该银行拥有30万员工，重点业务是将从居民那里获得的资金投资到由政府牵头的项目中。当时中国的储蓄水平高，信贷供应少。银行对客户服务没有兴趣，它的重点是支持国有企业。

10年后，中国开放了国际贸易，并经历了经济的繁荣增长。我当时对一款名为QQ的新兴网络聊天软件印象特别深刻，它一下就拥有了3亿用户。中国市场变化的速度如此之快，让我感到惊讶。参观上海你就可以感受到这种变化。短短10年时间里，黄浦江边的金融区拔地而起，它正在力争成为下一个全球金融中心。虽然当时困难重重，但是中国还是实现了目标。中国前国家主席胡锦涛在2004年指出：

从1978年到2003年，中国国内生产总值从1 473亿美元增长到1.4万多亿美元，年均增长9.4%；进出口总额从206亿美元增长到8 512亿美元，年均增长16.1%；农村贫困人口数从2.5亿减少到2 900万左右。[①]

早在2006年，我就写了很多关于中国变革的文章[②]，我当时预测，10年内中国将拥有世界上最大的银行。快进到今天，表附-1说明了一切：

表附-1　2017年世界十大银行

排名	（之前排名）	银行	国家	一级资本（百万美元）
1	（1）	中国工商银行	中国	281 262
2	（2）	中国建设银行	中国	225 838
3	（3）	摩根大通	美国	208 115
4	（4）	中国银行	中国	199 189
5	（6）	美国银行	美国	190 315
6	（5）	中国农业银行	中国	188 624
7	（7）	花旗银行	美国	178 387
8	（8）	富国银行	美国	171 364

① News.sina.com.cn/c/2004-11-13/18354229884s.shtml.

② 参见https：//www.finextra.com/resources/feature.aspx?featureid=845。

（续表）

排名	（之前排名）	银行	国家	一级资本（百万美元）
9	（9）	汇丰银行	美国	138 022
10	（10）	三菱日联金融集团	日本	135 944

数据来源：《银行家》杂志，2017 年 7 月

如今，中国持续的经济高增长速度已开始放缓，支持这种增长的政府政策正备受质疑，对“影子银行”的担忧正在引发全球不安。无论如何，中国仍在发展。拥有QQ和微信的腾讯正与阿里巴巴、百度等中国互联网巨头共同颠覆着所有人的想法。

借助这些互联网巨头，中国已经超越了它的传统竞争对手。而美国还在努力将读取磁条的POS机升级为读取芯片和PIN码的刷卡机，欧洲还在思考在英国脱欧后如何将欧盟团结在一起。相比之下，中国已经在变革，特别是在金融市场。是什么推动了这种变化，接下来还会发生什么？

有一个明确的迹象是，阿里巴巴鲜为人知的子公司蚂蚁金服担当起了开拓者的角色。蚂蚁金服成立于 2014 年 10 月，旨在整合阿里巴巴的消费者和中小企业的金融业务。其业务包括支付宝支付系统和货币市场基金余额宝。据悉该公司在寻求上市，有分析人士认为，其估值可能接近 1 000 亿美元。按此计算，蚂蚁金服的价值将是巴克莱银行集团的三倍多，是花旗集团的一半以上。对于一家只有几年历史的公司来说，这成绩还算不错。不过，蚂

蚁金服的历史远比2014年要早。事实上，蚂蚁金服初始于2003年，当时阿里巴巴与eBay进行着面对面的交锋。迷人的故事就此展开。特别值得一提的是，蚂蚁金服正在实现我在本书中一直提及的梦想：为人类的第四个时代创造金融体系。

2017年7月，我分别在中国杭州和英国伦敦，与蚂蚁金服和支付宝的高管们讨论了他们对公司的看法。我还专程来到中国，与大众谈论他们对该公司的看法。

阿里巴巴的故事

想要了解蚂蚁金服是如何崭露头角的，我们首先需要回顾一下它和阿里巴巴的渊源。阿里巴巴最早可追溯至1980年，当时澳大利亚人肯·莫利（Ken Morley）利用暑假前往中国各地旅行。当肯和他的家人来到杭州时，他们去了西湖。在那里，他们遇到了一个叫马云的年轻人。马云当时16岁，正在学习英语。他时常在西湖周边与外国游客练习英语。肯的儿子大卫也是16岁，两个男孩建立了当时看来不太可能长久的友谊。

自从与莫利一家偶然相遇后，马云与大卫结成笔友。他们互相通信，马云会在每一行英文下面留出一行，以便肯纠正他的英语拼写。1985年，肯决定邀请21岁的马云去澳大利亚，看看能不能帮下儿子的这位年轻笔友。那时，中国对外开放的大门仍然紧闭，个人无法获得旅行签证。然而，马云决心去一趟北京，看看能不能拿到一张签证。结果，他被拒绝了 7 次。当时签证只发给有政府公务、探亲或留学等目的的个人，对进行一般访问或旅游的个人一律拒绝。马云几乎失去了一切希望。在第 7 次被拒后，肯 · 莫利也很担心，甚至给澳大利亚驻华大使馆发了一封电报，希望他们能给马云签发签证。

1980 年，马云和大卫 · 莫利

图片来源：蚂蚁金服

马云在北京待了一周，每天都在努力申请签证，几乎花光了带去的所有钱。当他最后一次走进大使馆时，他跑向第一个签证官，说："我已经在这里待了一周了，所以这可能是我最后的机会了。我希望能申请到签证，我想和你认真谈谈。"

“你想谈什么？”签证官问道。

“过去一周，我被拒签了7次。我已经没有钱了，只得回去，但至少得让我知道为什么被拒绝。”

签证官被马云的坚持所打动，仔细聆听了关于他和莫利家的故事。最后，马云终于拿到了签证。这改变了他的生活。许多年后，马云曾表示自己非常感谢澳大利亚，他在纽卡斯尔（悉尼郊区）待了29天，被那里奇妙的事物、人民、文化、风景、产品所震撼。他发现世界是如此不同。

此后，马云的思维方式发生了彻底的变化，虽然他当时依然稚嫩，无法实现自己的梦想。他回到杭州开始教英语。然而，他的澳大利亚之行一直伴随着他，加上1995年对美国的访问，他的道路逐渐清晰。

当马云在1995年年初访问美国时，搜索引擎和电子商务方兴未艾。在美国接触到了互联网后，他受到启发，回国创办了自己的第一家企业——中国黄页。这次创业后来失败了，但马云并未退缩，接着在1999年成立了阿里巴巴。

虽然阿里巴巴的理念与亚马逊类似，但是二者的商业模式不尽相同。西方经济当时正从夫妻店向大型购物中心、百货商店和城市购物中心转变，亚马逊便是在此背景下诞生的。所以，其零售模式复制了这些大型商业中心的打折促销模式，并凭借其更高的利润率逐渐将它们取代。

但中国没有这种商业结构。20 世纪 90 年代，中国大多是夫妻店，很少有大型购物中心和商场。因此，阿里巴巴最初的想法是，创建一个全球市场，将中国的小企业与全世界的买家联系起来。阿里巴巴当时被描述为一个帮助中国的小企业向世界其他地区展示自身价值的在线平台，这就是马云向中国企业推销其公司的卖点。1999 年，马云和他的阿里巴巴团队组织了一场大型博览会，让中国企业有机会与世界制造商合作。此次博览会举办得非常成功，马云和他的团队看到了一个将人与人连接起来的机会。这项服务就是淘宝。“淘宝”于 2003 年推出，旨在效仿 eBay 在美国的成功，但如前文所述，阿里巴巴走了一条不同的路。毕竟，当时中国消费者的手中并没有什么“宝藏”，因为真的没有什么值得收藏的东西，至少他们是这么认为的。所以，淘宝专注于将中国的小企业和个体商户（也就是规模不大的夫妻店）与广大民众联系起来。此举大获成功，但不久之后，eBay 就进入了中国市场，淘宝面临巨大的挑战。

eBay 通过收购易趣，大举进入中国市场。马云深知 eBay 可以将阿里巴巴连根铲除，但他也知道美国的拍卖服务不适合中国。当时，渺小的阿里巴巴并不能同强大的 eBay 相提并论，后者携数百万美元来开拓中国市场。然而，eBay 并不是中国本土的，也不像马云和他的阿里巴巴团队那样了解中国市场。比如，eBay 取消了中国消费者喜欢的表情符号和动画等功能时，淘宝则加强了这些功能，让其商业模式更加社交化，同时为了争取用户，还实行了免费模式。eBay始终没有提供免费版本参与竞争，加之犯了其他一些错误，因此它在损失数百万美元后，最终完全退出了中国市场。

随着eBay退出市场，阿里巴巴开始向其他领域进军。例如，2004年，它推出支付宝为用户代管账户资金。消费者可以将资金留存在账户里，直到他们对收到的商品满意，同意付款。这是淘宝发展的关键节点，因为中国当时的消费者保护法不健全。2008年，淘宝成立了B2C网站天猫。作为淘宝的一个分支，它主要销售大牌商品和服务。

2013年，阿里巴巴推出了货币基金余额宝，并向支付宝用户推广。这一业务大获成功。在不到两年的时间里，余额宝管理的资产就从0增至5 780亿元。因为只需轻轻一点，银行账户的钱立马就能转到余额宝上进行理财。2015年，阿里巴巴进军银行业，同年夏季推出了网商银行。该产品锐意创新，通过App和API的开放平台，向行业开放其功能和技术。

所有这些金融业务板块——支付宝、网商银行、余额宝、开放银行，都被合并为蚂蚁金融服务公司（以下简称蚂蚁金服）。这个名字形象地表达了公司的理念：一只蚂蚁很弱，一群蚂蚁却很强。这正是蚂蚁金服想要传达给大众的信息。此举初见成效，蚂蚁金服在2015年的市值为450亿美元，2016年为600亿美元，如果传言的IPO能够成行，其市值可能会超过1 000亿美元。

阿里巴巴旗下拥有淘宝、天猫、支付宝、余额宝等众多子公司，这就像把亚马逊、Facebook、Netflix、PayPal等公司放入了同一个生态系统中。比如，以下例子是阿里巴巴的五步愿景：

> 你可以宣传电影概念，吸引用户为他们喜欢的电影创意众筹。这些都可以通过阿里影业实现。
>
> 在电影获得资金支持，并制作上映后，你可以在淘宝上买到电影票。
>
> 你也许想在家里观看这部电影的数字发行版，你可以选择在阿里巴巴旗下的优酷土豆上观看。
>
> 如果你很喜欢这部电影，你可以在天猫上买到周边产品。
>
> 所有众筹和支付都可以通过你的蚂蚁金服账户进行。

换句话说，这个数字平台从头到尾管理着数字创造的整个过程。在2017年的天下网商大会上，马云在演讲中对这个理念做了很好的总结，并提出了一个新词“互联网制造”。我参加了这次会议，里面都是中国人。我看到的景象是，一群年轻的网红展示着自己的创意，淘宝店主们谈论着他们的商业模式和梦想。一切都很有中国特色。

会议结束时，马云接受了采访，以下是我对他演讲主旨的总结。

如今离开互联网做生意是不可能的，每个生意都必须有线上业务，所以我们需要更多的网商。整个供应链都将受到互联网的冲击。我在许多场合都谈到过这些挑战，但是人们不相信我，我已经习惯了。就像爬山一样，站在山顶的人看到的东西和还在半山腰的人所看到的是不一样的，而在山脚下的人看到的东西和在半山腰的人所看到的也完全不同。只有那些改变了思维模式的人才能站上山顶。未来30年，这个世界的变化将远远超出你我的想象。

未来10年，人工智能、大数据和云技术将让各行各业都发生变化。制造业将被彻底颠覆，未来将不会有“某地制造”的概念，比如“中国制造”或“印度制造”。设计、构思、打印和制作都可以通过互联网来完成。同样，现在一切都可以按需定制。今天，定制产品的价格昂贵，但在未来，如果你不能做定制，你的公司就会被淘汰。

阿里巴巴不做电子商务，我们只提供平台。因此，我们的合作伙伴取得的成就越多，我们就越成功。

3年前，阿里巴巴做了重要的战略选择，我们认为云和大数据是关键，数据和计算将成为未来。所以我们把兵马全部押在了大数据上，把阿里巴巴变成了家数据公司，提供数据的计算，提供数据的服务。尽管是这样，我想告诉大家，我们今天连亿分之一都没做到。未来将实现万物互联，即物联网，所有设备都会产生数据。所以今天的数据跟10年后的数据来对比，根本就不是什么事情。所以对阿里巴巴来讲，也非常恐慌。

在数据时代，垄断和控制根本是不可能的。垄断在工业时代威力很大。我们只是想帮助别人，而不是垄断。我们要把每个人联系起来。

我们提供支付、物流和运输服务。24小时内全国所有地方都能把货送到。送到北京上海，快不叫快，送到边缘地区快才叫快。我们永远不会成为一家物流公司，我们在这方面是要与其他公司合作的。我们必须要做别人不愿意做、不能做但又不得不做的事情。我们把重点放在中小企业不能做的事情上。我们要冲击的是守住资源而不跟人民分享的行业（公司）。

照片©克里斯·斯金纳

在创业的时候肯定会遇见艰难的时刻，我们也是这样，但是我们从来没放弃过对理想的追求。阿里巴巴的体量已经这么大，如果我们依旧只追求自己的未来和利润，就会被淘汰，人们一定会“斗地主”。村里面就你们家有钱，村民一定会把你当地主一样斗死。所以我们花最大的精力去分享。

阿里巴巴做事情，是因为觉得做了这件事，对经济、对小企业、对年轻人、对社会进步有贡献。我们只是希望,（有一天这个公司不存在的时候）别人会说，这家公司最大的贡献，不是它曾经卖过多少货，而是这家公司对互联网的普及，大数据的普及，对很多年轻人的开拓思想有所贡献。这也是我最大的乐趣所在。

一般公司都讲管理，但在阿里巴巴，我们叫治理经济，因为我们必须管理那么多依赖我们的合作伙伴。任何一个小企业，只要它有一个想法，就能够实现。阿里巴巴的市场帮你找买家、找卖家，阿里巴巴帮你支付，阿里巴巴帮你运，阿里巴巴帮你提供云计算和服务。到 2036 年，我们倡导建立一个服务于 20 亿消费者、创造 1 亿就业机会的新经济体。阿里巴巴是这个经济体的倡导者和建设者，但不是拥有者。个性化、智慧化的体验将是我们未来 10 年的主题。

金融科技让金融越来越强大。我们希望让每个消费者、每个个人越来越强大，他们有权利在获得资金方面拥有平等的机会，而不是等待被施舍。我们希望数据分享能够让你的产品更加直接地到达你的消费者那里。

2017年的网商大会与5年前的大不相同。我们现在提出的“互联网制造”，大家千万不要觉得是个口号。从现在开始，重新思考你的商业模式，重新思考你的消费者，重新思考你的供应商，重新思考你的整个物流体系、融资体系。13年来，我从来没有停止呼吁高度关注零售行业，今天我们在呼吁高度关注制造业，高度关注金融行业（高度关注技术领域）。所剩的时间不多了。

以下是马云给观众的十大商业建议：

- 梦想要远大，非常远大。不要限制自己去实现伟大的梦想。
- 问题越大，机会越大。
- 今天很残酷，明天更残酷，后天很美好。
- 把重心放在客户身上，其他的才会随之而来。
- 向竞争对手学习，但永远不要照搬。
- 与其做第一，不如做最好。
- 在危机中寻找机会。
- 借力打力。
- 不要纠结于错误。

蚂蚁金服的故事

虽然阿里巴巴的故事很有趣，但它不是本书研究的重点。本书的主题是第四次人类革命，从全球金融系统的起源开始，到实时的P2P贸易支持。因此，我选择了蚂蚁金服作为本书的重点案例研究，因为蚂蚁金服是第一家希望通过技术建立全球普惠金融的公司。得益于在线支付服务支付宝的出现及其随后的成功，2014年，蚂蚁金服成立，并稳步推进这一愿景。

阿里巴巴最初的想法不是创建一个庞大的支付系统，而是克服电子商务在中国的一个关键挑战：信任。没人相信网上购物。消费者不认为货物可以被安全送到手上，商家也不愿意把货物寄给没有付款的人。我在许多国家看到了这一挑战，也看到了解决问题的各种方法。例如，金融科技独角兽Klarna在瑞典利用数据解决了这一难题。他们通过掌握买家的邮政编码，来降低拒绝付款的风险。他们的商业模式是Klarna先替买家向商家支付货款，然后买家在收到货物后14天内再把货款还给Klarna。然而，这种方式在中国行不通，因为许多人没有银行账户、信用卡或借记卡，也没有类似能掌握个人信息以降低风险的地址。那么解决办法是什么？

2004年，阿里巴巴采取了一项聪明的举措。它开发了一套代码，一方面帮助买家托管货款，另一方面让卖家相信钱在阿里巴巴手上，只要先发货，就能拿到钱。以下是阿里巴巴当时发布这项服务的新闻稿：

阿里巴巴在中国推出在线支付解决方案

阿里巴巴与中国大型银行合作为企业和个人提供网络交易支付服务。

阿里巴巴今天宣布正式推出网络交易支付工具——“支付宝”，同时www.alipay.com正式上线，旨在向中国所有企业和个人提供支付宝服务。支付宝为买卖双方提供了一个全面的支付解决方案，既解决了网上交易中的信任问题，又为网上交易提供了一个高效的平台。

“2005年将是中国网上支付元年。在我们1 000万会员的帮助下，我们预计支付宝将成为中国安全在线支付的行业标准。”阿里巴巴CEO马云称，“今天标志着中国电子商务的一个新里程碑，也标志着为买家和卖家服务的在线支付系统取得了根本性的突破。”

为了确保支付宝成为中国最安全的网上交易方式，阿里巴巴与中国四家银行建立了合作关系，包括招商银行、中国建设银行、中国农业银行和中国工商银行。作为支付宝启动计划的一部分，阿里巴巴还宣布，为在支付宝平台上进行的所有交易担保，对于因使用支付宝而遭受损失的用户，支付宝将全部赔偿其损失。

马云说：“我们对支付宝非常有信心，它是中国最安全的网上交易方式，我们将用自己的钱为这项服务提供充分的担保。”

在最初几个月的测试期里，支付宝立刻获得了阿里巴巴旗下淘宝网450万会员的支持。有超过496万件商品，占淘宝网商品总数的70%，要求买家通过支付宝支付。已经完成交易的产品包括珠宝、汽车和房地产。随着支付宝的推出，该服务现在正式向中国所有的买家和卖家开放，无论他们是不是阿里巴巴或淘宝网的会员。

为中国本土而设计的支付解决方案

尽管中国了解网络的中产阶级日益增多，但中国在线购物由于传统的支付系统的制约，发展较慢。

以信用卡为基础的支付系统在北美和欧洲取得了成功，在中国却被证明是无效的，中国的信用卡使用率仍然很低。不仅信用卡的普及率低，买卖双方在商业环境中还存在信任问题。个人关系和现金交易一直是确保交易能顺利进行的传统手段。支付宝模式就是针对中国人的需求而设计的。马云称：“说到在线支付系统，一种方法并不能解决所有问题。美国有美国模式，欧洲有欧洲模式，中国有支付宝模式。”

支付宝如何工作

要使用支付宝进行交易，买方先将货款打给支付宝，在买方收货确认后，再由支付宝将货款结算给卖方。阿里巴巴会对每笔支付宝交易进行全面担保，所以买家和卖家都可以满怀信心地在网上交易。加上阿里巴巴和淘宝的会员信用评级系统，支付宝可以全方位地支持买家和卖家评估商业伙伴、建立商业关系和进行在线交易。

回看这份2005年的新闻稿，谁能想到如今翻天覆地的变化呢？支付宝在短短10多年内就发展成为中国主要的支付系统，拥有5.2亿用户，占中国移动支付市场70%的份额。

是什么推动了这场创新爆炸

部分原因是服务运作方式的改变。刚开始时，支付宝作为担保交易系统，主要用传真来交换信息。借助阿里巴巴平台，银行和卖家通过传真完成淘宝订单。5年后，情况发生了变化。

2011年夏天，支付宝开发了二维码支付系统，从而推动了中国的支付革命。很多中国人没有信用卡或借记卡，但每个人都有手机。然而，用手机支付并不容易。二维码系统的推出改变了这一切。就像星巴克App让星巴克成为美国手机支付的典范一样，支付宝也做了同样的事情。在结账时，用户的手机会自动生成一个唯一的二维码，商家可以用条形码阅读器或自己的智能手机摄像头扫描这个二维码，然后就能从用户的信用卡、借记卡或支付宝账户中扣款。

不过，此举也引发了一些问题，因为马云做出了一项有争议的决定。当时，中国人民银行出台新规定，非金融机构提供支付服务需要按规定取得支付牌照，成为支付机构。除非支付宝是一家没有外国股东的中国公司，否则政府不会发放这一牌照。在董事会就采取何种应对措施陷入僵局，以及雅虎和软银（当时分别持有阿里巴巴 40% 和 30% 的股份）没有明确指示的情况下，马云决定将支付宝剥离为一家独立的公司。马云认为，此举是为了应对政府的新规定。因此，蚂蚁金服于 2014 年 10 月正式成立。蚂蚁金服接管了阿里巴巴集团的全部金融产品，包括支付宝、余额宝等。同时，为了解决这一决定所带来的与阿里巴巴外国股东之间的争议，双方同意，支付宝将一定比例的利润返还给阿里巴巴。

投资者希望入股支付宝并不令人意外，因为支付宝每天处理约 14 亿元人民币的交易，2010 年全年的交易额接近 800 亿美元。到 2016 年，这个数字已经上升到近 4 万亿美元。支付宝还组织了一系列活动，不断推高其规模。例如，在 2016 年 11 月 11 日，中国“光棍节”那天，支付宝平均每秒处理 12 万笔交易，24 小时内的交易额为 177 亿美元。交易量峰值达每秒 17.5 万笔。相比之下，Visa

平均每秒处理 1 750 笔交易，峰值为每秒 2.4 万笔，只能甘拜下风。2017 年“光棍节”时，这一数字再创新高。中国消费者在阿里巴巴的电子商务平台上总共花费了惊人的 250 亿美元，其中第一个小时就产生了 86 亿美元的订单，该公司的处理器平均每秒处理 25 万笔交易。再将之与美国“黑色星期五”和“网购星期一”做比较，中国消费者在“双 11”这一天花的钱比美国两大购物节加起来还要多。这让美国人反而看起来很节俭（见图附-1）。

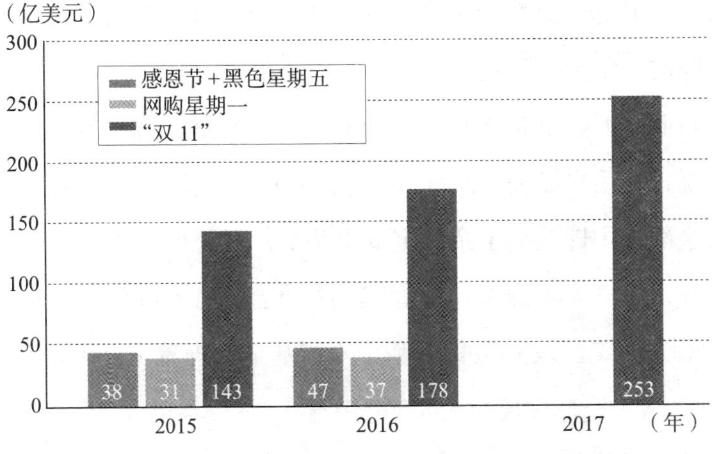

图附-1　阿里巴巴“双 11”网站成交金额和美国感恩节购物季网站成交金额比较

数据来源：阿里巴巴、comScore、statista、Business Insider

“双 11”只是推动中国移动支付业务的几个购物节之一。支付宝和微信支付还在春节发起了电子红包大战。

2014 年春节，腾讯在拥有 4 亿用户的微信上推出了抢红包活动，用户抢到的钱会自动存入其移动支付账户。这一活动一炮走红，人们交换了4 000万个虚拟红包，总额达到了创纪录的4亿元人民币。马云称其为“偷袭珍珠港”。2015年春节，为了加大活动力度，马云宣布将向1.9亿支付宝用户赠送总额超过6亿元（9 600万美元）的红包。腾讯在数小时内回应称，向微信用户赠送总额8亿元的红包，并在微信上禁止分享支付宝红包。腾讯赢得了这场战斗，2月18日微信红包的收发数量逾10亿个，而通过支付宝钱包发送的红包数量为2.4亿个。可以看出，这两家公司之间的竞争十分激烈。

与此同时，支付宝将触角伸向了其他领域，比如设立一个储蓄基金，为用户提供余额增值服务。它就是“余额宝”。用户把钱转入余额宝中即购买了余额宝货币基金，可获得收益。截至2017年2月，成立4年的余额宝管理的资产超过1 650亿美元，超过了摩根大通美国政府型货币基金（该基金管理着1 500亿美元的资产），成为全球规模最大的货币基金。

另一项举措是在2014年，当时中国监管部门开放了私营企业银行牌照的申请，于是蚂蚁金服在2015年成立了网商银行。蚂蚁金服认购该行总股本30%的股份，其他几位主要股东分别是上海复兴工业发展有限公司、万向三农集团有限公司和宁波市全润资产经营有限公司，这三家中国企业在农业、保险、机械和其他行业都有投资。网商银行的注册资本为40亿元人民币。然而，该银行最重要的合作伙伴是阿里巴巴，淘宝和天猫用户的交易历史会作为其发放贷款的依据。

网商银行将把重心放在支持淘宝上的500多万小企业上。该银行的执行董事长、蚂蚁金服CEO井贤栋在银行成立仪式上表示，该行的使命是“满足那些难以享受到金融服务的中国人的需求”，并“为小微企业提供负担得起的贷款”。

比如，一个卖牛肉干的淘宝店主就可以享受到这项服务。只要他收到订单，就可以立即通过网商银行的短期小额贷款，获得一笔资金。这位店主在过去5年里共获得3 795笔这样的贷款，平均每天2笔，贷款金额从3元到56 000元不等。

通过网商银行，阿里巴巴向其他中资银行开放了旗下业务。2013年，阿里云宣布推出垂直领域的云服务——阿里金融云服务，简称阿里金融云。阿里金融云的开发是蚂蚁金服完美风暴的一部分。蚂蚁金服已经获得了银行牌照，显然需要有一个面向未来的核心银行系统。蚂蚁金服没有寻求外部供应商，而是决定在内部开发这个系统。

一家银行在内部开发其核心系统在中国并不是个例，但蚂蚁金服更进一步，决定将基于云的解决方案出售给中国的其他银行。这套解决方案涵盖面很广，包括风险控制、贷款、存款、移动App、基础设施即服务（IaaS）、平台即服务（PaaS）、客户身份验证（KYC）等。

阿里金融云对中国银行业，甚至全球银行业的潜在影响，怎样夸大都不为过。阿里金融云在中国的推广十分顺利，截至笔者撰写本书时，已有约40家机构使用该服务，包括大小银行、支付提供商，甚至P2P平台。

蚂蚁金服：建设更美好的中国

蚂蚁金服的原则和使命是，致力于利用技术来改善社会和经济。[①]以下是《蚂蚁金服2016可持续发展报告》的开篇：

> 回顾人类的进化史和文明史，最简单来说，就是通过发展认知、农业、工业和科技，从一个地球上的边缘物种迅速上升到生态链顶端的进阶史。眼下，人类正处于一个所谓第三次工业革命的黄金时代，作为一家科技公司，我们想做、在做的事情，是想用科技推动社会回归人性的本源，一直退回到人类最初的模样：简单、平等、自由。我们日常办事，是不是能不排队不求人甚至不出门，自己轻松搞定？这是所谓简单；一个隔壁家老奶奶，和一个银行行长，能不能享受到一样好、一样方便的金融服务？这是所谓平等；我们是不

① 《蚂蚁金服2016可持续发展报告》中关于该部分的事实和陈述参见https://os.alipayobjects.com/rmsportal/omkAQCxPyHDDqtqBDnlh.pdf。

是能告别烦琐的密码，告别现金，甚至告别身份证、护照，走到哪里凭“一张脸”和它背后的信用数据就能轻松埋单，这是自由的应有之义。

事实上，对于一家中国公司而言，西方观察人士可能会对蚂蚁金服及其关联公司阿里巴巴集团的可持续雄心感到惊讶，它们所做的一切都是为了建设一个更美好的世界。这种商业模式基于三大基本原则：平等的社会、普惠的经济和绿色的环境。这三条原则就是所谓的“超级蚂力”。阿里巴巴对这三大原则的具体阐述如下：

- 超级蚂力的核心——靠技术为世界带来更多公平的机会。科技，是蚂蚁生存、发展、实现自我价值的根基。依托于科技，蚂蚁努力向社会输出的价值有：爱、智慧、信用和共享。蚂蚁社会责任和价值的最终目标就是“为世界带来更多公平的机会”。
- 超级蚂力的担当——内部齐心协力，携手合作伙伴。蚂蚁内部（员工和股东）齐心协力，并携手外部伙伴（客户、供应商、政府、监管机构、行业伙伴等），撬动社会资源，在为所有的利益相关方带来价值的同时，共同实现公平和普惠的愿景。

- 超级蚂力的生态——平等的社会、普惠的经济和绿色的环境。蚂蚁希望依靠自己不断“转动”，源源不断地贡献价值、输出力量，最终营造一个由“平等的社会”“普惠的经济”和“绿色的环境”组成的可持续的生态，实现“为世界带来更多公平的机会”的目标。

技术不仅是这个愿景的核心，还是这项业务的核心。例如，该公司公开声明，信用是通往更美好社会的通行证。信用评判在历史上一直很难实现，因为你需要某种形式的信用历史来作为评估依据。没有数据，就很难执行。

今天，得益于云计算、机器学习和大数据的发展，这一切都发生了变化。信用从一种针对道德的商业评估，变得直观和量化，可以分析，也可以实时使用。因此，蚂蚁金服创建了一个全新的信用评估系统，名为“芝麻信用”，它使更多的人能够在金融、生活等领域享受便利。

芝麻信用评分建立在你的财务行为和金钱信用度基础之上。其中关键的部分是确保人们有偿还贷款的能力。芝麻信用评分系统是蚂蚁金服的核心部分，它的智能决策机制基于可靠的信用评估和风险预测系统，能够实时运行。因此，即使是没有银行存款证明的农民，也可以通过网商银行获得购买化肥和种子的贷款。

蚂蚁金服与其合作伙伴的故事很好地说明了这一点。

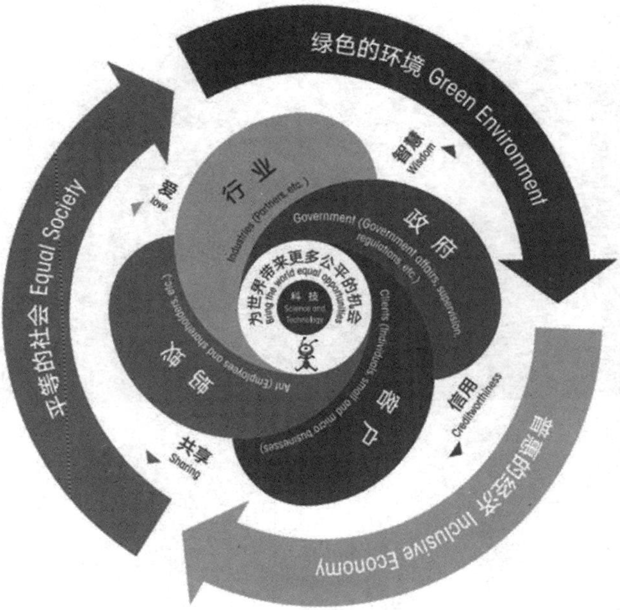

数据来源：蚂蚁金服

案例 “90后”返乡创业者：我见证了中国移动互联网的黄金时代

26岁的室内设计师张宏瑜回乡创业后承包了3 000亩（约2平方千米）果园，干得得心应手，于是还想接手家附近的2万亩（约13.3平方千米）石榴果园。于是问题随之而来：打农药的问题怎么解决？

图片来源：蚂蚁金服

这位“90后”做了一个让家乡人脑洞大开的决定：在支付宝上租飞机。2016年6月30日，极飞农业无人机项目接入支付宝服务窗（现为生活圈），用户在指尖上就能预订到无人机代洒农药的服务。张宏瑜轻松租到了飞机，不仅如此，由于其芝麻信用分高达763分，极飞减免了他的押金，还免费给他提供线下培训服务。

首次使用后，张宏瑜就感受到了科技的力量：无人机喷洒将农药利用率提高了1.5倍，工作效率提高了60倍，还大大降低了农业用水量。张宏瑜索性签了一年期合约，基于他的芝麻信用分，他需要交的押金仅为普通用户的2/5。创业近两年，张宏瑜身上丝毫没有果农的痕迹：没有紫外线造成的灼伤，白衬衣上没有半点泥土的留痕，也没有刺鼻的硫磷气味。

“这是在美国农民身上都不曾发生的事情，”张宏瑜说，“我虽然身在中国农村，却近距离见证了中国移动互联网的黄金时代。”

案例 大学应届毕业生：人之初，信护航

大学毕业后，邱哲留在了上海，公司位于陆家嘴，前景可期，眼前却不易。最难的是租房，上海租金高，且起码要押一付三或押二付三。邱哲很想独立，不愿向父母求助。

一个偶然的机会，邱哲在支付宝上发现可以用芝麻信用分抵免押金，在相寓上租房。他的芝麻信用分为751分，不但免去了押金，还能一月一付。数以万计的大学毕业生做出了和邱哲同样的选择。芝麻信用与相寓的合作，不仅帮助邱哲们减轻了负担，也保障了房东的权益。

住了近一年，邱哲每个月都提前几天给房东打租金，因为逾期付租、拖欠租金、损坏房屋等行为都将反馈到芝麻信用，影响到他的芝麻信用分。每月的6日，邱哲一早起来的第一件事，是查看芝麻信用分。那是芝麻信用分一月一更的日子。除了租房，邱哲如今出差住酒店、租自行车，甚至租晚宴礼服，都凭芝麻信用分享受到了免押金服务。

“芝麻信用分成了我通往世界的通行证。”

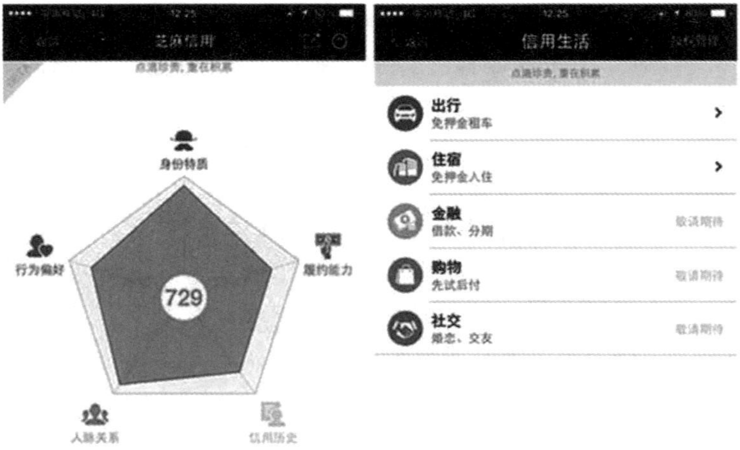

图片来源：蚂蚁金服

芝麻信用分、信用、小额贷款和普惠的背后是蚂蚁金服持续的实时分析和风险控制，这使公司能够实现其“310”贷款模式：3 分钟申请贷款，1 秒转账，0 人工干预。

网商银行帮助许多蓝领工人、大学生和农民工开始了新的生活。截至 2017 年 4 月底，仅 2 年时间里，就有 650 万人通过网商银行借款 8 000 亿元人民币。

信用和财富的融合正在帮助各行各业的人们实现梦想。信用的影响远远超出了我们通常能理解的范围。例如，我们传统上对某人信用的看法不仅来自他的个人财富，也来自他对社会做出的贡献。这涉及每个人日常生活的许多方面。这就是为什么技术的使用、信用的延伸能创造一个更加普惠的经济和一个更加平等的社会。

例如，因为有了芝麻信用分，人们可以在不用预付费用的情况下获得健康治疗。这使候诊时间平均缩短了 60%。类似地，商家可以利用短期贷款提供商品。比如在雨天租借雨伞，消费者在使用之后还回去即可。支付宝会根据你使用雨伞的时长进行扣款。商家相信你为了芝麻信用分，一定会还伞。

随着物联网的发展，这些技术将越来越深入我们的生活。例如，蚂蚁金服相信，在不久的将来，餐馆、地铁和机场的摄像头很可能会自动识别你的信用状况。人们出门可以不用带手机、现金甚至身份证。人脸识别系统能让人们去到任何地方。

所以，信用是推动蚂蚁金服以及中国社会和经济向前发展的关键因素之一。蚂蚁金服经常充当可信任者和失信者之间的调解人。芝麻信用也在与中国最高人民法院合作，帮助识别和惩罚商业失信行为。截至 2017 年 1 月，芝麻信用协助最高人民法院惩戒了 73 万多名失信被执行人，其中近 5 万人后来还清了债务。这是蚂蚁金服愿景的另一个关键原则：利用信用改善社会治理，使诚信成为社会的一个重要属性。

“90 后”是在信用概念普及的环境中长大的。每 4 个“90 后”就有 1 个人使用“蚂蚁花呗”消费。因此，他们对信用有更清楚的认识，比老一辈人更重视信用。蚂蚁花呗的统计数字表明，“90 后”中有 99% 的人能按时偿还债务。一个重视和维护诚信的社会正在形成。

当我于2017年7月出席阿里巴巴网商大会时，该公司在杭州展示了许多最成功的淘宝案例。许多年轻有为的人成了企业家。有趣的是，其中一些企业的总部设在农村……他们可以这么做。这是中国社会的巨大变化，即通过数字人类时代的平台与世界相连。事实上，任何地方的任何人，即使是在最偏远的村庄的人们，只要有互联网，就能成为企业家。手机给每个人带来的东西越来越多。

案例 “90后”淘宝店主：经营信用就是经营财富

奇琪，“90后”，黑龙江齐齐哈尔人，20岁艺校毕业后来京做国标舞蹈老师，半年后，她因为想过自由的生活，辞职开了一家淘宝店，起名“奇琪店 cherie zhang ”。

起初，奇琪卖她的私房二手货：上百双鞋、几百套衣服。慢慢地，奇琪开始去批发市场进货，也开始尝试自己设计衣服，请工厂定制。随着订单越来越多，资金周转成了大问题。

在得知网商银行有“订单贷”之后，奇琪很快成为深度用户，平均每两天，奇琪就会贷一笔款，她在4年中共贷了721笔，最高一笔5.3万元，最低一笔800元。

奇琪接连推出60多款自己设计的衣服，年营业额近千万元，80%都是回头客。2017年年初，奇琪还和几个朋友合伙开了一家短视频公司，“风口上，猪都能飞起来，况且我还不是猪。”奇琪笑着说。

但蚂蚁金服关注的不仅仅是商业和社会。蚂蚁金服一再强调，它并不是一家纯粹的金融机构，而是一家专注于利用技术来改善社会和经济的技术公司。它向政府提供的服务很好地说明了这一点。

例如，蚂蚁金服将其技术提供给市政府，帮助建设智能城市：利用大数据、云计算和技术服务，促进政府电子政务建设，比如管理交通违规行为。通过这些服务，蚂蚁金服帮助政府做出科学的决策，开展有针对性的社会治理，并利用高速互联网提供高效的公共服务。

利用更方便和更智能的方法来处理日常问题，不仅需要个人的努力，还需要治理模式的转变。蚂蚁金服提供的技术可以减少效率低下的程序，并通过云计算、大数据、人工智能等新技术来替代这些旧结构。这些技术能让社会治理更加敏捷。比如，蚂蚁金服正与深圳政府合作，帮助深圳交通警察执法。

案例　把驾驶证装进手机

支付宝上的“深圳交警”城市服务号，让深圳的便民政务再次走在全国前列。对于城市里的机动车司机来说，每次去交管所排队都是一件令人烦躁的事情，一大堆手续、永远拥挤吵闹的办事大厅、并不那么耐心的服务人员，等轮到你去处理问题时，一整天时间已经过去了。这时打开支付宝，只能感叹，为什么我不是在深圳开车。

其实科技的意义不正是为我们带来一点点便利吗？“深圳交警”的城市服务号是全国第一家入驻支付宝城市服务的政务机构。深圳交警城市服务惠民平台在 2015 年 8 月推出至今，已经拥有约 200 万注册用户。借助智能手机和支付宝的接口，目前其线下的业务基本上都可以在服务平台中实现。同时，这个服务号还是一个重要的交流平台，深圳交警的动态和对司机们的提醒都可以在上面发布。

图片来源：蚂蚁金服

作为一个驾驶者，驾驶证是钱包里面必不可少的存在，但在这个实体钱包都已经被取代的年代，驾驶证变得无处安身。在深圳，驾驶证随着深圳交警的“手机电子证件”的推出，也被装进了手机里。

在深圳的马路上，当你看到一个交警拿着手机对着司机时，他们不是为了留下司机的倩影，而是通过俗称“刷脸”的人脸识别技术，对现场无法提供证件和身份信息的人员，进行有效识别并进行处罚，从此，那些以“没带证件”为理由希望忽悠过去的道路违法者将无处遁形。

最后一个值得一提的战略是建设一个绿色星球。这一战略体现在支付宝中的游戏程序——蚂蚁森林上。

蚂蚁森林的设想缘起于“碳账户”，而支付宝的碳账户是迄今为止全球最大的个人碳账户平台。在支付宝的碳账户中，用户能学习一些节能减排的全球通用做法。这是第一个通过自下而上的模式减少碳排放的碳账户。蚂蚁森林鼓励用户选择更环保的生活方式，比如乘坐公共交通、网上缴纳公共费用以及网上订票。这也是世界上第一次没有通过自上而下的行政强制措施鼓励数亿人自愿过低碳生活。

在蚂蚁森林中，用户通过减少碳排放获得能量，收集到足够的能量后，支付宝在现实生活中会以你的名义种植一棵树。你不仅可以通过使用支付宝获得能量，还可以从支付宝好友那里收取能量。蚂蚁森林已为阿里巴巴带来了实际的社会收益，该公司每年种植超过 4 万平方千米的树林。

效果令人印象深刻。该项目于 2016 年夏天启动，截至 2017 年 4 月，用户数量已超过 2.2 亿，日均减排 5 000 吨，累计种植了 845 万棵树，从而每天又减少了 2 500 吨碳排放。

案例 亿万人跨越千里，真实行动再造绿色地球

一个是北京大学药学院研究生王金龙，一个是内蒙古阿拉善盟希勃图嘎查的牧民聂玉胜，相隔千里，他们有何联系？ 2016 年 8 月 27 日，蚂蚁金服在旗下支付宝平台上线个人碳账户，首期碳账户呈现为“蚂蚁森林”公益平台。

图片来源：蚂蚁金服

当王金龙使用支付宝进行线下支付等低碳行为时，他就可以在支付宝“蚂蚁森林”中收取“绿色能量”，而由这些“能量”所浇灌的虚拟树也会随之长大，积满17.9千克“绿色能量”，这棵“树”就养成了。每养成一棵虚拟树，蚂蚁金服和其公益合作伙伴阿拉善SEE基金会就在内蒙古阿拉善的荒漠化地区种下一棵真正的树。千里之外，牧民聂玉胜正在种植并养护蚂蚁森林的梭梭树1号地块。一棵成年梭梭树可以固定10平方米的沙漠，还能嫁接珍贵的药材肉苁蓉。对于52岁的聂玉胜来说，传统放牧的生活逐渐远去，在“光光滩”的土地上种下梭梭树，成为抵御荒漠化侵袭和维持生计的好方式。

2017年1月，蚂蚁金服和联合国环境规划署在达沃斯世界经济论坛上，启动全球范围内首个绿色数字金融联盟，以此来促进覆盖未来全球金融体系的绿色金融。联盟将在全世界探索推广蚂蚁森林碳账户的可能性。

关于蚂蚁金服建立更普惠、更美好的地球，我还可以分享更多细节和故事。最核心的是，拥有蚂蚁金服的阿里巴巴正引领着科技改变世界的潮流。蚂蚁金服是首批走出中国，走向全球的中国科技公司之一。其战略说明了蚂蚁金服与数字人类时代之间的联系：通过全球平台实现普惠金融。

蚂蚁金服：构建更美好的世界

现在我来解释下，我选择蚂蚁金服作为本书唯一案例研究的真正原因。正如我反复说过的那样，蚂蚁金服是全球唯一一家专注于构建全球普惠金融平台的公司。这个平台可以实时支持和连接潜在的 75 亿人。至少，这一平台借助移动网络和各国运营商之间具有互操作性的技术，将所有目前被排除在金融网络之外的人连接起来。

阿里巴巴的战略是寻找其他国家提供电子钱包支付服务的公司，然后投资这些公司，与它们分享技术。最终，支付宝和蚂蚁金服的基础技术可能会成为支持全球电子钱包的核心基础架构。

首先，蚂蚁金服选择与中国相似的市场，比如印度和泰国等，然后投资这些国家与其产品和服务相类似的公司。这也是蚂蚁金服领导团队谈论普惠的原因，这是一个普及移动钱包的伟大战略。2015 年 9 月，蚂蚁金服向印度 Paytm 投资 6.8 亿美元，不久之后，印度就发布了禁钞令，促使印度人在 Paytm 上开通了 2 亿个钱包账户。2016 年 11 月，蚂蚁金服与泰国 Ascend Money 合作，后者同样运营数字钱包业务。根据协议，蚂蚁金服将协助 Ascend Money 发展其线上及线下支付和金融服务生态系统。虽然 Ascend Money 总部设在泰国，但它也在印度尼西亚、菲律宾、越南、缅甸和柬埔寨开展业务。

2017年2月，蚂蚁金服计划通过借款融资30亿美元，用于扩大其投资组合。蚂蚁金服开始进军美国市场，出价8.8亿美元收购美国速汇金。随后，蚂蚁金服对提供Kakao Pay的韩国通信服务公司Kakao进行了战略投资，接着又在3月增持了Paytm的股份，成为其主要股东。

与此同时，除了普惠金融之外，蚂蚁金服还将业务扩展到了美国和欧洲。它不仅收购了速汇金，还在2015年年底，与Wirecard（德国）签署了一项协议，允许中国游客使用支付宝钱包与欧洲商户结账。随后，它又与Ingenico（法国）建立伙伴关系，以进一步加强其在欧洲的业务。此外，它还与第一资讯集团达成协议，以期在北美获得类似的业务覆盖。

媒体将蚂蚁金服与Wirecard、Ingenico和第一资讯集团的合作定义为纯粹为中国游客提供服务，但事实并非如此简单。这是一家快速发展的公司，其使命是成为全球主要的移动钱包。

案例　带中国人去拉普兰[①]

ePassi是支付宝在芬兰赫尔辛基的合作伙伴，它让中国游客在当地旅游时也可以通过支付宝轻松支付。此项合作非常成功，从此中国游客既不必换外币，也不用弄懂芬兰货币，

---

① 拉普兰位于芬兰、挪威的北部，是拉普兰德人和驯鹿的家园，更是世界闻名的圣诞老人的故乡。——译者注

就能到拉普兰见圣诞老人。

早在21世纪初，支付宝出现之前，ePassi就已经为企业开发了一款移动App，用于支付员工福利。其利用移动App发放优惠券的服务形式与支付宝一拍即合。两家公司在2016年春天就这项服务进行了初步磋商，并在4个月后的2016年6月签署了在线服务合同。服务一经推出，就有5万多名游客从中国前往拉普兰过圣诞节，并在“双12”那天达到了高峰。“双12”是类似“双11”的在线购物节，为阿里巴巴生态系统中的商家带来了流量。

芬兰每年吸引成千上万的中国游客来此旅游，平均每人消费1 100美元，这是之前大多数中国游客不使用西方信用

卡时的数额，自支付宝推出以来，他们的消费支出变得更高了。同样，支付宝的落地也增加了芬兰对于中国游客的吸引力。2016年中国游客的数量比2015年增加了1/3，而且他们是访问芬兰的所有外国游客中花费最多的。ePassi的CEO丽斯托·维卡拉（Risto Virkkala）告诉我，自从支付宝2016年推介了拉普兰的文化之后，中国游客在拉普兰的停留时间是前一年的3倍。他们喜欢圣诞节！

合作的成功让这项服务扩大到数以千计的芬兰商户和机场之中，ePassi的收入可能在2017年翻一番。合作还远没有到达终点，据阿里巴巴旗下旅游品牌飞猪旅行估计，到2020年，将有多达800万的中国游客前往芬兰旅游。这对芬兰来说具有重要的战略意义，因为芬兰希望成为所有来欧的中国游客的中转站。

我亲眼看到了芬兰对中国游客的吸引力，当我们入住赫尔辛基的酒店时，我看到了接受支付宝的标识。这个标识在许多商店和机场周围也随处可见。事实上，我们刚好要在赫尔辛基进行相关话题的有趣讨论。第二天，我在斯德哥尔摩主持了这次会议，讨论北欧的主要支付钱包——MobilPay（丹麦）、Siirto（芬兰）、Swish（瑞典）和Vipps（挪威）。我在讨论中意识到，从丹麦的哥本哈根前往瑞典的马尔默，这短短43千米的行程，却要使用不同的移动支付App。北欧地区的移动钱包直到现在还未实现互操作。我从北京到拉普兰旅行，6 300千米的距离，却可以用同一款App搞定一切费用。

总之，正如蚂蚁金服的CEO井贤栋在2017年1月达沃斯年会上阐述的那样，“我们立志成为一家全球性企业。因此，我们的愿景是，我们将通过技术以及与合作伙伴携手，在未来10年服务20亿用户，为那些需求未能得到满足的用户提供服务。”

如何做到这一点呢？利用当今一切的关键技术：云、数据分析和分布式账本。“我们将通过运用所有这些技术……来实现更广泛、更高水平的安全性。”井贤栋补充道，并称人工智能和区块链将会被深度整合至蚂蚁金服的运作中。

蚂蚁金服的想法与欧美的金融科技公司的截然不同，因为它正在自动化一个空白的市场。在支付宝创立之前，中国还没有电子商务，是阿里巴巴和支付宝创造了中国的电子商务。

蚂蚁金服与亚马逊和eBay等美国互联网巨头截然不同，后者的主要实体竞争对手也同样参与了网络竞争，而且它们一开始都没有整合任何支付业务。同样，美国互联网巨头服务的是一个发达市场，那里的消费者有着复杂的在线需求；而阿里巴巴和支付宝服务的是一个正处在动态变化中的市场，中国人正从农村走向迅速扩张的城市，他们摆脱了农业劳动，转向能让他们迅速脱贫致富的制造业。

在中国，无论是制造业还是网络，蚂蚁金服一手缔造了这场商业革命，它还希望在全球范围内为数字金融生活赋能。这一点至关重要，蚂蚁金服不再只是一个支付App或移动钱包，而是一个完整的社会、商业和金融体系。把Facebook、亚马逊和PayPal都集成到了一个App中，这就是蚂蚁金服想达到的目标。它的商业模式从根本上说是基于对用户的深刻理解，而不是交叉销售。

蚂蚁专访

接下来的篇幅是关于蚂蚁金服过去、现在和未来的5次采访，采访对象从为蚂蚁金服写下第一段代码的人，到正在打造公司未来的战略主管。让我印象深刻的是，这家公司以解决网络买家与卖家之间信任缺失的问题起家，原本和支付无关。它开端于最粗糙的技术——传真机，却成功解决了当时所面临的难题。多年来，该公司几经更迭，基本上每4年更新一次系统，现如今正在开发其第五代系统架构。而其他公司或银行多久更新一次系统架构呢？蚂蚁金服希望通过支付宝的电子钱包以及本土合作伙伴为更多的人服务。事实上，要实现2025年前拥有20亿全球用户的雄心，蚂蚁金服必须依靠本土伙伴。蚂蚁金服想要改善地球，将金融带给所有人，并让每个人都有平等的工作、贸易、旅行和交易机会。这和我在本书中所描述的未来十分一致。我很开心见到这些充满灵感的人，我希望你也能喜欢我们的对谈。

倪行军，支付宝事业群总裁

我听说你为支付宝写下了第一行代码。

我在 2003 年加入了淘宝团队。淘宝推出时所面临的问题是商家担心消费者不付款，消费者担心商家不发货。买卖双方彼此不信任，没办法做成任何生意。消费者会在淘宝上浏览商品，但他们不会买。

正是这个问题促成了支付宝的诞生。这个项目不是旨在创造一个支付工具，而是想要解决买方和卖方之间信任缺失的问题。这与信任在中国文化中所扮演的角色息息相关。[①]全球普遍都有对在线服务不信任的问题，加之中国人不轻易相信陌生人，你就会明白我们在淘宝上遇到了真正的挑战。所以我们创建了担保交易服务，这是支付宝的开端。

您是如何编写担保交易服务代码的？

我们当时对市场进行了调研，调查是否已经有模式解决了这

① 总的来说，在西方，人们互相信任，除非有人做出了违背诚信之事。而在中国，人们首先采取的是不信任的态度，双方必须先证明自己值得信赖。参见 "Understanding Trust, In China and the West" by David De Cremer, *Harvard Business Review*, February 2015。

个问题。我们做开发时的想法是将现有的第三方担保模式应用于电子商务市场。它与支付无关，是一种完全不同的交易形式，一种新型交易模式。它是一种第三方担保模式，而不是支付模式。这意味着，我们会向供应商付货款，但只有在消费者收到货物，并评价满意后，才会付款。所以所有的代码都基于这一概念，将淘宝看作一个第三方担保机构。作为第三方担保服务商，淘宝管理着买卖双方的资金。

你们参照过PayPal的服务模式吗？

我们的问题只能用中国的方式解决，支付宝没有效仿PayPal或其他任何西方模式。

从最初的设计到交付，再到推向市场，支付宝是如何发展起来的？

确实，这是一个非常大胆的想法，特别是在中国：付钱给你不认识的人，并且买的东西也暂时摸不到。一旦我们能攻克这一难题，之后就是如何使支付更加方便、容易了。我们创建了担保交易模式，克服了信任问题，接下来的挑战就是如何使支付和处理的过程更加简单方便。这时候，我们就从淘宝担保交易服务转向了支付宝的创建。那是在2004年下半年，我们把支付宝看作一个独立的服务，而不再仅仅是淘宝的一部分。

中国消费者是如何接受担保交易服务的呢？

这都是因为阿里巴巴。2003 年，阿里巴巴的品牌就已经非常强大了，因此，当阿里巴巴推出这项服务时，人们相信阿里巴巴的支持与担保。就这么简单。

支付宝问世以来，有哪些里程碑事件？

首要的重大里程碑是解决信任问题。然后为了支付的方便和灵活，我们从淘宝中剥离出来。起初做在线支付，后来，移动支付成了整个业务的核心。这是我们现在的重点业务。直到 2013 年，我们还只专注于支付业务。随着余额宝的推出，我们也扩展到保险产品和服务，不再限于支付。这也催生了蚂蚁金服。

只要支付业务的规模扩大了，商家就成了业务的核心，因此我们相应地开发了贷款和保险等其他金融产品。商家是设计和开发这些产品的关键因素。

例如，支付宝虽然成功了，但是商家的流动资金受到了负面影响，因为他们的钱处于第三方托管状态，在买方表示满意前，他们无法获得这笔钱。这通常要等 2 周的时间。这引发了一场关于淘宝平台上商家资金流动性问题的讨论，为解决这个问题我们推出了一款订单贷款产品。这款产品实质上让商家以贷款形式，立即获得货款，当 2 周后资金释放，再偿还贷款即可。这解决了流动性问题。

从淘宝到支付宝再到蚂蚁金服，每一次迭代中，在如何构建和开发系统和代码方面，思维发生了很大变化吗？

蚂蚁金服来自阿里巴巴，阿里巴巴的哲学是“让天下没有难做的生意”。阿里巴巴的使命也是我们所有想法的核心，即让人们在任何地方做生意都变得容易。这就是我们所做的一切的出发点：是否有助于完成我们的使命？这是不会改变的，因为这是我们所做的每件事的本质。

我们做事的大环境一直在变化，我们从电脑转换到手机，到平板电脑，再到一切互联。大环境差异很大。起初，我们试图解决在线系统和在线交易的问题。现在则是移动端，移动先行。未来将是设备和连接，连接先行。

在过去的几年里，在支付宝的产品和用户体验上有什么让你出乎意料的事吗？

随着时间的推移，你总是能学到很多东西，但 2010 年是支付宝历史上关键的一年。2010 年以前，我们在不断改进我们的产品，并代表我们的用户做决定，我们认为这将有助于改善他们与支付宝互动的方式。根据用户行为分析，我们认为我们所做的产品就是最符合用户利益的。我们头脑中有用户至上的思维，我们却代表用户做出决定。这其实是错误的，但当时，我们没有认识到这点。

2010 年，我们的客户满意度降到了公司历史上的最低点。我们很乐意尝试为用户做正确的事情，但我们很可能错了，因为我们在没有问过他们的情况下就做出了决定。这最终造成设计过度，产品过于花哨、复杂，并非用户真正想要或需要的东西。我们为他们做了太多，把产品做得太复杂了。

2010 年发生了什么让你意识到这一点?

是 2010 年阿里巴巴年会。这是一场由所有关键人物参加的内部会议，每年举行一次。按惯例，所有领导层都会相聚一堂，举办演讲和娱乐活动。公司也会在此时提出第二年的发展战略，所有人都有机会与同事见面、打招呼。在 2010 年年会上，马云走上舞台，说到支付宝的用户体验时大发雷霆，把支付宝批评得一无是处。

马云说道，人们显然对支付宝和其所提供的服务有巨大的需求，但在扩大规模以满足这些日益增长的需求的同时，公司忽视了提高用户体验与处理需求之间的平衡。他说，过于复杂和过度的设计，导致产品的用户体验实在太差，用户流失很快。马云明确表示，团队没有站在用户的角度设计产品，用户体验应该高于一切。并不是功能和特色越多越好，与之相关的易用性和体验应该成为新的关键。

是否可以这样理解，设计和用户体验成为支付宝背后的驱动力?

是的。当时，彭蕾被任命为支付宝的CEO。在那之前，她曾是阿里巴巴管理团队的一员。她带领管理层在年会结束后，进行了大量的自我反省，研究了如何进行变革和改进。他们意识到，公司已经脱离了用户。他们离用户太远了，看不到用户在做什么，需要什么。设计和开发团队只对用户需求进行了假设，并没有真正验证这些想法。

情况开始改变，公司开始与用户讨论他们的体验，他们喜欢什么，不喜欢什么，而不是代表他们去做假设。设计人员仍然使用数据和行为追踪来查看正在发生的情况，但不同的是，他们在调研方法中加入了用户访谈，而不仅仅只查看数据。

如果你能回到14年前，为自己的未来之路提供建议，你会对自己说些什么呢?

我会告诫自己思考用户，问问自己是否一切都做到了以用户为中心。如果是，你有什么证据吗？用户真的是这项产品的核心吗？做这个调整真的能帮助他们吗？用户真的能看到因我们战略的变化而带来的生活改变吗？他们真的是我们思考的中心吗？我们的战略是否反映了这一点？

今天，你可以用高度先进的人工智能实时分析太字节的数据。随着科技的发展，这些问题能否迎刃而解？

你的问题刚好触及了一个要点：我们如何把用户体验作为工作的核心。以下两个部分是获得最佳用户体验（不但是用户体验还包括实现蚂蚁金服普惠金融使命）的关键：第一部分是技术。我们相信技术越好、越直观，必然会使用户获得更好、更直观的体验。一个很好的例子就是我们的余额宝、支付宝、网商银行等产品在中国农村受到了欢迎。如果这些产品不够简单直观的话，就没人会使用它们。另一部分是我们必须建立一个信用评分制度。如果我们能为用户的信用评分，我们就可以提供更明确、更相关的服务。这是很困难的，因为不同于拥有征信公司Experian、Equifax和个人消费信用评估公司FICO等信用体系的欧美地区，中国之前没有信用体系。我们必须通过分析阿里巴巴和支付宝用户的数字足迹，建立一套信用体系，来评价用户的信用。信用是构建普惠金融的关键，将信用与技术相结合，是获得简单直观的用户体验的关键部分。

明白了，那么你们是如何进行用户测试的呢？

我们分两步：第一步，在我们开始研发新产品前，我们会搜集大量相关的数据，申请多项专利。再从中找出解决用户下一步需求或发展的最佳途径。第二步，产品开发出来之后，与

Facebook或谷歌的做法相似：我们也会推出内测版本，再根据反馈调整，直至最终成型。

你如何定位自己所做的事情？你是否认为Facebook和谷歌是同行业里面最好的？你们欣赏并希望成为这种公司吗？

市场上很难找到一家和我们同类型的公司，没有哪家公司做和我们同样的事。如果你拿我们同大多数技术公司相比较，那么我们的挑战难度和数量比大多数公司都要大。首先，我们希望覆盖大量的用户。今天，我们拥有10多亿用户，在不同的市场中满足用户不同的需求，这一数字在今后几年内有可能翻一番。因此，我们非常清楚我们是谁，我们正在努力实现的目标是什么。另外，我们非常了解财务法规，并遵守这些法规。这又有别于全球范围内的大多数的技术参与者。Facebook和谷歌并不像我们那样担心美国证监会或美联储，因为它们不是金融参与者，而我们是一家通过科技提供金融服务的公司。这是非常不同的。我们必须在数据安全和客户信息方面无懈可击，我们必须针对所有财务需求和用户需求提供相应的技术。我们很清楚我们拥有的能力、雄心以及所面临的挑战。

尽管如此，我们还是会从宏观层面上参考同行的创新，比如Facebook、谷歌、腾讯、百度等，看看它们为市场带来了什么，并衡量这些创新是否能改善我们的用户体验。

你提到了数据安全，像PayPal这样的公司是黑客的头号目标，因为钱在那里。蚂蚁金服和支付宝也是这样吗？你们又是怎么应对的呢？

我们是一家经营金融业务的科技公司，在金融业务中，风险控制是一项核心竞争力。这也是支付宝的起源——人与人之间缺乏信任，因为存在着不支付或不交付的风险。如果将我们与其他科技公司或银行进行比较，在应对风险方面，我们比它们领先了一些。这就是为什么我们利用人工智能设计了一套实时风险控制和欺诈检测系统。这是一套行业领先的系统。我们将风险控制视为核心能力以及未来成功的基石。它是企业的保健因素，是我们做每件事的优先考量。

你们将自己定位为以用户体验为主导的企业，但当你面对全球众多国家和不同的用户需求时，如何才能做到用户先行呢？

用户体验是我们企业文化的核心部分，也是我们产品的核心部分。我们之所以能与印度的Paytm、韩国的Kakao和泰国的Ascent Money等公司建立伙伴关系，是因为我们拥有相同的文化，都以用户为中心。我们不断地同合作伙伴分享我们对用户的关注，我们的合作伙伴也从中看到了巨大的价值。最关键的是我们不会在用户体验方面妥协，我们分享知识和做法，确保我们和合作伙伴、用户都能获得最佳体验。同时，我们也向合作伙伴学习。所以，我们不会强迫他们遵循支付宝的方式。这是一个平等的对话，我们就像一个大家庭，分享知识和经验，为所有人建立普惠金融。我们正在全球范围内发展和扩张，但我们依然这样看待蚂蚁金服以及我们在其他本土市场的合作伙伴。一切都是为了向尽可能多的人提供服务，找到最了解自己市场的人来服务这些市场。Paytm 比我们更了解印度消费者的需求，而我们比他们更了解中国消费者的需求。但是我们可以分享印中两国如何改善用户体验的经验，从而让双方都有收获。不同国家的做法可能不尽相同，没有一刀切的方法。

面对不同地区的政府要求时，您是如何管理数据和数据隐私的？

数据和对这些数据的分析是了解用户如何使用你的产品和服务的基础，但他们的隐私也至关重要。数据隐私和数据安全是维护客户信心的关键部分，我们必须确保这一点得到保护。保障隐私和安全是做任何事情的先决条件，正是因为它们有至关重要的作用，所以也是我们投资最大的领域。公司的体系与实力到位，加上责任到人，我们就能确切地掌握用户的数据动向。

李津，时任蚂蚁金服全球技术合作与发展部总经理

支付宝背后的技术是什么？

我们已经为支付宝设立了三代不同的架构，现在刚刚完成第四代，第五代也已经开始启动。第一代架构使用Java、开源和Oracle数据库来提供基本的支付服务。几年后，我们不得不开发第二代系统，因为当时每秒要处理数千笔交易。我们基于面向服务的架构（SOA）和面向对象方法开发了自己的中间件，取代了开源系统。它仍然使用Oracle，但是我们也开始对数据库进行拆分以便根据用户行为进行不同的分析。在这个设计中，保持清晰的客户视图是很重要的，所以我们通过不同的虚拟连接实现了这一点。要知道，当时我们启动了虚拟第三方托管账户，这促使后来我们将用户账户和银行账户连接起来。因此，我们开始将多家银行连接起来，以提升我们的交易能力，这又需要构建一个可以连接许多不同系统的架构。此外，我们还围绕淘宝、天猫等多项服务建立了多个业务。这就是为什么在第二代系统中纳入SOA架构如此重要。此外，我们也开始转向基于云的服务。

在21世纪初的第三代架构中，我们利用蚂蚁金服自己的云结构，开始向微服务架构和完全基于云的服务转向。在第三次迭代中，所有数据都从Oracle数据库和其他服务中转移了出来，搬到了蚂蚁金服自有的开放云平台上，这样我们就可以进行自主管理了。

在开发第四代体系架构时，我离开微软加入了蚂蚁金服。在这一代架构中，蚂蚁金服开放了自己的服务，支持平台上其他人即插即用。我们使用混合云，并通过中间件向其他合作伙伴和参与者开放我们的服务。我们还向其他合作伙伴提供了我们所有的工具和开发能力。

我们之所以能做到这一点，是因为在开发第三代体系架构时，我们创建了网商银行，它完全是在云环境中创建的，采用的是SOA微服务架构。网商银行是一家纯粹的虚拟网上银行。没有线下实体，只有纯粹的网上银行业务。整个银行系统建立在基于云的基础设施之上，现在这套系统已经开放给其他银行、保险公司和支付公司使用。有许多银行已经与我们合作，使用我们的OceanBase云数据库。这些银行主要是中型银行，它们通过与我们建立伙伴关系，对其核心系统进行更换、升级和改造。大型国有银行往往有自己的开发人员，它们使用大型机系统，管理着自己的系统，不过中国建设银行已经与蚂蚁金服在其非核心领域上建立了战略伙伴关系。

如何管理系统中的数据流呢?

数据挖掘是一种内部技能，而不是一种网络技能。在我们的第四代系统中，我们不得不面对超标量、超复杂的挑战。一个疑难点是高度分布式的基础支付系统，另一个难点是处理产业金融体系和控制风险。我们一直在开发所谓的“风险核心”。当我们创建一笔小额贷款时，我们还必须应对控制这些贷款总体风险的挑战。实时风险监控、实时交易监控和实时检测是系统的核心部分。实际上，5年前我们就开始将机器学习和人工智能应用到这些领域，利用我们所有的数据提供实时决策，通过实时风险分析来创建实时安全性。我们有一个实时安全决策系统，这是我们核心基础设施的一部分。

至于现在所说的数据湖[①]，我们称之为超大规模的数据分析系统。我们处理的数据量很大。我们有大约 5.2 亿个用户账户，而且数量还在快速增长。我们目前每天处理几百太字节的数据，很快我们就会每天处理超过 1 000 太字节的数据。我们内部的业务领导希望了解业务是如何实时工作的，每天有多少人在使用这项业务等。他们希望每隔几分钟就进行一次实时分析，因此我们要对数太字节的数据进行实时分析。

我看到你们可以 1 秒钟完成小额贷款的审核并放款。你们如何控制信用风险呢?

我们已经收集了交易历史和还款历史等数据，然后对其进行实时分析。我们对用户档案会进行实时更新，以控制风险，评估贷款成本。整整 5.2 亿用户。

那网络安全呢？你如何保障系统安全?

我们的实时风险控制和欺诈检测系统会进行实时交易扫描。我们还利用社交图模型，对不同的人和不同用户账号之间的关系进行

① 数据湖，是一种在系统或存储库中以自然格式存储数据的方法，它有助于以各种模式和结构形式配置数据，通常是对象块或文件。——译者注

交叉检查，以防止账户盗窃和欺诈。我们使用所有可视化和数据分析手段检测任何异常，比如账户盗窃。我们实时、不间断地这样做，每笔交易都必须经过我们的实时检测系统。系统会全天候 24 小时实时分析、追踪和检测，峰值为每秒处理 25 万笔交易。

这一切背后的硬件条件呢?

英特尔 X86 服务器集群。

你刚才提到了机器学习，蚂蚁金服是怎样利用它的呢?

我们会利用人工智能来分析保险索赔。你拍一张车损照片寄给我们。然后，我们使用机器学习来检查图像的细节，并在没有人参与的情况下提供实时评估和赔偿。我们跳过了保险理算员和索赔审查员，自动完成整个工作。我们在 2017 年 6 月才推出这一系统。我们还在财富管理业务中增加了机器人投资顾问服务。

另一个应用场景是我们的客服。我们现在有庞大的用户群体，我们需要大量的人力来处理海量的客户咨询。因此，我们创造了机器人，让它为客户提供服务。你可以使用自然语言与机器人聊天，问“为什么我不能转账呢”？机器人会用很自然的语言回复你。它不仅仅是个聊天机器人，大多数的聊天机器人都是用脚本编写的，而我们的机器人会思考。利用机器学习和人工智能分析技术建立的知识库，使它能理解自然语言。通过这些技术，我们拥有了一种不同的智能——机器人给出的是对用户问题的自然回答。这就是自然语言处理与机器学习技术，我们正将这些内置人工智能的服务提供给我们市场上的合作伙伴。

人工智能是算法模型的核心部分。它还是一个训练平台，在这个平台上，模型不断地进行实时自我训练，再在网上利用新的知识，来分析客户行为和做出决策。它能不断学习我们系统中的所有数据。

2016 年，我们还在财富管理领域开发了一个概念验证系统。该系统会持续关注你的投资，并根据你的投资行为和风险偏好来选择投资项目和投资方式。它是一个机器人投资顾问，能够根据你的投资历史，自动选择共同基金的种类，并根据你本月的消费情况，自动设定投资金额。它不是货币基金余额宝，而是一个财富管理人工智能机器人顾问。

这是否意味着你们在下一代架构中要采用这些新技术?

是的，我们的核心是支付，对我们来说，我们所采用的人工智能必须围绕这个核心，包括使用面部识别技术、行为模式识别、生物识别和基于位置的数据分析以及相关技术。我们有致力于这些技术的团队。我们做了一些很有趣的测试，比如，在一部手机上播放真人视频，然后把它放在另一部安装有支付宝的手机前面。后一部手机通过支付宝面部识别系统，可以识别出对面不是真人，而是提前录制的视频。

展望未来，我们肯定还是一家以科技为核心的公司。我们正在建设支付、银行和金融的技术平台，并使其适应数字时代。我们不仅是一家支付公司，还是一家安全公司，一家技术公司。我们还将这些技术作为市场服务，提供给我们全球范围内的合作伙伴。

这意味着任何保险公司都可以使用我们的技术处理理赔，任何银行都可以使用我们的技术进行认证。我们的合作伙伴包括银行——不一定是大银行，而是二三线银行，以及保险公司。我们自然而然就形成了我们的大家族，其中包括Paytm、Kakao、GCash、Mynt、Ascent Money等公司。我们直接给家族成员提供技术，并把它们称为阿里家（A+），表示阿里家人的意思，突显它们是我们的第一代平台。它们可以使用我们平台上所有的API。

这也意味着你们的系统每天要处理海量的交易。

我们目前的架构可以支持平均每秒处理12万笔交易，最高值为每秒25万笔交易（相比之下，Visa每秒能处理1.4万笔交易）。在高峰期，比如“双11”，我们每天要处理100亿笔交易，正如我提到的，我们目前的架构能实时处理拍字节的数据。从长远来看，当我们在全球范围内拥有20亿用户时，我们的日交易量就会超过 1 000 亿次。[①]

值得一提的是，现在我们使用自己的技术和自有的云服务器集群，不再使用Oracle数据库和大型机，这大大降低了交易成本。我们现在（2017 年夏季）每笔交易的平均处理成本约为 1 毛钱。我们将继续深入探索，进一步降低成本。

你刚才提到你们的架构更新频繁——每三四年就进行一次，你是如何处理这样大规模的系统更新的呢？我没有在其他大型金融机构发现类似情况。

这实在很痛苦，但不得不做。我们现在正在淘汰我们的第三代架构，因为其中一些商业软件必须要更换。但这件事不可能一蹴而就，其间我们必须保持现有服务的平稳运行。我们最终同时运行了两个架构，我们不得不这么做，领导团队也意识到了这是做生意的成本。如果我们要跟上系统、用户和客户的需求，我们就必须不断地更新，再更新，以确保我们正在使用合适的技术满足需求。我们不能保持现状，保持现状意味着我们即将落后。持续更新是必须付出的成本。我们的领导团队认识到，为了确保我们拥有符合要求的基础设施，我们必须至少提前 3~5 年考虑技术问题。我们一直在寻找下一个热点和新的技术趋势，然后把它们组合起来，否则无法满

① Visa 和 Master 每年交易处理量才刚过 600 亿笔，或平均每秒处理近 2000 笔交易。

足未来的业务需求。

我们还有一个独到的地方：我们的技术团队与其他团队并不是完全分离的。我们每年都有个“战场”模式。届时，我们会模拟不同业务需求，全公司共同提出解决方案。我们的关键绩效指标与如何处理这些问题挂钩。每年的“战场”会把前后端的人员聚集在一起，在几天到一周的时间里，大家共同解决痛点。这带来了前后端强大的协同效应。2017 年年初，我们在 15 个“战场”上一起工作。

我们也拥有真正的矩阵式组织结构。每个人都有技术上和商业上两个老板。同样，我们还有国内和国际两个老板。我们称之为“2+2 模式”。我们需要对所做的事情有一个全面的掌握。

你的团队里有多少技术人员？

公司共有约 8 000 名工程师，其中 4 000 名是技术团队的成员。我们雇用了许多毕业生，2017 年 5 月，美国加州大学伯克利分校最顶尖的电子和计算机教授迈克尔 · 乔丹也加入了我们的团队。聘用优秀人才至关重要，同时我们也想邀请世界顶级的研究员与我们的人才一起合作。

在未来，蚂蚁金服可能会有几十亿的客户、数千万的商家、成千上万的合作伙伴和数百个家庭成员。这是否会在技术上对蚂蚁金服的规模增长造成限制？

我不这么认为。不管我们的规模有多大，技术都是一样的。我们只需要更多的数据中心、服务器和磁盘存储等。没有任何限制。我们在上海、北京、郑州都有数据中心，在杭州有两个数据中心，我们只需要不断扩大这些中心。对于OceanBase数据库，我们可以实时地自动切换。一切都是实时的，可以随时切换。前几天，我们还向央行某位领导演示了这个功能。我们模拟其中一台服务器崩溃了，系统是如何自动实时切换到另一台服务器的。他看过展示后，希望我们能与其他银行分享这些功能，因为许多银行还没有这种实时容错能力。这就是市场的力量。我们没有传统公司和非技术金融机构的老化问题，我们用技术解决问题，然后在市场上分享。

郑航，蚂蚁金服国际事业群资深总监

我们能否先谈谈蚂蚁金服的国际扩张，你是如何看待这种发展的？

我们在中国的业务非常成功，为我们的电子钱包用户提供了生活上的便利服务。他们既可以使用支付宝来满足日常生活的需要，也可以从中获取很多信息。支付宝不仅用于支付，还提供其他金融服务。在中国国内取得成功后，我们自然要为出国旅行的中国用户也提供此类服务。比如，我们称杭州为无现金城市。你在这里不需要带现金，可以全程使用支付宝。人们习惯了这样的生活，当他们在外旅行的时候，他们也想能像在国内一样不必带钱包和很多现金。这就是我们的目标：当我们的用户出国旅游时，更好地为他们服务。实现这一目标的第一步是使境外商家接受支付宝。从 2013 年开始，我们一直在做各类尝试。然而，这非常困难，因为市场差异很大。海外商家对为什么需要接受二维码感到困惑。二维码在中国的推广非常成功，但在其他市场，二维码还没有铺开。一家名为Isis的公司一直在尝试推广二维码，但不太顺利，因为国外的支付体系已经十分成熟，所以想要引入一种新的方法十分困难。这是支付宝在海外推广的第一个阻碍。第二个阻碍是，必须附带其他好处。如果我对日本商家说，我能提供一种二维码付款方式，他们对此并不感兴趣，因为他们已经有了很多付款方式，比如在中国没有广泛推广的Visa、MasterCard，以及几乎覆盖了每一个中国人的银联。所以，当我们去找那些已经接受了银联卡、Visa和MasterCard的海外商家时，他们会问："为什么我们还需要另一种支付方式？"

事实上，银联在海外做得非常成功，它向外推销说，如果你想吸引中国游客，则需要支持银联卡。从 2004 年开始，许多海外商家就已经接受了银联卡。银联的成功意味着，当支付宝开始海外扩张时，银联已经提前卡位。当我们和商家谈合作时，他们不感兴趣：“你要我做的无非就是把我的钱从左口袋移到右口袋。我看不出有什么意义，反正都是人民币。”这些都是我们所面临的挑战。对跨境旅客来说，只用银联卡并不是那么痛苦，因为他们总有一张能支付的卡，虽然没那么方便。

如果只是简单提供支付服务，既不吸引商家，也不吸引用户。毕竟，银联卡、Visa和MasterCard都有同样的功能。为什么支付宝在中国如此成功，因为它除了提供传统的支付方式之外，还为商家和用户带来了附加值。比如，用户可以使用支付宝查看他们周围的所有商家，无论是实体的还是数字的，无论是国内的还是国外的，并找到那些提供优惠券和折扣的商家。他们可以得到全面的信息，并自由选择商家。另一方面，我们建立了一个平台，让商家可以通过App直接与客户交谈。商家可以直接在我们的系统里给客户发送消息。这为他们提供了一个额外的营销渠道。

这就是你们与韩国Kakao这样的公司建立合作关系的原因吗？

是的。韩国是一个发达经济体，其支付体系已经定型，十分成熟。我们很难让韩国人从信用卡支付转向非信用卡支付。但我们看到了与Kakao合作的机会，Kakao占据了韩国社交媒体95%的市场份额。其强大的用户基础让我们相信可以做一些事情。除了与用户建立牢固的关系外，我们还必须关注商家。

Kakao也有很多商业方面的资源，包括Kakao出租车等。不过，现在搭乘Kakao出租车，你还是需要付现金或刷卡。Kakao擅长社交网络，但不擅长支付。它在娱乐、音乐和社交内容方面投入了大量资金，但它的专长并不是处理钱。这就让我们优势互补，形成了坚实的伙伴关系。他们有用户和应用场景，我们有技术和经验。

但是，你们现在似乎将战略重点转向了普惠金融？

是的。2015 年我们开始改变国际扩张的重点，转向一条新的路线，即把重点放在发展中国家，而不是发达经济体。发展中国家为我们提供了更好的机会。在发展中国家，大多数人还没有银行服务。他们还没有信用卡和支付系统。在这些国家中，支付困难产生了很多痛点。

我们拥有强大的技术，对如何利用技术实现普惠金融有着丰富的经验。这种经验对发展中经济体来说十分宝贵，因为它们还没有达到这种水平。它们认为我们的技术对它们很有价值。如果你去美国，说："我有好的技术，我想和你分享"，他们会说："哦，我们不需要，我们不认为最好的技术在中国。"日本、韩国和其他市场也是如此。它们相信自己拥有最好的技术，不需要别人的帮助。

然而，在发展中国家，它们承认它们需要我们的帮助。它们需要经验、知识、技术和现金。这就是我们同印度Paytm、泰国Ascent Money、印度尼西亚全球电信GCash和菲律宾Mynt合作的经验。我们也正在与其他国家洽谈合作项目。

撒哈拉以南非洲呢？

是的。南亚、中东和非洲将是我们下一步扩展的地区。但是，我们在这方面面临着巨大的挑战，因为我们的能力有限。我们只有一个小团队，技术和产品也还没有准备好如此快速的扩张。我们可以同几个国家打交道，但如果要求我们一下子接触10个或更多的国家，那要求就太高了。这不仅关系到我们是否有足够的工程师，更重要的是，这些工程师是否有能力与合作伙伴交流。语言不通、文化也不同，两者之间存在着文化鸿沟。我们只能通过本土合作伙伴了解当地市场，但是本土合作伙伴的理念和想法与我们的总是有一些差距。如何与他们合作是我们必须学习的。中国公司的全球化之路要比美国公司困难得多。美国公司有两个优势。第一个优势是语言。一家美国公司可以外派员工到世界任何地方，他们只需要说英语，因为很多国家将英语作为它们的第二语言。第二个优势是文化。二战以来，美国对世界文化产生了巨大的影响。即使是中国人，我们从小也是看着美国电影长大的。我们对咖啡、汉堡包，甚至美国人如何说话和微笑都有了更多了解。这让美国公司的海外扩张容易得多，人们已经知道你长什么样，应当如何与你相处，以及如何与你交谈。对于中国公司来说，情况就大不相同。人们不能理解我们，所以我们必须理解他们。这并不像听起来那么容易，我们需要花很大力气去理解他们。就拿聘请当地雇员为例，就算我们找到了当地的员工，我们还必须想办法让他们融入中国团队。

你们现在似乎只专注于国际支付。我的意思是，看看Paytm和环球电信，你们的重点是电子钱包，而Kakao则更像阿里巴巴，它是一个集社交、商业和电子钱包为一体的生态。这是有意识地改变策略吗？

这是有原因的。我们不擅长建立社交网络。如果你看看印度或印度尼西亚，它们已经有了运转良好的社交网络，我们随时可以与这些社交网络建立合作伙伴关系。例如，印度尼西亚有一款非常受欢迎的社交网络叫作黑莓BBM。因此，我们在印度尼西亚投资了一家合资企业，BBM就是它的部分业务。

重要的是，我们从支付起家，整个蚂蚁金服体系都是以支付为基础的。支付将蚂蚁金服与用户和商家联系起来。社交网络虽然可以非常迅速地扩展用户，但是缺乏与用户真正的连接。用户不会给你他们的客户身份验证信息。由于反洗钱和风险控制的相关规定，只有当他们付款时，他们才会给你这些信息。此时他们才和你建立了一种正式联系。通过支付业务可以建立真正的连接，这些用户将是非常稳定和可靠的资源。

我们从付款开始，因为我们知道在发展中国家，付款产生了许多痛点。比如，年轻人来到城市工作，他们面临如何把钱寄回给生活在农村的父母的问题。P2P转账是电子钱包的核心应用场景，这也是我们的合作伙伴在印度、印度尼西亚和菲律宾提供的一项重要服务。传统的银行无法解决这个问题，它们的商业模式和技术决定了不是它们不想做，而是它们认为不值得去做，成本太高了。我们能做是因为我们使用智能手机和互联网来接触用户。

这就引出了另一个问题：我们如何了解生活在农村的人的信息？生活在农村地区的人甚至没有带照片的身份证。我们同本土伙伴和各地监管机构讨论了这个问题。好消息是，监管当局往往对我们所做的事很感兴趣，因为他们知道这是他们经济中存在的问题。他们的经济处于发展之中，农村结构需要与有钱的新兴阶层联系起来。他们欢迎我们帮助他们建设基础设施。本土合作伙伴也非常欢迎我们教他们做生意。

通过与政府对话，我们可以制定出行之有效的政策。比如，如果你的电子钱包的余额低于一定的数额，你就不需要做客户身份验证。印度政府就有这样的规定，只要Paytm里的余额很少，就不需要进行客户身份验证，这是一项很好的政策，因为生活在农村的人们不会留大笔的结余，少量额度就足够了。该政策解决了所有人的痛点，十分明智。相较电子转账，现金转账既麻烦又昂贵。

你们如何赢得海外市场的信任？比如，你们去中东，你们怎么说服中东人相信，一家中国公司会为他们的最大利益着想？

这是一个很好的问题。当我们选择要与之合作的市场、国家和合作伙伴时，这是我们考虑的核心问题。正是出于这一原因，我们还不想同一些国家合作，因为合作会非常困难。与一些中东国家合作将是一个巨大的挑战，但我们希望与阿联酋这样的国家合作，原因之一是迪拜非常国际化。不过，这并不是最重要的因素。我们只是用它来筛选把哪些国家列入我们的名单，把哪些排除。第二个因素是我们可以合作的国家是否存在理想的合作伙伴，他们的能力是否符合我们的要求？如果你想创建电子钱包业务，你首先需要的是用户和商家。我们是蚂蚁金服，我们没有这些资源，所以我们必须找到能提供这些的合作伙伴。

如果要我总结一下你们的国际扩张战略，它似乎是建立在两个关键基础之上的：普惠和旅行。

实际上是三个。第一是旅行，支持中国人海外支付。我们有一个团队专注于此。第二，很多中国人不出国旅行，但是他们想通过苹果、亚马逊或类似的服务从海外购买东西。这是一个纯粹的在线业务，我们也有一个团队在负责这个。第三是战略伙伴关系，以当地市场为重点，以当地支付方式为当地人民服务，包括Paytm、Ascend Money、环球电信、Kakao和Lazada。阿里巴巴收购了东南亚最大的电子商务平台Lazada，我正带领团队与Lazada合作，解决其支付平台的问题。Lazada在6个亚洲国家拥有6个不同的电子商务平台，每个平台都有不同的语言、不同的界面和不同的文化。换句话说，每个平台都是一个本地平台，我们正在创建支付系统来支持这些平台。

伙伴关系模式在实践中是如何运作的?

对于每一个合作伙伴，我们只占合资企业的少数股份。我们依赖本土合作伙伴，因为是他们在与当地用户、当地商家、地方当局和监管机构打交道。我们用经验和技术来支持支付业务，并逐步提供其他金融服务。所有这些金融服务都受到当地政府的严格管制。如果这家公司的多数股权由一家境外公司持有，就可能产生问题。

我们并不真正接触它们的用户或数据。这些都是当地公司在做，它们在当地管理和存储所有数据。我们在合规情况下分享技术和经验，并提供咨询支持。我们向它们展示我们的工作模式，并帮助它们模仿中国模式，但是一切都在本地完成，由本地管理。

你对公司的国际扩张有什么未来愿景?

如前文所述，我们想成为一家全球性公司。我们相信全球化。我们还想与其他发展中国家分享我们在中国获得的技术和经验。

对我们来说，我们是一家企业，需要收入和利润，但另一方面，我们也在努力做对社会有益的事情。我们想帮助每个人改善他们的生活。我们可以通过做好普惠金融来实现目标。这就同时达到了这两个目标：对社会有益的好生意。它既有利于商业发展，也有利于个人发展。它使这些发展中国家的人民受益，但它不是一个慈善项目，它也有损益表。我们看到中国人民从中受益，我们希望其他国家的人民也能受益。

对于我的团队，把年轻一代的中国工程师派到发展中国家很难，让他们体验不同的社会环境也很难，毕竟饮食、文化和语言都不尽相同，他们很难适应。我只是告诉工程师们，他们去那里能带来真正的改变，他们真的在帮助别人。他们也想这样做。所以我们有一支伟大的工程师团队，这些工程师愿意前往这些发展中国家。我们现在将发展中国家作为战略重点，这样做是有道理的，因为我们帮不了发达国家的人民。

你们的目标是到2025年达到20亿用户。你认为这能实现吗?

要达到这个数字并不那么容易。我是干活的人，我只专注于战胜困难，而不是设定目标。就拿Paytm为例。印度仍然有很多人不会说英语。印度有很多不同的语言，所以你需要推出多语言的App。然后你还要教会这些人使用电子钱包。这项工作任重道远，其他国家的情况也是如此。例如，印度尼西亚有 3 亿人，但只有 2 000 万人有带照片的身份证。其他人生活在农村，从事小农生产，他们没有身份证。许多人没有智能手机，而且智能手机的数据服务对他们来说太贵了。我们如何为他们服务？我们没有一个针对非智能手机的解决方案，我们也不想再为非智能手机投入资源去创建服务，特别是现在智能手机的数量每天都在增长。这已经是一个覆盖 2 000 万人的大项目了，没法考虑剩下的人了。市场变化很快，所以我们把注意力集中在大城市的年青一代身上，他们中的许多人拥有智能手机和使用互联网。当他们使用我们的电子钱包时，他们就会向他们的朋友和家人推荐我们，他们将带动其他人加入。我相信，到 2025 年，我们的业务将扩大到 20 亿用户。这不是一件容易的事，但我们将尽最大努力去实现这一目标。

维杰·谢卡尔·夏尔马，Paytm CEO 兼创始人

> 他来自一个小镇，他不懂英语，他不懂商业管理或任何编程语言，但他缔造了电子商务史上最具革命性的一个市场。[①]

我在蚂蚁金服遇见了维杰·谢卡尔·夏尔马，他是Paytm的

① "Inspiring Story of Vijay Shekhar Sharma's Life, Paytm Founder," *Follow Me Around*, 30 August 2016.

传奇创始人。Paytm也是蚂蚁金服的合作伙伴之一。受支付宝和马云的启发，维杰经过几年的奋斗，于2010年创立了Paytm。他在阿里巴巴举办的网商大会上，与在座的2 000名淘宝精英商人分享了他的精彩故事，当时我也在现场。

维杰出生在印度北部的一个小镇，他天赋异禀，成绩优异，在班上名列前茅，14岁就上了大学。不幸的是，家乡教的都是印地语，当这位神童来到大学的时候，由于不会说英语，所以成绩跟不上。维杰从大学退学，开始自学英语和编程。他与几个朋友一起建立了一个在线内容管理服务系统，这个系统在印度大受欢迎，他和他的朋友大赚了一笔。然而，不幸再次降临到了维杰身上，2005年，他的朋友几乎骗走了他的所有财产。对于这位有抱负的年轻技术员来说，这是最黑暗的时期。接下来的几年里，维杰不得不借宿在朋友家的沙发上，步行数千米找工作，什么也吃不起。正是在这段黑暗的日子里，他把全部精力都投到了他的公司One 97上，专注开拓移动互联网市场，借此东山再起。

2010年，受阿里巴巴的启发，维杰向One 97的董事会提出了Paytm的概念，Paytm是移动支付的英文缩写。他们对此不以为然。为了说服董事会，维杰拿出他在One 97的1%股权，价值约100万美元，来试验这一想法。这一项目获得的成功远远超出了任何人的想象。

维杰还创建了一个网站，为人们提供手机充值服务。3年后，维杰参加阿里巴巴的年会时受到启发，产生了创立Paytm移动钱包的想法。维杰记得，当时他在杭州看到菜市里的摊贩们拿出手机，让顾客扫码来付钱。他认为这在印度也行得通。于是，他在2013年建立了Paytm。到2014年年底，Paytm的使用人数达到了2 000万；2015年7月，这一数字为1亿；2017年2月为2亿。当我在2017年7月遇到维杰时，Paytm的活跃用户数已经达到了2.3亿，该公司的目标是覆盖600多万商家。

你受到支付宝和阿里巴巴的启发，在2012年参加阿里巴巴年会时想到要创立Paytm钱包。你是怎么把这种灵感变成现实的？

在马云的讲话中，我了解到互联网商业的体量越来越大。我知道机会很大，因为事物都在数字化，但我不知道这个机会到底有多大，直到2012年听到马云的演讲。例如，我知道搜索和信息是一个很大的应用场景，但我没有想到钱、支付和购物也有这么大的应用价值。毕竟，美国亚马逊已经提供在线商务服务很多年了，但仍然只占所有购物市场约10%的份额。当我听到马云说，他的平台业务量比去年翻了一番时，我惊呆了（见图附–2）。这些数字听起来让人难以置信，如果真是这样，我们也必须在印度做同样的事，因为在电子商务方面，中国和印度差不多处于同一起跑线。你只需要拿起手机，连接网络，就能开始购物了，我因此大受启发。

我把这个想法告诉了One 97的董事会，对他们说："我们来打造印度版的支付宝和淘宝吧。"然而，董事会还没有准备好承担这个风险，因为公司主要专注于B2B。还有，因为我是一个技术人员，没有市场或消费领域的从业经验，所以他们否决了我的提议。但我对此很有信心，所以提出了由我个人出资100万美元，这是我们需要的风险资金。至此，我们扫清了所有障碍，正式启动。

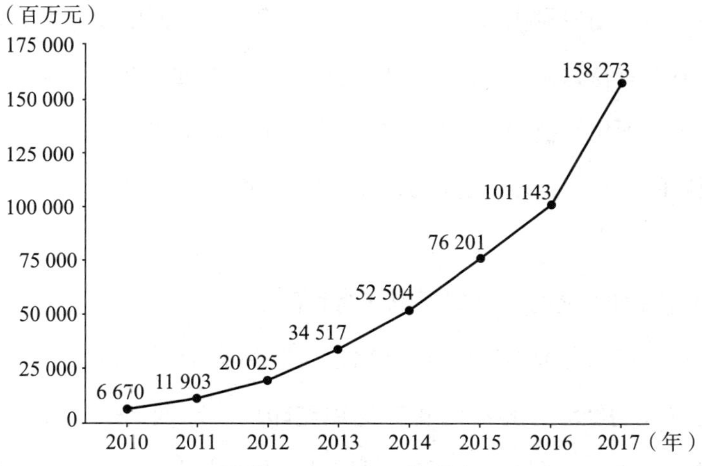

图附–2 阿里巴巴年收入

数据来源：Statista 2017

那么你是如何让蚂蚁金服和阿里巴巴成为你的主要投资者的呢？

我们清楚我们想要开展一项支付业务和一项商业业务。问题是从哪一个先开始呢？中国是先有商业，后有支付。在印度，同商业的高成本相比，在支付业务上获取和留存客户的成本要小得多。印度的商业基础设施还很匮乏，建设成本巨大，相反支付业务要简单得多。但我们很早就发现，如果我们想扩大支付业务，我们就必须在商业业务上花钱。同样地，当我们想要扩展商业业务时，我们也必须在支付业务上花钱。在某种程度上，因为二者是互补的关系，所以两手都要抓。当我去筹集资金时，这就变成了一个我们在哪里投资的问题：投资支付还是商业？我的回答是，既然两者相辅相成，我们为何要做出选择？然而，投资者是以不同的市盈率、不同的估值来看待这两项业务的，因此这是一个挑战。然后，当我们见到马云和阿里巴巴时，他非常相信我们正在做的事情，和他自己在中国做的一样。这就是为什么我想寻求阿里巴巴的投资。

你们和阿里巴巴是如何成功合作的？

我们参考了淘宝和天猫，想把这些想法带到印度。我们从中国吸取成功经验，想办法将其应用到印度。印度的电子商务仍处于起步阶段，我们相信，我们可以从阿里巴巴的成长中获得经验，同样，阿里巴巴也希望把这些带到印度。

你能顺利启动项目，这很有趣。因为我知道想要得到印度监管机构——印度储备银行的许可是件非常困难的事。监管层的反应如何?

当你环游世界的时候，你会发现没有一个国家想要故步自封，所谓前人栽树后人乘凉，正是前人的规章制度才造就了今日的成就。比如，在印度，当监管层制定普惠政策时，他们并不为自己国家人口众多而沾沾自喜，反而觉得他们监管不力。因此，我们发现监管机构实际上非常开明。特别是当我们向他们展示，我们不是一家银行，只是一个钱包时，我们由此获得了钱包牌照。现在回想起来，我想人们误解了我们能做的事。他们认为我们是银行业的上游，人们可以把他们的银行账户和我们的移动钱包关联起来，然后把钱从他们的银行转移到钱包里。这就是他们所看到的Paytm——一个在银行服务上占便宜的应用。其实数字银行和Paytm两者缺一不可。我们是一家年轻的公司，利润率低，客户服务水平高。他们还担心我们的低利润是否承担得起钱包的支出，他们主要关心这个。启动资金大约需要500万美元，监管机构担心我们没法负担或维持这样的投资。我亲自去见他们，向他们展示我们的承诺：我们有能力这样做，这一切都与创新有关。他们最后将我们视为一种创新。

考虑到两国的政治关系，印度会不会对一家由中国投资的印度初创公司感到紧张？

只要我们保证印度的数据安全，并确保充分的隐私，就不存在任何问题。只要我们将数据保存在本地，并且我们的决策不受到海外合作伙伴和投资者的左右，那么就没有问题。如果我们具有控制权，并做出符合印度国情的决定，也就没什么问题。如果我们对这些原则做出让步，就可能出现问题，我们不会这样做。这家银行 51%的股权属于印度人，注册地也在印度，我们还有独立的董事会，其中包括印度储备银行的前员工，因此我不认为我们会有任何问题。

重点是，我们还有一家软件公司和一系列获得了牌照的结构化实体。这些实体是完全独立的。我们也拥有对软件公司的控制权，能够独立与他人合作。而政府和监管机构则有对这些实体的控制权。

那为什么印度的银行没有这样做呢？

银行不是科技公司。银行购买技术，是技术购买者，而像我们这样的公司则是技术生产者。银行之所以不这么做，是因为它们总是想买现成的，不愿意自己开发。总得有人先造出来。从设计和结构上看，金融科技是一个典型的“成者为王败者为寇”的例子：如果成功了，你就会遥遥领先；如果失败了，对一家银行来说就是极大的风险。

接着是你们有了Aadhaar和KYC认证堆栈、支付堆栈以及统一支付接口。

我们和印度国家支付公司的执行团队待过一天。我让他们给我一个案例来说明他们开发这套系统的目的，然后我们可以看看我们能用它做些什么。他们告诉我，他们为银行建立了这些服务，银行可以利用这些服务，推广普惠金融，简化支付，并且以较低的成本提供更广泛的服务。这些堆栈与其说是帮助银行建立服务，不如说在帮助金融科技公司。这本来是送给银行的礼物，银行却没有使用它。

那这一定是给你的礼物？

作为非银行的金融科技公司，使用这些堆栈是有困难的，所以我们申请了银行牌照。①你可以获得蝇头小利，但只有银行才能拿到大头。

废钞令可能也会对你的业务产生影响？

2016 年 10 月，我们拥有 1.15 亿用户账户。当 2016 年 11 月废钞令实行时，我们在短短 60 天内就新增了 4 500 万个账户。现在我们有 2.35 亿活跃用户（2017 年 7 月）。商家方面，截至 2016

① Paytm 于 2017 年 5 月 18 日从印度储备银行那里获得了许可证，并于 5 月 23 日起生效。

年年底，我们有 150 万家商家，希望 2017 年再新增 500 万家。

商家方面是如何运作的呢?

商家们听说过Paytm，但不知道如何使用它。当他们看到它有多简单方便时，就会一传十，十传百。起初，他们认为它只能用来支付，并不知道还能用它接受付款。他们觉得可能需要购买一些昂贵的设备什么的，但随后我们告诉他们，他们只需要给客户出示一个二维码，仅此而已。只需在摊位上摆上一个二维码，多么简单方便。当客户购买商品时，客户只需扫描他们的二维码，钱就可以直接存入商家的账户。当然，我们本来可以采用NFC无线技术，但是我们还是选择了二维码技术。

为什么？

我当时正在访问中国，与那里的一位以色列工程师交流。我问他：“如果你只能告诉我一件我应该做的事，这件事是什么？”他回答说：“在印度使用二维码。”事情就是这样。

你在Paytm用户中发现了什么人口分布或地理分布的特点吗?

这里有两组有趣的数字。大约 12%~15% 的用户在 35 岁及以上。这非常棒，因为到了这个年纪，没有多少人想尝试新技术，所以我们真的觉得这是很好的成绩。第二组数字是，60%的用户来自二线及以下城市，而非一线城市。这表明我们是一款大众产品，而非小众产品。在德里这样的城市的网络用户中，有40%在使用我们的产品。

Paytm几乎成了一个动词，比如“我Paytm你”。

直到最近我才知道这件事。这是我们的一个客户告诉我的。这之后也成了我们的广告：Paytm我。每个企业家都想自己的产品能够成为这样的动词，不是吗？

你们的目标是到2020年为5亿印度公民提供银行服务。是这样吗？

对，我们的目标群体是那些还没有获得过银行服务的人。我们以普惠金融作为衡量成功的标准，这是我们重点关注的领域。要让今天还没有享受过服务的人获得服务，我们才算成功。有趣的是，那些拥有银行账户的人，我们也向他们提供了支付服务，因为他们没能从银行得到应有的服务。因此，我们可能也获得了一批这样的用户。他们觉得银行没有提供他们想要或需要的服务，或者他们的银行服务不够好。但我们主要的目标用户依然是那些没有银行账户的人。我们不仅提供银行服务，还提供包括投资、支付、贷款、保险等各类金融服务。我们的目标是进入服务不完善的蓝海市场，因为市场更大。

我们将推出一只货币基金和一项以黄金为基础的财富管理服务。印度人喜欢买黄金，我们在 2017 年 4 月推出了数字黄金，成为全印度最大的黄金销售商。我们的目标是到 2018 年 3 月，年销售 5 吨黄金。按当前价格计算，这一数量的黄金价值约为 140 亿卢比（2.17 亿美元）。客户甚至只用花 1 卢比（0.0155 美元）就能参与数字黄金交易。事实上，我们不仅能够让用户进行数字黄金交易，而且还会将金币送到印度的大部分地区，以满足黄金交割的需求。这是实打实的实物黄金，你购买后就一直存放在我们的金库里。我们这样做，是想让全面的财富管理进入印度的千家万户。

你看起来很有雄心，你的未来愿景是什么？

成为印度第一家市值 1 000 亿美元的公司，这大约需要 10 年时间。

那么，Paytm 会成为印度的阿里巴巴？

我认为我们不会成为印度的阿里巴巴。我们将成为印度的 Paytm。

在结束这场讨论之前，还有什么想说的吗？

首先，我想说，新的支付和金融服务模式将来自西方以外的国家，阿里巴巴在中国的发展和尝试可以为其他国家提供许多经验和教训，极具参考价值。问题是，许多其他国家还没有意识到这一点。因为中国人讲汉语，所以很多国家不知道中国正在做什么。许多海外公司应该把这些发展看作未来的实验室。等到中国企业开始大举收购海外大牌企业时，它们才意识到正在发生的事情，就为时已晚了。

陈龙，时任蚂蚁金服首席战略官

你是如何看待蚂蚁金服的发展方向的呢？

我们公司本质上是一家技术驱动型公司。作为一家平台公司，我们与合作伙伴在同一个生态系统下合作。这个世界不需要再多一家银行或金融机构，它们的数量已经够多了。虽说数量不需要再多了，但确实还需要一家平台公司来实现金融互联。所以，我们希望为这个世界上的每个地方的每一个人提供普惠金融服务。

我们也喜欢用“科技金融”这个词。马云曾对科技金融和金融科技这两个概念做过区分。科技如何应用于金融领域尚有争论，但我们力图厘清这一点。关于互联网金融和金融科技也存在类似的争论。银行从业者喜欢将其看作互联网金融或数字金融，认为它们本质上还是金融机构，不过是利用信息技术，通过云计算和其他基于互联网的系统来降低成本。我们相信，这就是金融界对金融科技的看法，一切都是为了提高效率，降低成本。

我们是一家科技公司，我们从不同的角度看待这件事。那该从哪些方面入手呢？我们抛开所有另起炉灶。所以我们自认为是科技金融机构，即利用技术开拓新的金融市场。这与金融科技非常不同，金融科技强调技术。我们认为金融科技是一个非常苍白的词，没有抓住科技给金融带来的最令人兴奋的部分，那就是重构金融体验。

我们说的不是科技让金融升级，而是科技创造了一个前所未有的新事物。科技和金融之间的化学反应创造了一个全新的事物。在我们所有的成功产品中，我们总能找到这种化学反应，我感觉非常棒。

比如，支付宝并不是一个支付系统。熟悉我们公司历史的人都知道，我们曾提供借助传真机的担保交易服务。那时它并不是一个支付系统，一开始采用的技术很差。人们常常认为我们用了高科技，才打造出了阿里巴巴，但事实并非如此。我们用新技术逐步建立了一个焕然一新的中国，新的中国需要新的商业模式，新的商业模式创造出新的机会，新的机会带来了新的社会，新的社会需要新金融。如果一家金融机构想要有持久的生命力，就需要新的挑战、新的商业和新的体系，这就是它的DNA。

支付宝就是这样。最初，它借助传真机，采用非常普通的技术。我们不得不与银行合作来转账。使用支付宝的人必须要有一个银行账户。这是一个基本的第三方托管系统，我们通过传真联系卖家，告诉他们钱在我们手上，这样他们就可以放心发货了。然后我们联系买家，确认他们收到了货物，并对货物满意，我们再把钱打给卖家。买卖双方从未见过面，这是中国信用体系的巨大转变。这是金融和商业结合而产生的新方式，打破了时空的局限。

在这个新的世界里，传统的支付方式没法起作用。你不敢寄钱去买千里之外的东西，你也刷不了信用卡。这些人想做买卖，但他们没有见到对方，不信任对方。所以最重要的是，支付宝的创建解决了信任问题。这无关支付，尽管支付也是其中一部分，但是支付宝主要是为了解决信任缺乏的问题。我们曾使用传统银行账户进行支付，我们也曾经抛弃传统支付。

我们主要关注科技与金融能产生怎样的化学反应，从而解决实际问题。这对现在的蚂蚁金服至关重要，也是我们现在做事的准则。我们创造的任何产品都是为了解决线上服务所带来的问题，为人们提供更好的体验。

展现科技金融创造力的另一个产品是蚂蚁森林。蚂蚁森林让传统的金融家们迷惑不解。他们奇怪为什么一个支付平台种起树来了。这就是我想要说明的，它超出了传统的思维体系。他们想不到这么做，这对他们来说毫无意义。它是一种新事物，通过新技术与金融结合产生的化学反应来解决问题。如果你只是想升级技术，你绝不会这么做。但是如果你发挥科技金融的创造力，它就说得通了。

我们称之为绿色金融。它将数字支付和大数据技术结合，了解你的位置和其他细节，捕捉和量化你的碳足迹。我们当时就在思考，如何激励人们去使用它。我们要让人们一直玩下去，不能每个月只玩一次。所以，我们把它变成了一个游戏，变成你和你朋友之间的比赛。支付宝用户通过数据量化，收集能量。我们通过与专家合作，展示你的碳足迹所产生影响。你既可以自己收集碳能量，也可以和你的朋友一起收集能量，或者“偷取”朋友的能量。你还可以看到谁最活跃，感受到竞争的压力。这在心理上创造了一种社交互动。没有这种互动，你可能一个月只玩一次，但是如果你知道你的朋友会偷走你的能量，这会激励你每天在这里都投入更多的精力。如果你偷了朋友的能量，你会感到特别有趣！蚂蚁森林变成了一个高频游戏，其实背后的一切都是为了鼓励人们参与环保，这才是重点。通过游戏化使支付变得有趣，从而创造一个更美好的星球。它有实际的意义，我们让它的实现过程更令人愉快。

蚂蚁森林是有史以来最成功的手机App之一。仅仅用了6个月时间就发展了2亿多玩家，这是中国有史以来推广速度最快的App之一。这展现出的想象力比金融和科技更具有创造性。

总之，我们是一家专注于用技术来重塑金融的科技金融公司。我们不做金融科技，它没有重塑金融，它只是在谈论升级，而不是推翻重来。尽管如此，我们还是会有一些金融活动，这不可避免，所以我们申请了银行执照。如果你问马云，他也会说虽然我们有银行执照，但是我们不提供银行服务，我们提供普惠金融平台。

你刚才描述了一个新的金融体系，你认为新体系会对旧体系产生什么影响？特别是蚂蚁金服对中国大型银行有何影响？

我不认为它是颠覆性的。人们习惯说颠覆，但看看事实数据，据我所知，世界上没有一家破产金融机构是因为科技上的问题导致大量资金外流的。你能说出一个吗？

贝尔斯登和雷曼兄弟的破产，问题都出在管理上，而不是技术上。

因此，科技颠覆银行是一个伪命题，权且当故事来听，目前还没有任何证据能证明这一说法。所有证据都表明，传统金融机构仍持有自己的资产，并未出现资产大量外流。因此，我不认为科技在这个意义上是颠覆性的。我想了想为什么会出现这样的说法。我发现，金融产品和市场的创新和变化总是非常缓慢，因为人们不相信变化。信任在其中起了关键作用。例如，你可以问问自己为什么在某家银行开了户，就很少再更换银行了。我们基本上不比较银行的利率，我们只是开个账户，把钱存在里面。人的两种心理因素在里面起了作用。首先，我们接受变化的速度很慢，因为信任在金融领域很重要。其次，我们很懒，所以我们从一而终。这就是我对历史上金融创新的观察。因此，金融机构没有需要改变的紧迫感，它们拥有大量资本。银行可以按照适合自己的速度进行变革，有些银行会比其他银行变化得更快，但这无关紧要。真正让它们停滞不前的是自己的老化问题。但这并不是传统意义上的颠覆，因为它们有时间去改变。

短期内，我们窃取了它们的一些业务，并迫使它们改变。但是在起步阶段，我们依然是互补的。我们专注于蓝海市场，主要从事小额资金业务，比如小额贷款。这方面我们和银行是相辅相成的。我们已向600多万中小型企业提供小额贷款。这一定创造了纪录。整个中国大约有7 000万人想要成立公司，我们已经覆盖了这个数字的很大一部分，我们的平均贷款规模约为4万元。因此，我们是对银行服务的补充，扩大了金融覆盖的广度和深度，使之更加普惠。

目前，我们处于不同的领域，但这注定要发生变化。在未来，金融将有三个重要的特点。第一，它会像水一样无处不在，为每个人所用。在未来，金融和场景将融为一体，难以分离。金融在我们的生活、我们的消费、我们的销售和我们的供应链中无处不在。第二，金融将由客户驱动。想想今天的情况：你可能有1亿美元，你只知道你花了多少钱，省了多少钱。换句话说，现在它依然围绕功能和产品，而非由用户驱动。它依然是B2C，但未来将转变为C2B。第三，是金融将成为一个生态系统。所有金融机构和金融科技公司都将协同合作，而非各自为政，围绕客户的需求构建所有服务。这些都是重要的趋势。短期内，我们还处于不同的领域，但从长远来看，我们将共同努力，构建用户驱动的、拥有完整服务链的生态系统。未来这些公司及其服务的界限都将被打破。

既然你们已经成为世界上最大的支付公司和重要的平台，蚂蚁金服的业务如何适应政府政策呢？

公司既会变大，也会变小。我们的计划和组织能力使我们能够建立越来越大的公司。像苹果这样的公司很快就会拥有 1 万亿美元的市值，这一切都与技术和效率有关。问题就来了：当公司拥有如此大的体量的时候，你要认识到，你是谁，你和社会的关系又是什么？我认为我们对社会是有益的，因为我们看到越来越多的平台为数以百计的公司提供支持。这不仅对每个人有好处，对大公司、初创公司和民众都有好处。总得有人来搭建这些平台，政府不会搭建。你真正传递的是大众化的权利。它正在发生或已经发生，这是政府无法阻止的，因为这是对社会有益的。大公司的力量不在于它的规模，而在于它们为社会提供大众化服务的能力。反过来，只要你不滥用权力，就能保持这个平台的规模。然后问题就变成了：你如何确保你不滥用这种权力？怎么让别人了解你不会滥用它？很明显，你必须行为端正，同政府合作，更加透明地治理整个生态系统。

世界正在进入全球化平台阶段，公司和政府之间的界限变得模糊不清，平台治理变得越来越重要。你必须与政府、监管机构、消费者和竞争对手合作，才能形成维护自身的新规则。

我想你们的全球化程度越高，就会发现碰到的困难越多。因为在美国和印度的市场上，出现了一家强大的中国公司，这一定会让它们提高警惕。

全球化对我们非常重要。当然，这也带来了很多挑战，我们必须遵守本土市场的规则和习惯。但是我们要强调的是，全球化与业务国际化实际上是不同的。例如，如果我们是一家银行，我们就会考虑在另一个国家设立一个办事处。但这不是我们正在做的事，我们所做的是寻求本土合作伙伴，并帮助这些本土合作伙伴做一些更有意义的事。我们想把我们的服务带到当地市场去，在我们的定义中，全球化意味着本地化。我们相信这对整个世界都有好处，但是国家被政治和不同的本地需求所切分开，我们只是尽力去尊重这些差异。

这也是你们向韩国Kakao、泰国Ascent Money、印度Paytm等投资的原因。

没错。你不能强调我们是家中国公司，这样说在其他地方肯定没法做成生意。我们的战略是寻找当地的合作伙伴，并告诉人们：“这是你们的公司”。这是本土企业，我们只是合作伙伴。我们可以出口我们的技术、我们的专业知识和我们的经验，并帮助当地的公司成长。我们因此建立联系，并在此基础上走向全球。这是一个由许多本土公司组成的紧密联系的团体，而不是一家大公司。我猜人们担心的是数据的安全，比如数据的访问方式、类型以及存储位置，还有对公司如何使用数据的担忧。

首先，数据隐私时代也应该被认为是我们从数据中受益的时代。30 年前没有信用评分。现在在美国，Facebook 已经成为人们生活不可或缺的一部分，你愿不愿意为了保护隐私而注销账号？关键是，你能因保有账号获得许多免费服务，这对你是有好处的。中国现在正走向无现金社会，消费者突破了空间和时间的限制。这种新的生活方式带来了很多好处。同时，我们也不想损害消费者的利益。

其次，要想在数字时代持续发展，你必须要保障数据隐私和数据安全。这就需要一套新的消费者权益和隐私保护法规。数字平台必须对此高度重视，并采取建设性的措施。

对我们来说，制定这一规则并明确、透明地执行，这符合我们的利益。我们已经制定了一套规则，以期尽可能保护消费者权益。蚂蚁金服的任何员工在使用数据之前，都必须对数据进行脱敏处理。我们有一个程序来标记敏感数据，所有机密信息都必须删除。如果数据量很大，则必须经过内部审批。这些都是我们必须遵循的基本程序和规则。

这让我们能够很好地了解我们的客户，但我们不了解某个人的具体信息，我们不知道你是谁，机器才知道。我们知道你的很多习惯，但我们不知道你是谁。我们利用大数据让计算机和技术做出决策。

回到我之前说过的，蚂蚁金服所做的事情不止如此，我们的平台还包括生态系统（包括政府、监管机构和服务提供商）的治理。我们正在共同努力解决相关问题，这样做对每个人都有好处。我们必须协同合作，维持平台的良好治理，维护每个人的利益。

2017 年 1 月，井贤栋发表声明称，公司的目标是到 2025 年，利用人工智能和区块链技术，将蚂蚁金服发展成为一家拥有 20 亿用户的全球性公司。你能具体说说吗？

使用人工智能的原因很容易理解，它能从大数据中获取信息，以提升服务水平、安全性和效率。区块链也很重要。区块链能让消费者信任平台。信任在很多领域都很重要，尤其在金融领域。我们一直在试验和开发一些运用区块链的最佳领域。我们知道区块链会带来许多改变，只是我们还没有得出确切的结论。

我曾经创造了一个词叫“金融生活”（FinLife），我认为金融科技只是金融生活的早期阶段。金融科技的技术适用于不同年龄、不同阶段的用户。其实，我们更想打造的是完整的金融人生。这是一个更成熟的阶段，我们的整个金融生活都由技术所驱动。我需要强调的是，硅谷有这么多的金融科技公司，开发出来的80%以上的技术都没有投入实际应用。关键不在于技术本身，而在于人们如何使用这些技术。你想让人们对此几乎上瘾，这是技术的魅力。

世界上很多人都在谈论金融科技所蕴含的令人兴奋的力量。中国是少数几个拥有庞大用户群的国家之一，但光劝说没用，用户的思维模式必须改变，这才是根本性的转变。美国人还没有转变，所以，中国的移动支付的体量是美国的50倍。

重点是，许多国家和人民都在谈论这一变化多么令人兴奋，但他们谈论的只是令人兴奋的前景。他们并没有真正使用相关技术，或者只有一小部分人在使用，更谈不上有效地运用这些技术。他们只是在谈论自己的想法。

区块链就是一个很好的例子。人们都说区块链会改变我们的生活，很多人对此也表示认同。两年前，我去新加坡开会时，人们就在谈论区块链和分布式账本技术。去年，他们还在谈论这件事。今年，他们仍然在谈论这件事。问题是：让我看看你做了什么啊？让我看看你的产品，让我看看它是怎么使用的。别说空话了，我要看的是结果。

蚂蚁金服的慈善公益业务，是一个用区块链做实事的很好的例子。

我们一年多以前就开始做这个项目了。我们不断试验我们的想法，因为我们知道区块链在需要透明度和信任的领域大有用武之地，比如慈善捐赠。这是一种颠覆性的技术。

不过，全世界的人都在尝试。他们谈论区块链就像他们谈论金融科技，但他们到底做了什么？很多人不知道自己在说什么，他们的脑海里并没有金融科技的准确定义，而金融科技是如此多样。他们需要厘清思路，并把注意力集中在实际操作上。他们所说的金融科技到底是什么意思？一些企业实力强大，产品已经得到了广泛的应用，一些企业有着良好的发展前景，还有一些却值得我们怀疑。人们并不能很好地区分这些公司，他们只是把它们统称为金融科技公司。有所区分其实很重要，因为有些公司的服务并没有人使用，但人们不加辨别。

对我来说，区块链很重要。这是一项非常重要的技术，但它今天被应用得很少，等到它被广泛应用的时候，我们能讨论的东西会更多。

在中国，腾讯的微信支付和你们显然是两大主角。腾讯一定是你们最大的竞争对手，我想知道你是怎么看待这场竞争的。

不同的公司有不同的优势，这不是一个零和游戏。因为风险控制和系统老化问题，金融覆盖面严重不足。也正因为风险显而易见，所以中小企业没有得到很好的服务。只要能用技术管理好风险，这些企业就能获得服务。中国人用自己的手机获得金融服务，美国人却不这样，所以美国的金融系统就一定更好吗？并不一定，美国用的是旧系统，而我们用的却是全新的系统。这带来了完全不同的体验和机会。

最终会有很多很多其他的市场参与者出现。现在在大多数国家中，几乎95%的金融资产都被传统金融机构把持，这些机构才是主角。它们不会一下子就消亡。它们和我们处于不同的领域，我们可以共存。这也意味着，对于腾讯和蚂蚁金服来说，二者都还有很多市场可以挖掘。这不是零和游戏。

二者也是不同的企业。我们的企业主要处理金钱，这是我们的主营业务。在我们的主页上，你可以看到我们的任务是帮助客户管理钱，我们对钱的使用有信心。在微信主页上，你看不到对钱的讨论，你必须点到二级页面，才能找到与钱有关的内容。二者是不同的公司，有不同的侧重点。

从这个意义上说，两家公司有不同的角度和不同的优势。我们清楚社交网络并不是我们最大的优势。对于每一家公司来说，它们都有自己的边界和不同的DNA。如果我们有一个非常强大的社交网络，我们就不会认真对待钱了。如果我们希望做成一个非常好的社交网络，我们也会遇到问题，用户会认为我们太轻浮，不够严谨。

国际上的情况又有不同。支付宝已经超越了国界，在全球范围内进行扩张。

你个人对蚂蚁金服未来10年有什么愿景？

正如我在开始时提到的那样，我们知道我们的方向和重点。我们是一家由技术驱动的平台公司，我们与合作伙伴一起为每个人创造价值，提供普惠和可持续的金融服务。我们看到在世界范围内，许多领域可提供的金融服务依然有限。所以，我们希望与我们的合作伙伴一道，以客户为中心，创建一个全面覆盖用户的世界。在这里，金融不再仅限于B2C，它就像水一样无所不在，用于所有场景，为人们提供所需的一切。金融机构和金融科技公司应该共同努力，利用好生态系统，实现这一愿景。

我还要补充一点，我们希望世界能了解数字技术能为各个部门带来的好处，而不仅仅局限于金融行业。对技术的恐惧是一个伪命题，没有任何证据表明我们应该害怕它。相反，我们应该接受它，我们应就此达成共识。问题还在于，并不是每个人都能够理解金融科技，以及区分金融科技的好坏。我们必须区分什么是好的，什么是坏的。一般的原则是，金融技术越标准以及越简单就越好，因为这样可以减少不确定性。越偏离标准、越复杂，风险就越大。变化的速度也要减慢，因为我们需要更加谨慎地去对待它。

如果你仔细了解金融技术的进步，就会发现，其实支付只是一个开始，因为支付是金融中最简单的部分。它只是将资金从A处转到B处，不涉及存储或投资。之后有了我们的货币基金余额宝，但它的不确定性也很小，因为它很容易理解。但当你转向P2P贷款、众筹和财富管理时，这些业务的不确定性就大得多。因为其具有复杂性，这些领域的发展将非常缓慢。

这是我们做事的原则，以及对好坏金融技术边界的理解，否则很容易混淆。

最后，我们需要改进监管技术。监管机构不使用技术，但它们对银行非常了解。我和许多监管人员交谈过，他们对监管技术知之甚少。他们不知道监管技术能做些什么。同样许多金融从业者也不知道金融科技是什么，他们认为它就是一个App。其实并非如此，关键是要了解人们的需求，并确保人们使用金融科技。

致谢

这本书并非凭空捏造，而是思想和灵感的混合体。自从 2014 年《互联网银行》出版以来，我一直在不断游历，这本书的许多内容就是从这些游历中获得的启发。如果不是我可爱的妻子卡米拉那么宽容的话，我不可能到处旅行，这也是这本书献给她的原因。

我还要感谢很多朋友，虽然篇幅有限，不能一一列举，但我还是很想提几个人的名字。

第一，是 11：FS 团队的大卫 · 布雷尔（David Brear）、西蒙 · 泰勒（Simon Taylor）和杰森 · 贝茨（Jason Bates）。他们是伟大的人，拥有一家伟大的公司。正是因为他们辛勤的工作和奉献精神，我们的播客《金融科技人》才能在过去的一年中获得热烈的反响。干得漂亮，伙计们。

第二，金融科技“黑手党”，特别是布雷特 · 金（Brett King）和吉姆 · 马鲁斯（Jim Marous）。两位都制作了数量惊人的内容，而且水准一直很高。

第三，蚂蚁金服的工作人员，特别是刘宇和杨昕韵，他们帮助我完成了本书结尾的案例研究。

第四，由我担任主席的北欧金融创新公司团队，尤其是伊伦·特兰瓦格（Iren Tranvag）。他在过去两年中在该地区建立了一个首屈一指的网络。

第五，索纳·坎科（Soner Canko）和他在土耳其跨行卡务中心的团队。他们的国家正经历着动荡，但他们依然坚定地支持我的工作，我对此十分感激。

我想感谢的人还有许多，我大概可以写几百页的感谢信。最后，必须要提的是一位与我共事多年的人——安迪·科佩尔（Andy Coppell）。安迪和我在2004年成立了金融服务俱乐部，他在2017年退休。安迪是一位伟大的朋友和灵感启发者，他还会活跃在城市的舞台之上。伟大的科技人员永远不会退休，他们只是更安静地去写代码罢了。